プリント形式のリアル過去問で本番の臨場感！

神奈川県
市立

川崎高等学校附属中学校

2025年春 受験用

解答集

本書は，実物をなるべくそのままに，プリント形式で年度ごとに収録しています。
問題用紙を教科別に分けて使うことができるので，本番さながらの演習ができます。

■ 収録内容

・解答集(この冊子です)

書籍ＩＤ番号，この問題集の使い方，最新年度実物データ，リアル過去問の活用，解答例と解説，ご使用にあたってのお願い・ご注意，お問い合わせ

・2024(令和６)年度 ～ 2018(平成30)年度　学力検査問題

○は収録あり

年度	'24	'23	'22	'21	'20	'19
■ 問題(適性検査)	○	○	○	○	○	○
■ 解答用紙	○	○	○	○	○	○
■ 配点	○	○	○	○	○	○

全分野に解説
があります

上記に2018年度を加えた7年分を収録しています
注)問題文等非掲載:2023年度適性検査IIの問題3，2021年度適性検査Iの問題1と適性検査IIの問題3，2020年度適性検査Iの問題1と適性検査IIの問題1

問題文などの非掲載につきまして

著作権上の都合により，本書に収録している過去入試問題の本文や図表の一部を掲載しておりません。ご不便をおかけし，誠に申し訳ございません。

教英出版

■ 書籍ＩＤ番号

入試に役立つダウンロード付録や学校情報などを随時更新して掲載しています。
教英出版ウェブサイトの「ご購入者様のページ」画面で，書籍ＩＤ番号を入力してご利用ください。

書籍ＩＤ番号　104214

（有効期限：2025年9月30日まで）

【入試に役立つダウンロード付録】
「要点のまとめ(国語／算数)」
「課題作文演習」ほか

■ この問題集の使い方

年度ごとにプリント形式で収録しています。針を外して教科ごとに分けて使用します。①片側，②中央のどちらかでとじてありますので，下図を参考に，問題用紙と解答用紙に分けて準備をしましょう（解答用紙がない場合もあります）。

針を外すときは，けがをしないように十分注意してください。また，針を外すと紛失しやすくなりますので気をつけましょう。

① 片側でとじてあるもの

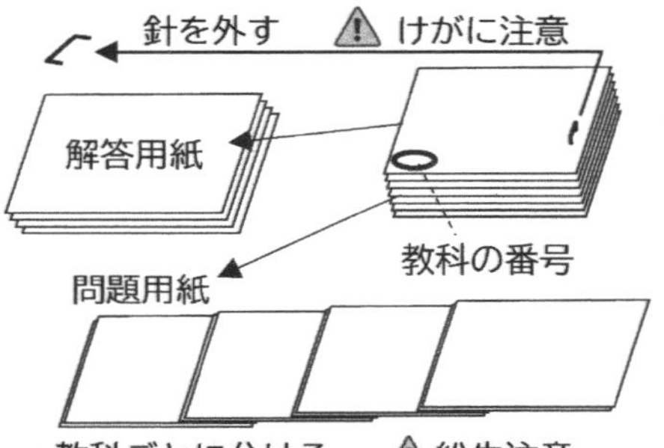

② 中央でとじてあるもの

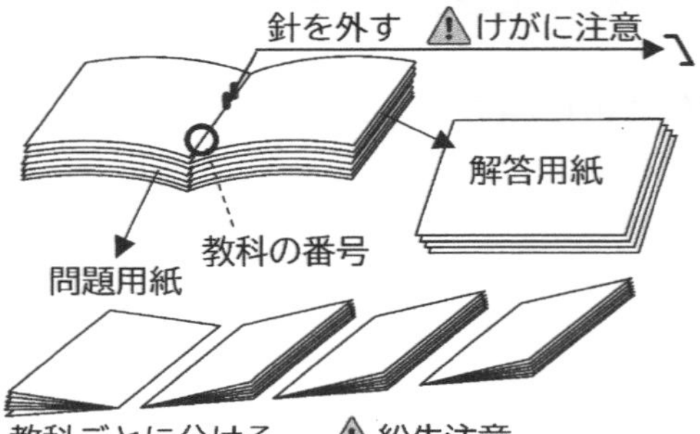

※教科数が上図と異なる場合があります。
解答用紙がない場合や，問題と一体になっている場合があります。
教科の番号は，教科ごとに分けるときの参考にしてください。

■ 最新年度 実物データ

※令和６年度から，収録している適性検査Ⅰ，Ⅱの解答用紙の大きさと組み方を変更して編集しています。

実物をなるべくそのままに編集していますが，収録の都合上，実際の試験問題とは異なる場合があります。実物のサイズ，様式は右表で確認してください。

問題用紙	Ａ４冊子(二つ折り)
解答用紙	Ａ４片面プリント

リアル過去問の活用

～リアル過去問なら入試本番で力を発揮することができる～

本番を体験しよう！

問題用紙の形式（縦向き／横向き），問題の配置や余白など，実物に近い紙面構成なので本番の臨場感が味わえます。まずはパラパラとめくって眺めてみてください。「これが志望校の入試問題なんだ！」と思えば入試に向けて気持ちが高まることでしょう。

入試を知ろう！

同じ教科の過去数年分の問題紙面を並べて，見比べてみましょう。

①　問題の量

毎年同じ大問数か，年によって違うのか，また全体の問題量はどのくらいか知っておきましょう。どのくらいのスピードで解けば時間内に終わるのか，大問ひとつにかけられる時間を計算してみましょう。

②　出題分野

よく出題されている分野とそうでない分野を見つけましょう。同じような問題が過去にも出題されていることに気がつくはずです。

③　出題順序

得意な分野が毎年同じ大問番号で出題されていると分かれば，本番で取りこぼさないように先回りして解答することができるでしょう。

④　解答方法

記述式か選択式か（マークシートか），見ておきましょう。記述式なら，単位まで書く必要があるかどうか，文字数はどのくらいかなど，細かいところまでチェックしておきましょう。計算過程を書く必要があるかどうかも重要です。

⑤　問題の難易度

必ず正解したい基本問題，条件や指示の読み間違いといったケアレスミスに気をつけたい問題，後回しにしたほうがいい問題などをチェックしておきましょう。

問題を解こう！

志望校の入試傾向をつかんだら，問題を何度も解いていきましょう。ほかにも問題文の独特な言いまわしや，その学校独自の答え方を発見できることもあるでしょう。オリンピックや環境問題など，話題になった出来事を毎年出題する学校だと分かれば，日頃のニュースの見かたも変わってきます。

こうして志望校の入試傾向を知り対策を立てることこそが，過去問を解く最大の理由なのです。

実力を知ろう！

過去問を解くにあたって，得点はそれほど重要ではありません。大切なのは，志望校の過去問演習を通して，苦手な教科，苦手な分野を知ることです。苦手な教科，分野が分かったら，教科書や参考書に戻って重点的に学習する時間をつくりましょう。今の自分の実力を知れば，入試本番までの勉強の道すじが見えてきます。

試験に慣れよう！

入試では時間配分も重要です。本番で時間が足りなくなってあわてないように，リアル過去問で実戦演習をして，時間配分や出題パターンに慣れておきましょう。教科ごとに気持ちを切り替える練習もしておきましょう。

心を整えよう！

入試は誰でも緊張するものです。入試前日になったら，演習をやり尽くしたリアル過去問の表紙を眺めてみましょう。問題の内容を見る必要はもうありません。どんな形式だったかな？受験番号や氏名はどこに書くのかな？…ほんの少し見ておくだけでも，志望校の入試に向けて心の準備が整うことでしょう。

そして入試本番では，見慣れた問題紙面が緊張した心を落ち着かせてくれるはずです。

※まれに入試形式を変更する学校もありますが，条件はほかの受験生も同じです。心を整えてあせらずに問題に取りかかりましょう。

《解答例》

問題1　(1)ア，イ，ウ，エ　(2)イ　(3)ウ　(4)戦争のひ害をさけるため　(5)うめ立て地　(6)ア　(7)エ
(8)ア，エ　(9)エ

問題2　(1)イ　(2)カ　(3)大きな力が加わって，大地が押し上げられた
(4)ウ　(5)水は氷になると体積が増えるから
(6)(く)360÷24　(け)15　(こ)30　(7)8月31日　(8)右図

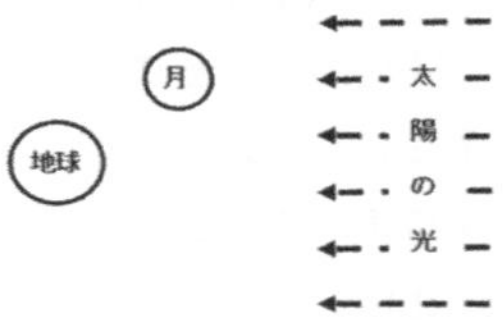

問題3　(1)14.28　(2)$a \times \frac{4}{3} + a \times \frac{2}{3} \times 3.14 \div 2$　(3)13.5　(4)(え)4　(お)4　(か)直角二等辺三角形　(き)32
(5)30.28　(6)(け)エ　(こ)オ　(さ)イ　(7)(し)ア　(す)キ　(せ)ウ　(そ)ク

《解　説》

問題1

(1)　ア．正しい。現在の神奈川県に位置する宿場は，川崎・神奈川・保土ヶ谷・戸塚・藤沢・平塚・大磯・小田原・箱根である。本陣の数の合計は，2＋2＋1＋2＋1＋1＋3＋4＋6＝22である。イ．正しい。ウ．正しい。エ．正しい。32÷160×100＝20(％)オ．誤り。総家数に対する本陣の数の割合が最も高いのは，坂下ではなく箱根である。坂下：3÷153×100＝1.96…(％)　箱根：6÷197×100＝3.04…(％)

(2)　資料3の絵で，富士山が右奥に描かれていることから考える。資料4で川崎と富士山の位置を確認する。

(3)　ア．誤り。大師道・府中街道は，宮前区・麻生区を通っていない。イ．誤り。通過している鉄道の路線数は宮前区が1で最も少ない。ウ．正しい。エ．誤り。川崎市内における長さが最も長いのは，津久井道ではなく府中街道である。

(4)　今から約80年前は太平洋戦争中である。アメリカ軍による空襲から逃れるために，疎開が行われた。

(5)　会話文に「沿岸部」「人工的な形」とあることから，うめ立て地と判断する。

(7)　エ．誤り。2016年分の輸入額は17334億円なので，2014年分の輸入額32235億円の半分以上である。

(8)　ア．正しい。イ．誤り。令和3年度の川崎区の生徒総数は4891人であり，7つの区の中で5番目に多い。ウ．誤り。令和3年度は4006人で，4000人を超えている。エ．正しい。オ．誤り。平成30年度は減少している。

(9)　ア．誤り。住宅数の合計は，昭和48年が52＋59＋60＋44＋62＝277，昭和58年が31＋52＋43＋46＋62＋43＋63＝340より，増えている。イ．誤り。平成30年に住宅数が一番少ない区は，幸区ではなく麻生区である。ウ．誤り。昭和58年から平成30年まで，多摩区，宮前区，幸区では住宅数が減少している年がある。エ．正しい。75＋110＋95＋109＋125＋78＋110＝702(千戸)より，70万2千戸ある。オ．誤り。住宅数が最も増加したのは，川崎区ではなく中原区である。麻生区：75－56＝19　多摩区：110－90＝20　宮前区：95－77＝18　高津区：109－82＝27　中原区：125－93＝32　幸区78－56＝22　川崎区：110－84＝26

問題2

(1)　(い)かげは太陽と反対側にできるから，太陽が南側にある11時ごろ，南側のカーテンを閉めると，カーテンの北側の車内にかげができる。

(2)　資料1のような川の上流は，土地のかたむきが大きいため水の流れが速く，地面をけずるはたらき(しん食作用)が大きいため，川はばがせまく谷になりやすい。また，川の上流にある石は流れる水のはたらきをほとんど受

けていないため，角ばった大きな石が多い。

⑷　(か)(き)水がふっとうして出てくる大きな泡《あわ》は，水が気体になった水蒸気である。　(き)なべから出ている白い湯気は，水蒸気が冷やされてできる小さい水(液体)のつぶである。気体である水蒸気は見えないが，液体である湯気は見える。

⑺⑻　月が地球の周りを１周するときの太陽，月，地球の位置関係は右図のようになる。月の形は，新月→三日月→上弦《じょうげん》の月(南の空で右半分が光って見える月)→満月→下弦の月(南の空で左半分が光って見える月)→次の新月と変化する。三日月は新月の３日後，満月は新月の 30÷２＝15(日後)だから，三日月が見えた日(８月 19 日)の次に満月になるのは，15－３＝12(日後)の８月 31 日である。

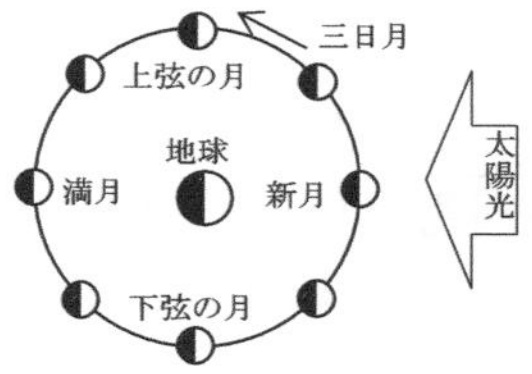

問題３

⑴　右図のように記号をおく。ＡＢ：ＢＣ＝２：１で，ＢＣは曲線部分の半径，ＢＤは曲線部分の直径だから，ＢＤ：ＢＣ＝２：１なので，ＡＢ＝ＢＤである。

ＡＢ＝$6\times\frac{2}{3}=4$(㎝)，ＢＤ＝ＡＢ＝４㎝である。

曲線部分の長さは，４×3.14÷２＝6.28(㎝)だから，求める長さは，４×２＋6.28＝14.28(㎝)

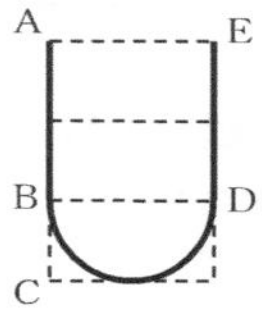

⑵　⑴と同様に考えると，直線部分の長さは，$a\times\frac{2}{3}\times2=a\times\frac{4}{3}$，曲線部分の長さは，$a\times\frac{2}{3}\times3.14\div2$だから，「U」の線の長さを式で表すと，$a\times\frac{4}{3}+a\times\frac{2}{3}\times3.14\div2$

⑶　「F」の上部にある台形の高さは６÷２＝３(㎝)だから，(上底)＋(下底)は，11.25×２÷３＝7.5(㎝)である。よって，「F」に使われている線の長さは，7.5＋６＝13.5(㎝)

⑷　右の図Ⅰにおいて，ＡＢ＝８÷２＝４(㎝)，ＢＣ＝$6\times\frac{2}{3}=$４(㎝)だから，三角形ＡＢＣは底辺が４㎝，高さが４㎝の直角二等辺三角形である。これと合同な三角形を４つ使って図Ⅱのように作図すると，色をつけた部分は正方形になる。この正方形の面積は，８×８－(４×４÷２)×４＝32(㎠)である。よって，この直角二等辺三角形の斜めの線の長さは，２回かけると 32 になる数である。

図Ⅰ

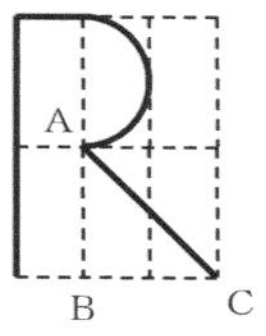

図Ⅱ

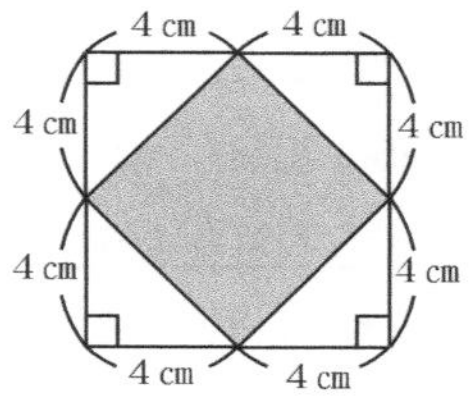

⑸　右図のように記号をおく。ＡＦ＝８÷２＝４(㎝)で，ＡＦ：ＦＧ＝２：１だから，ＦＧ＝$4\times\frac{1}{2}=2$(㎝)である。したがって，「R」の文字全体を囲んでいる長方形の横の長さは６㎝だから，⑷と同じである。

長方形ＤＥＢＦと直角二等辺三角形ＡＢＣの面積の和は，８×２＋４×４÷２＝24(㎠)

ＡＦを直径とする半円は半径が４÷２＝２(㎝)だから，面積は，２×２×3.14÷２＝6.28(㎠)

よって，斜線《しゃせん》部分の面積は，24＋6.28＝30.28(㎠)

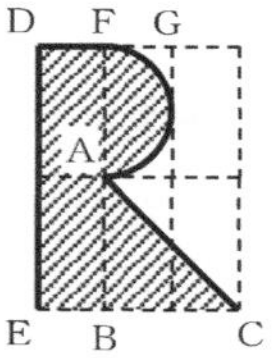

⑹　図５を先に見るよりも，ア～クそれぞれの位置を図５で確認して，縦にそろっていないかを調べていった方が速く解ける。

⑺　⑹と同様に，ア～クそれぞれの位置を図で確認して，縦にそろっているかいないかを見る。

(し)と(す)は，図６ではそろっているが図７ではそろっていない組み合わせなので，アとキになる(イとカは図６でそろっているように見えるが，よく見ると少しだけずれている)。

(せ)と(そ)は，図６ではそろっていないが図７ではそろっている組み合わせなので，ウとクになる。

《解答例》

問題1　⑴おもく　⑵学校へ行かなくてはいけないのか　⑶白…さびしさ　ピンク…あたたかさ　⑷2
⑸幸せ　⑹4　⑺3　⑻あ．明かり　い．赤いぼんぼり　う．命のぬくもり　⑼5・7・5
⑽6

問題2　〈作文のポイント〉
・最初に自分の主張、立場を明確に決め、その内容に沿って書いていく。
・わかりやすい表現を心がける。自信のない表現や漢字は使わない。
さらにくわしい作文の書き方・作文例はこちら！→https://kyoei-syuppan.net/mobile/files/sakupo.html

《解　説》

問題1

⑴　1～4行前に「新しい学校には慣れず，すでに人間関係が出来上がっているクラスではなかなか友達を作ることができない。『行きたくないな……』」とあることから，「学校に向かう足取りがおもくなる」が適する。

⑵　「どうせ～なのに」は，投げやりな気持ちをともなうので，その直後の（あ）には，（どうして）～しなくてはいけないのかという否定的な考えが続く。

⑶　「雪は真っ白できれいだけど，その白さが私しかいないように感じさせて，もっともっとさびしくなる」「不思議と，私はその花にさびしさを感じていなかった～そのやわらかいピンク色～はさびしさを感じさせるものではなかった～私はそのピンクの花を見た瞬間《しゅんかん》，少しあたたかさを感じた」より。

⑸　生前，「おじいちゃんは寒梅が一番いいなあ。特に寒い中，勇気を出して一番はじめに咲《さ》いた寒梅を見ると幸せになれるような気がするんだよ」と言っていた。「私」は庭に力強く咲いていた「一輪の梅の花」を見つけて，(おじいちゃんは，一番はじめに咲いた寒梅を)「私に見せたかったんだね。父や母にも」と感じた。そして，「みんなに幸せになってほしい」という「祖父の思いにふれたような気がした」。

⑺　「うぐひ《(い)》す」は春の季語。1.「朝顔」は秋の季語。　2.「炬燵《こたつ》」は冬の季語。　3.「チューリップ」は春の季語。　4.「鈴虫《すずむし》」は秋の季語。　よって3が適する。

⑻あ　「じっと見ると，梅の木に，梅の花が一輪だけ咲いていた」「寒さの中にパッと明かりがともったように感じた」とある。　い　「白一色の世界の中に，かすかな色味が見えたような気がした～それはべに色の梅の花だった～雪の中咲いていたのはたったの一輪だけ～小さな赤いぼんぼりのようにも見え，思わず手をかざした」とある。　う　「一輪の梅の花が力強く咲いていた。そこだけ命のぬくもりを感じさせるかのように」とある。

⑼　俳句は「5・7・5」の三句十七音を定型とし，一句の中に季語を必ず入れる。

⑽　1.「いとうは～不安な気持ちがおちついてきている」が適さない。　2.「いは～だれかの役に立ちたいという気持ちが高まっている」，「あとうは～人を信じることの大切さを感じている」のどちらも適さない。　3.「うは～他者を思いやる気持ちが高まっている」が適さない。　4.「いとうは～世の中にある不思議な出来事に対しておそれを感じている」が適さない。　5.「いは～周囲への感謝の気持ちがめばえはじめている」が適さない。「あとうは～消極的なところを直したいという気持ちに変化している」は，あの内容としては適するが，うの内容としては適さない。　6.伝わってくる内容の組み合わせとして適している。

川崎高等学校附属中学校　2023 令和5年度　適性検査Ⅰ

《解答例》

問題1　(1)あ．この中学校の受検生　い．小学五年生　う．子育て中の保護者　(2)6　(3)2，3　(4)3

(5)あ．季節が変わ　う．人間の力で　(6)1．A．福は内　B．内　2．当たり前ではなく、異なるかけ声があり、それにもよさがある

(7)(例文)

私は、うの文章に興味をもちました。特に鬼が、「鬼門」の北東の方角を示す干支のウシとトラから作りだされたことに興味をもちました。

なぜなら、桃太郎は小さいころから何度も絵本で読んでよく知っているつもりだったのに、鬼の外見に、想像もしなかった由来があることを知っておどろいたからです。また、鬼を退治するおともは、サル、キジ、イヌよりもっと強そうなオオカミやクマの方が良いのではないか、と思ったことがありましたが、この文章から、北東と反対側の方角を示す干支の動物だということに意味がありそうだということがわかり、納得しました。

この文章を読んで、日本の昔話に出てくる他のようかいや生き物にも、何か由来があるかどうか知りたくなりました。たとえば河童は、頭にお皿があり、キュウリが好きだと言われていますが、それも何か由来があるのかもしれないと考えました。

問題2　(1)ア　(2)イ，ウ，エ　(3)ア　(4)355800　(5)ウ　(6)エ　(7)エ

《解　説》

問題1

(1)あ　第1段落に「この中学校の受検生も～豆まきをするかもしれない」とある。　**い**　最後の段落に「小学五年生の今だからこそ」とある。　**う**　第1段落で「子育て中の保護者のみなさん」と呼びかけている。

(2)　あ　第1段落で「では、なぜ豆をまくのか」と問いをたて、それについて説明し、最後の段落で「身近な行事でも、由来を調べてみると～とても興味深い」とまとめているので、「語呂《ごろ》合わせの面白さ」ではなく、行事としての「豆まきの意味」が中心の話題である。　い　「節分」については導入部分で触《ふ》れられているだけで、「大豆の消費」について主に述べられている。　う　第1段落の最後に「鬼《おに》の正体を一緒に勉強しようではないか」とあることを参照。

(3)　「豆」を「魔滅《まめ》」、煎《い》った大豆を「魔の目を射る」ととらえるような例、つまり、ある言葉を、同じ音のちがう意味の言葉(縁起の良い言葉)に、重ね合わせているものを選ぶ。よって、2と3が適する。1と4は、「だるまさん」「ブリ」という言葉そのものにいい意味があるので、適さない。

(4)　1．第2段落の最初に「日本人が消費する大豆のほとんどを輸入に頼《たよ》っている」とあるので、「ほとんどは日本で作られ」が適さない。　2．第3段落の最後に「消費量は中国、アメリカ、アルゼンチンと続き、日本は十位です」とあるので、「大豆の消費量は日本が最も多く」が適さない。　3．第4段落の「また、日本の一人一日あたりの大豆消費カロリーは平均九十六キロカロリーとなっており、他の国と比べて、最も高い数値となっています」と一致《いっち》する。　4．本文からは読みとれない内容なので、適さない。

(5)　あの第2段落の4～5行目に「季節が変わる時に起こる数多くの悪いことを、目に見える形にしたものが鬼で

ある」とある。また、うの第４段落の３～４行目に「つまり、鬼は、人間の力で簡単に対処できない自然の恐怖《きょうふ》を知らせるために、人間が作りだした想像上のものなのだ」とある。

(6) 1　A．一般《いっぱん》的に豆まきでは「鬼は外、福は内」というが、川崎大師では(川崎大師内に)「鬼はいない」という考え方なので、「鬼は外」は言わず、「『福は内』としか言わない」と考えられる。　B．直前に「鬼をむかえ入れて」とあるので、「鬼も内」と言うと考えられる。　2　川崎大師と吉野町《よしのちょう》のお寺の、豆まきの変わったかけ声の例をあげて、最後の段落で「当たり前のように使っていたかけ声が、当たり前でないことを知り、異なるからこそのよさもわかりました」とまとめているので、下線部が、たろうさんの最も伝えたいことだと考えられる。

問題２

(1)　自主財源の金額は，川崎市が 8208×0.624＝5121．7…より，約 5122 億円，神戸市が 9322×0.417＝3887.2…より，約 3877 億円，福岡市が 10545×0.38＝4007.1 より，約 4007 億円である。義務的経費の金額は，川崎市が 8208×0.541＝4440.5 より，約 4440 億円，神戸市が 9235×0.547＝5051.1…より，約 5051 億円，福岡市が 10545×0.459＝4840.1…より，約 4840 億円である。

(2)　ア．東高根森林公園と夢見ケ崎動物公園では少し増加しているので誤り。　オ．夢見ケ崎動物公園の観光客数は平成 31 年・令和元年から令和２年にかけて増加しているので誤り。

(3)　市の歳入は，地方税や国から受け取る地方交付税・国庫支出金などからなる。地方税は住民税，事業税，固定資産税，地方消費税，自動車税などがある。ゴミの量が減ると市の歳出が減る可能性はあるが，歳入が増えることはない。

(4)　資料３より，義務的経費は「扶助費」「人件費」「公債費」なので，資料４では「食費」「ローンの返済」「医療費など」があてはまる。よって，121800＋56700＋177300＝355800(円)である。

(5)　13100000000÷754576＝17360.7…より，ウの 17300 円を選ぶ。

(6)　ア．予算が増額されているのは，「道路・公園緑地・河川・下水道の整備と安全なまちづくりに」「計画的なまちづくりに」「区政の振興に」「共生と参加のまちづくりに」「交通・水道の経営安定に」を除く，７項目なので，４分の３より少ない。　イ．令和２年度は３項目，令和４年度は２項目なので減っている。　ウ．「保健・医療・福祉の充実に」の項目が最も多く，２万 4000 円増額されている。

(7)　エ．児童福祉費の割合は令和３年度以降，２分の１を超えている。

《解答例》

問題１　⑴エ→オ→ア→イ→ウ　⑵ア，ウ　⑶ウ　⑷エ　⑸イ　⑹エ　⑺う．便利な交通手段になる　え．収入が増加する

問題２　⑴40×(18＋23)　⑵各クラス，30 人より何人多いか調べて，その枚数だけ，103 枚の束や 120 枚の束から取り，30 枚の束に増やしていけばよい　⑶ア　⑷人数が一番少ないクラス　⑸(30＋３)×23　⑹(か)32×18　(き)２　(く)18　⑺ウ　⑻(こ)２　(さ)５　(し)1.4　⑼1.412

問題３　⑴1300　⑵オ　⑶(い)あたま／むね／はら　(う)むね　(え)６　⑷4.8　⑸(か)日光　(き)熱　⑹エ，コ　⑺「食べる」「食べられる」という関係がある

《解　説》

問題１

⑴　エ(平成 27 年ではすでに上回っている)→オ(令和７年)→ア(令和 12 年・令和 17 年)→イ(令和 22 年)→ウ(令和 27 年)

⑵　ア．けいこ先生の会話に「いこいの家～文化センターと同じ敷地内にある施設もあります」とあるので，正しい。　イ．いこいの家を利用している高齢者は 6.6％なので誤り。　ウ．会話中より，「市内に住む 60 歳以上の方が無料で利用できる」「イベントを高齢者の方に提供している」とあるので，正しい。　エ．「市内に住む 60 歳以上の方が無料で利用できる」ので誤り。

⑶　たろうさんは「高齢者の方だけでなく，すべての人」と言っているので，高齢者の方のみと限定しているウはあてはまらない。

⑷　ア，イ，ウの年代では，順番３・４にあてはまる情報の割合が逆になっている。

⑹　ア．電話予約できる日は平日だけである。　イ．携帯電話を利用すれば，電話だけでなく，アプリからでも予約できる。　ウ．往復同時予約可と書かれている。

問題２

⑴　○×△＋○×□＝○×(△＋□)となる。よって，40×18＋40×23＝40×(18＋23)と計算できる。

⑵　「各クラスの生徒の人数と 30 人との差の枚数分だけ，枚数の多い束を使って必要な枚数に調節する。」というような内容が書かれていればよい。

⑶　35 枚の束を基準にすると，１クラスの人数が 35 人に満たない場合，チラシが余ってしまう。

⑷　「資料の調べ方(データの活用)」で学習した用語，つまり平均値・中央値・最頻値・最大値・最小値のいずれかではないかと考える。たま小の２，３年生の８つのデータについて調べると，平均値は 34，中央値は 34，最頻値は 33 と 35，最大値は 35，最小値は 33 とわかる。この場合，最頻値を用いるのはおかしいので，最小値の 33 を用いたと考える。

⑸　(お)を計算すると 30×23＋３×23 となるから，⑴と同様の考え方をすればよい。

⑹　さいわい小に先週送った方法では，30×18＋103(枚)である。さいわい小で人数が一番少ないクラスは 32 人だから，今はなこさんが考えた方法では，32×18＝(30＋２)×18＝30×18＋２×18 より，103－２×18＝67(枚)とな

るので，先週送った枚数は32×18＋67(枚)と表せる。

(7) 縦が３㎝，横が５㎝の紙が１枚のときは長い方の辺と短い方の辺の長さの比は５：３，２枚のときは６：５である。

(8) ａ：５＝10：ａの式全体を５で割ると，$\frac{a}{5}$：１＝２：$\frac{a}{5}$となる。また，７：５の比の値《あたい》を小数で表すと，７÷５＝1.4となる。

(9) 25.7÷18.2の筆算は右のようになる。よって，求める値は1.412である。

```
          1.4120
      ──────────
18.2 ) 25.7
       182
        750
        728
         220
         182
          380
          364
           160
```

問題３

(1) 最初の自然や緑の面積は8000×0.6＝4800(㎡)だから，求める面積は4800－3500＝1300(㎡)である。

(2) カブトムシ，アリ，ハチは卵，よう虫，さなぎ，成虫の順に成長する完全変態のこん虫，トンボ，セミ，バッタは卵，よう虫，成虫の順に成長する不完全変態のこん虫である。

(3) こん虫の体は，頭，胸，腹の３つの部分に分かれていて，６本のあしはすべて胸についている。

(4) １カ所に２粒《つぶ》ずつ200粒植えるとすると，200÷２＝100(カ所)に植えることになる。正方形の花だんの縦と横に同じ数ずつ植えていくので，10×10＝100となるから，縦と横に10カ所ずつ植えていけばよい。また，花だんとも20㎝間隔《かんかく》をあけて植えるので，縦と横それぞれの間隔の数は10＋１＝11(個)になる。よって，花だんの１辺の長さは20×11＝220(㎝)＝2.2(ｍ)必要なので，2.2×2.2＝4.84より，必要な面積は4.8㎡である。

(5) (か)光が必要であることを調べたいときは，変える条件を光としてそれ以外を変えない条件とする。はなこさんは「ビオトープで実験できそうです」と言っており，たろうさんは「屋外ですと，…」と言っているので，変える条件は日光である。 (き)日光をさえぎると，熱の条件も変わってしまうので，２つの条件を変えることになり，どちらの条件が関係しているのか分からなくなってしまう。

(6) けんび鏡で観察すると，上下左右が反対に見えるので，視野の右下に見えるものを中央に動かすときは，プレパラートを右下に動かす。また，レボルバーを回して対物レンズを高倍率のものにすれば，けんび鏡で拡大して見ることができる。

(7) このような生物どうしの「食べる」「食べられる」という関係を食物連さという。

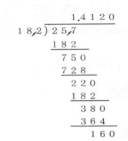

川崎高等学校附属中学校　2022 令和4年度　適性検査Ⅰ

《解答例》

問題1　(1)4　(2)3　(3)①い バタンと大きな音がした　う 部屋を閉める大きな音がした　②い わたしは二階へ行った　う 姉が二階へ上がっていった　(4)(ア)A．ようこ　B．はなこ　C．けいこ　D．ようこ　(イ)楽しく話をしている　(ウ)2．自分　3．素直

(5)(例文)

　性格のちがう相手と人間関係を築くには、まず、人はそれぞれ考え方も、物事の受け止め方もちがうことを認識した上で相手と接します。

　私は、三人の中でけいこさんの曲がったことがゆるせない、がんこなところがあるという点が似ています。だから、妹の言いたいことや、自分にしてほしいことが分かっていても、まちがっていることはまちがっている、悪いことは悪いとはっきり言ってしまうのです。でも、けいこさんは、妹の気持ちを考えて、あやまろうと思ったところがよいと思いました。それはとても勇気のいることです。

　私は、性格のちがう相手に対して、無関心ではなく、むしろじっくりと時間をかけてたくさん話し合おうと思います。まず、相手の気持ちを否定しないで聞き、自分の考えを正直に伝えます。考え方や受け止め方がちがうからこそ、おたがいに学ぶことも多いと思います。

問題2　(1)(あ)B　(い)A　(2)市…公害を防止する条例の制定　会社…公害の研究　市民…請願　(3)ア　(4)静岡／愛知　(5)オ　(6)ウ　(7)エ　(8)工場を観光資源

《解　説》

問題1

(1)　「はなこの視点」から書かれたあの文章中に，「五歳《さい》上の姉，けいこ姉ちゃん」「一歳上のようこ姉ちゃん」とあるから，長女けいこ，次女ようこ，三女はなこ。

(2)　はなこは「わたしは～いつもこうなる」「今日わたしがこうなった理由～よくわかる～でも～改めて言われるのが嫌《いや》だった」「いや～わたしが受け入れられなかっただけだ～なんでだれかのせいにしてしまうのだろう」などと思っている。けいこは「たぶん，はなこは～そしてわたしは～気持ちを認めつつ～そう言うべきだったのだと思う～わかっていた。しかし～がんこなところがある。その性格が出てしまった」「あれ。わたしは自分が出来なかったことをあやまろうとしていたのに，なぜ～ようこの一言のせいにしていないか」などと考えている。ようこは「言おうとしたけれど，やめた～言えば言うほど，『自分は悪くない』と強調しているようで嫌になるからだ」「わたしは感情を表に出すのも，考えることも，好きではない～どうでもいいと思っているわたし」「わざと聞こえるように言った。そして，部屋にむなしくひびく自分の声を聞きながら～自分に，あきれた」と感じている。これらの内容から，それぞれに，自分の行動や性格を振《ふ》り返っているといえる。

(3)①　はなこが「自分の部屋のドアを閉めた」ときのことを，けいことようこはどのようにとらえているか。いの文章の1行目に「バタンと大きな音がした」，うの文章の3～4行目に「部屋を閉める大きな音がした」とある。

②　――線②に続く内容から，この「足音」は，二階のはなこの部屋に向かうけいこの足音だとわかる。このことを，けいこ本人とようこはどのように表現しているか。いの文章の後ろから 10 行目に「わたしは二階へ行っ

た」，うの文章の後ろから６行目に「姉が二階へ上がっていった」とある。

⑷(ア)　A．ようこの視点で書かれたうの文章に，三人の性格のちがいがまとめられている。　B．「はなこは～すぐ笑い，すぐ泣き，すぐおこる」とある。　C．「姉(けいこ)は～いつも考えてから行動に移し，家族のだれよりも落ち着いている」とある。　D．ようこは自分のことを「どうでもいいと思っているわたし」と書いている。

(イ)　いとうの文章に共通する，三人が仲が良いことがわかる内容は，いの文章の８～９行目「いつも三人で話をしている。この時が，一番楽しくて」と，うの文章の後ろから７～８行目「いつも三人でしゃべっている～楽しい」である。　**(ウ)**　はなこは，「わたしが受け入れられなかっただけだ」とわかっているのに「自分を正当化」したくなる。けいこは，「自分が出来なかったことをあやまろう」と思っているのに「ようこの一言のせい」にするような言い方をしてしまう。ようこは，「何かを言えば言うほど，『自分は悪くない』と強調しているようで嫌になる」のに「きっかけをつくったのはお姉ちゃんだし」などと言ってしまう。このように，それぞれが，自分の気持ちに反するような行動をしてしまうのである。

問題２

⑴　直後に「川崎は昔，公害の町と言われていた」とあるから，ばい煙(大気汚染物質)がかかっているＢを 1966 年ごろ，すっきりしているＡを 2021 年と判断する。

⑵　〔資料２〕を見ると，川崎市は昭和 40～50 年ごろに川崎市公害防止条例を公布して，昭和 60～平成 10 年ごろに川崎市環境基本条例を施行している。会社は昭和 40～50 年ごろに石油化学 30 社が共同して，公害問題を解決するために川崎地区コンビナート公害研究会(川崎環境技術研究所)を結成している。大師地区住民は昭和 30～40 年ごろに，市議会に請願を行っている。

⑶　変化の手がかりになることから，アの棒グラフを選ぶ。年ごとの硫黄酸化物排出量の大小が，棒の高低で表されているので，推移を比べやすい。

⑷　右図参照

⑸　方角は，上が北，右が東，下が南，左が西である。地図下のスケールバーを利用すると，A駅から右(東)に 1000m(１km)歩いて交差点まで行き，上(北)に 1000m(１km)歩くと工場(☼)に到着する。

⑹　医療・福祉の労働者数の割合が上がり続けていることに注目すれば，ウと判断できる。

⑺　エ．〔資料６〕より，A町と川崎について，工場の数・製造業で働く人の割合・公害病患者の数・主な公害病をそれぞれ比較する必要がある。

⑻　京浜工業地帯に位置する川崎市の臨海部では，船の上から工場夜景を観光できるツアーなどがある。工場夜景観光に取り組んでいる都市として，室蘭市・川崎市・四日市市・北九州市が特に有名である。

川崎高等学校附属中学校　2022 令和4年度　適性検査Ⅱ

《解答例》

問題１　⑴エ　⑵海に近いところでは新鮮な魚が手に入るので，刺身にして食べる文化が広まった　⑶洪水　⑷ア　⑸オ　⑹イ

問題２　⑴右図　⑵イ　⑶カ　⑷い．123　う．165　⑸255
⑹右図　お．点Dと点Eを重ねたので，辺ＡＤと辺ＡＥの長さは等しい。また，点Cを点Eに重ねたので，辺ＢＣと辺ＢＥの長さは等しい。折り紙は正方形なので，辺ＡＤと辺ＢＣと辺ＡＢの長さは等しい。　か．15

問題２⑴の図

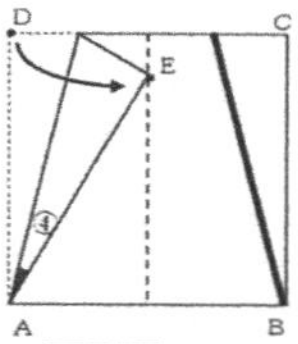

問題２⑹の図

問題３　⑴太陽のあたり方　⑵ア，オ　⑶水蒸気　⑷右図　⑸オ　⑹５
⑺季節によって昼の長さが違うので，太陽の光を受ける時間に長短が生じるため

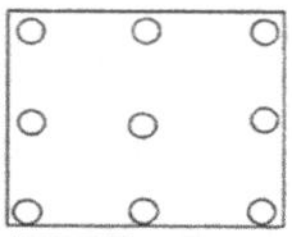

問題３⑷の図

《解　説》

問題１

⑴　〔資料２〕より，中東では雨が降る日はほとんどないから，エが誤り。

⑵　解答例の他に「雨が多いところでは米作りがさかんなので，米を主食とする文化が広まった」なども考えられる。

⑶　〔資料４〕より，アジアの洪水発生数が 100 回近いことに着目しよう。洪水の被災者数を見ると，全体に占めるアジアの割合は 29046546÷32161289×100＝90.3…(%)であり，90%以上になる。また，〔資料３〕は熱帯で見られる，風通しをよくして洪水の被害を避けるための高床住居である。

⑷　ア．〔資料５〕より，「親しみを感じる」「どちらかというと親しみを感じる」と答えた人の割合は，東南アジアが 43.5%，中南米が 31.8%，アフリカが 17.7%，中東が 0.9%，大洋州が 41.9%だから，東南アジアが一番多い。

⑸　はなこさんは「時間」と「労力」を気にせず，「料金」が一番安いものにしたいので，「自転車」があてはまる。たろうさんは「料金」が 300 円以下のもののうち，「労力」が最も少ないものにしたいので，「電車とバス」があてはまる。

⑹　まず「一番よい行き方を考えましょう。どのような行き方があるでしょうか」と課題決めをし，それに応じて「まず電車とバス～電車で行って～徒歩～タクシー～自転車でも行けそうですね」と情報を収集し，〔資料６〕として整理している。それをもとに，時間，料金，労力といった観点から考え合わせ(分析《ぶんせき》)，最後に「それでは，電車と徒歩で行きましょう」とまとめている。

問題２　⑴　図３を図４のように折ると，右図のようになる。よって，黒くぬりつぶした部分は解答例のようになる。

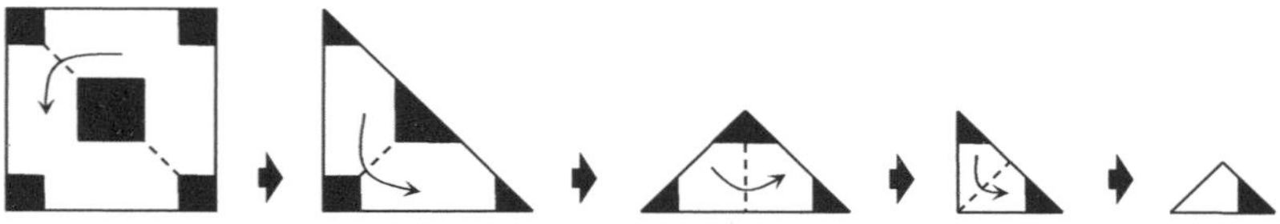

⑵　図５を逆の手順で広げると，右図のようになるから，できる形はイである。

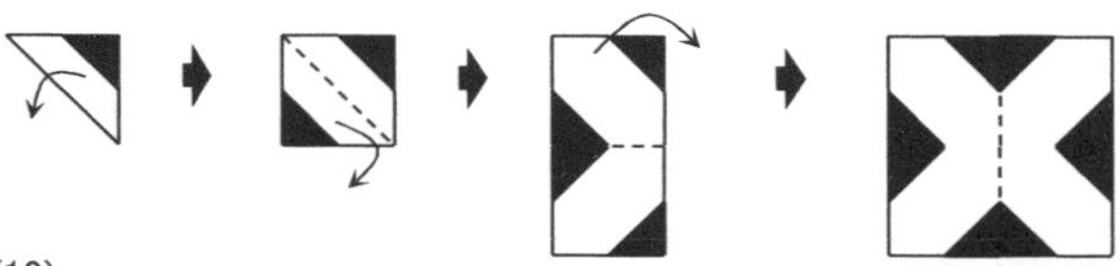

⑶　できる輪がきれいな円になるとして，つなげた

ときに重なる部分を考えずに求める。のりしろを除くと，１つの輪の円周は15－１(cm)である。

(円周)＝(直径)×3.14より，(直径)＝(円周)÷3.14だから，１つの輪の直径は(15－１)÷3.14＝4.45…より，約4.45 cmである。２m＝200 cmをこえるには，200÷4.45＝44.94…より，輪は45個必要である。

２mの長さの輪飾《かざ》りを10本作るので，輪は全部で(45×10)個必要であり，１枚の折り紙で輪を４個作れるから，必要な折り紙の枚数は，45×10÷４＝112.5より，113枚である。したがって，正しい式はカである。

(4)　図８より，輪の数が１個増えるごとに全体の長さは３cm増えることがわかる。１個のときは33－(10－１)×３＝６(cm)だから，40個のときは６＋３×(40－１)＝(い)123(cm)である。

全体の長さがはじめて２m＝200 cmをこえるときを考える。輪の数が１個のときより200－６＝194(cm)長いから，194÷３＝64余り２より，はじめて200 cmをこえるのは，１＋65＝66(個)のときである。よって，２mの輪飾りを10本作るには，折り紙は66×10÷４＝(う)165(枚)必要である。

(5)　１回折ると２等分，２回折ると２×２＝４(等分)，３回折ると２×２×２＝８(等分)，…となるから，８回折ると２×２×２×２×２×２×２×２＝256(等分)されるので，折り目は255本である。

(6)　ＣとＥを重ねてできる折り目をかけばよいので，折り目の線はＣとＥを結んでできる線の真ん中を垂直に通る直線または角ＣＢＥを二等分する直線となるようにかけばよい。折って重なる辺の長さは等しいことを利用して考えると，解答例のように(お)の説明ができる。

ＤとＥを重ねてできる折り目は，角ＤＡＥを二等分している。角ＤＡＥ＝90°－60°＝30°だから，角④の部分の大きさは，30°÷２＝(か)15°である。

問題３

(1)　確かめたいことに関係する条件だけを変え，他の条件をなるべく変えないようにする。ここでは地面の種類以外の条件が同じになるような場所で実験を行う必要がある。

(2)　ア×…土は20～25分後，芝生は40～45分後に最も低い温度を計測している。　オ×…うち水をしてから下がった温度は，土が31.1－30.7＝0.4(℃)，アスファルトが33.1－32.0＝1.1(℃)，芝生が32.5－31.6＝0.9(℃)，砂利が32.8－32.2＝0.6(℃)である。

(3)(4)　液体の水が蒸発すると気体の水蒸気になる。水蒸気になると粒《つぶ》と粒の間かくが広がるため，体積が大きくなる。

(6)　38÷738×100＝5.1…→５％

《解答例》

問題１ ⑴かんたん／読み進めてしまう　⑵ブロック紙　⑶ⅰ．③国内外の重要なニュース　④地元都道府県のニュース　ⅱ．３　⑷ⅰ．「神戸」や「ポートアイランド」という言葉からわかるとおり、地元兵庫県での出来事だ　ⅱ．四冠を達成したこと。　ⅲ．⑧世界最高性能　⑨困難な社会問題を多く解決してくれる

ⅳ．「世界一」が神戸市にあることへのほこり。

⑸（例文）

私は、一年間の学校行事が分かる記事を一番大きくしたい。遠足、運動会、音楽発表会といった大きな行事を中心に、学年ごとの行事や体験活動なども紹介することで、入学したばかりの一年生に、学校生活の楽しさを伝えたいと思う。

記事には写真をたくさんのせて、在校生の生き生きとした様子を伝えたい。文章は、一年生にも分かるように、短い文と易しい言葉で書き、漢字にはふりがなを付けたい。そして、初めての学校生活に不安を感じている一年生が安心するようなアドバイスや、上級生からのおもしろいコメントなども入れたいと思う。さらに、写真の配置で一年間の行事の順番が分かるように工夫をしたいと思う。

記事を読んだ一年生に、学校は楽しいところだと感じてほしい。だから、見出しは「わくわくたのしい学校イベント」としたい。一年間の学校行事を知り、明るい気持ちで小学校生活をスタートしてほしいと思う。

問題２ ⑴イ　⑵エ　⑶ウ　⑷貸出者数÷人口（下線部は貸出回数でもよい）〔別解〕2822456÷1503690

⑸ア　⑹（か）ウ　（き）イ

《解　説》

問題１

⑴　「サーッと」は，かろやかに，すばやく行われる様子。ここでの「流して」は，心にとめたりこだわったりせずに，そのまま読み流していくということ。

⑵・⑶－ⅰ　著作権に関係する弊社《へいしゃ》の都合により本文を非掲載《ひけいさい》としておりますので，解説を省略させていただきます。ご不便をおかけし申し訳ございませんが，ご了承《りょうしょう》ください。

⑶－ⅱ　「この記事」の内容は，「沖縄と戦争に関すること」とある。また，「全国紙『１』『２』にのっている」が，「地方紙～の一面にはのっていない」とある。これらの内容から，１の「全国に知らせるべき内容」，２の「日本各地の人々に広く知らせるべき内容」，４の「全国の人に知らせるべき内容」として掲載《けいさい》されたと考えられる。よって，３の「沖縄の人だけに」が適切でない。

⑷－ⅰ　――線⑥の直前に「兵庫県の地方紙だからこそ書いてある内容があるね」とあることに着目する。「富岳《ふがく》」が「神戸・ポートアイランドに整備中」であり，研究センターの住所（神戸市）も書かれている。つまり，兵庫県の読者に，地元に大きな関わりがある出来事として伝えているということ。

⑷－ⅱ　「兵庫県の地方紙『４』」では，「世界一位であるくわしい内容」について，「初採用の１部門を加え，『４冠《かん》』を達成するのは世界のスパコンで初の快挙という」とくわしく説明している。

⑷－ⅲ　「兵庫県の地方紙『４』」の松岡氏のコメントには，「各主要分野で，突出《とっしゅつ》して世界最高性能であることを示せた。富岳のＩＴ技術～困難な社会問題を多く解決していくでしょう」とある。

(4) - iv　はなこさんが「わたしが兵庫県に住んでいたら，自分の住む街に世界一があるのはうれしいな」，たろうさんが「確かに，ぼくもそう思うよ。しかも～いかにすごいかを伝えているよね」と感じたように，「世界一」のものが地元にあることについてくわしく知ることで，読者が喜びを感じたり誇《ほこ》りに思ったりすることを期待していると考えられる。

問題２

(1)　求める割合は，$\frac{46408}{1535415}\times 100 = 3.02\cdots$より，約３％である。

(2)　アとイは，〔資料１〕から正しいとわかる。川崎区は2016年～2020年で，外国人登録者数が17000－13000＝4000(人)以上増加していて，他の区で4000人以上増加している区はないから，ウは正しい。川崎市の2020年３月末の外国人住民登録者全体の３分の１は，$46408\times\frac{1}{3} = 15469.3\cdots$より，約15469人であり，これはあきらかに2020年の川崎区の外国人住民登録者数より少ないので，エは正しくない。2020年の高津区・宮前区・多摩区の外国人住民登録者数の合計は，5000＋4000＋5000＝14000(人)より多く，2016年の川崎区の外国人住民登録者数は14000人より少ないから，オは正しい。

よって，あてはまらないのはエである。

(3)　ア～オのうち，増加の割合が２倍以上になるのは，ウ(ベトナム)とオ(ネパール)だけとわかるので，この２つの割合を出す。ウは4398÷1868＝2.354…より，約2.35倍。オは1541÷740＝2.082…より，約2.08倍。

よって，増加の割合が一番大きい国，地域は，ウである。

(4)　川崎市の１人あたりの図書貸出回数だから，川崎市全体の貸出回数から，川崎市の人口を割ればよい。

(5)　川崎市について，図書館総数はさいたま市の半分だから，26÷２＝(え)13

図書冊数は新潟市の約0.8倍だから，2761736×0.8＝2209388.8…より，約2200000人である。(お)の値で2200000に最も近いのは2193775だから，正しい組み合わせは，アである。

(6)　貸出者数が増加した人数について，200000人以上増えているのはイとウだけなので，この２つを調べる。イは416416－119464＝296952(人)，ウは690119－356459＝333660(人)だから，(か)にあてはまるのはウである。増えた割合について，３倍以上になるのはあきらかにイだけなので，(き)にあてはまるのはイである。

《解答例》

問題１　(1)ア　(2)F→A→E→C→B→D　(3)ラムネから出る二酸化炭素を使って，ビー玉を外に押し出そうとする力でふたをしている　(4)(う)ア　(え)エ　(5)(お)ア　(か)イ　(6)(き)エ　(く)ア，エ

問題２　(1)157　(2)(2.5×22×3.14)÷(2.5×20×3.14)$=\dfrac{2.5\times22\times3.14}{2.5\times20\times3.14}=\dfrac{22}{20}$

(3)右図　(4)歯車が何回転しているか

(5)(え)わくの歯数120と歯車の歯数36の最小公倍数である360をわくの歯数120で割ることで求められる。

(お)わくの歯数120と歯車の歯数36の最小公倍数である360を歯車の歯数36で割ることで求められる。

(6)(か)タイヤの中心　(き)直線

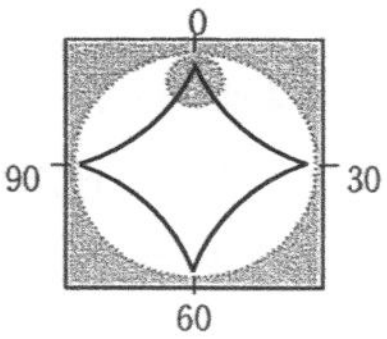

問題２(3)【図７】

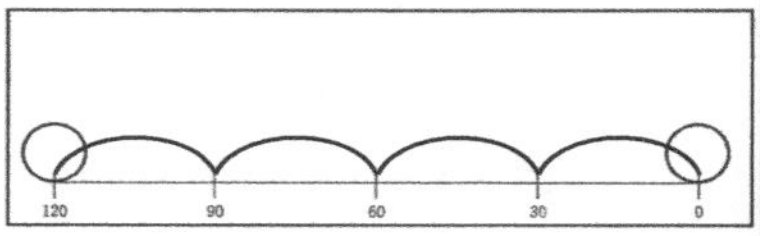

問題２(3)【図８】

問題３　(1)エ　(2)少ない量のメニューを作る。／ご飯の量を注文するときに聞く。　(3)海外からの輸入に頼っている　(4)ウ　(5)本を読むときに字が読めなくて困る。／商売をするときに計算ができなくて困る。

(6)選んだカード…４　その理由…子どもの労働が減り，勉強する時間がふえるから。

《解　説》

問題１

(1)　ア○…水にとけているものは水中に一様に広がっているので，ア～カの中で水にとけているもののようすを表しているのはア，イ，ウである。これらのうち，湖にとけているものがとても多くて，それに比べると日本の海にとけているものの量が少ないことから，アが正答である。

(2)　固体の同じ体積あたりの重さが液体よりも重いとき，固体は液体に沈み，固体の同じ体積あたりの重さが液体よりも軽いとき，固体は液体に浮く。資料２より，水１Lのみで浮いたサツマイモ(F)の同じ体積あたりの重さが最も軽く，次に軽いのが水(A)である。その次に軽いのは，食塩を大さじ１杯《ぱい》入れたときに浮いたダイコン(E)，その次に軽いのは，食塩を大さじ２杯《はい》入れたときに浮いたニンジン(C)，水１Lに対して食塩を大さじ３杯をとかした水にジャガイモは沈んだので，その次に軽いのが水１Lに対して食塩を大さじ３杯をとかした水(B)，最も重いのがジャガイモ(D)である。

(3)　びんの中から，外には出ないぎりぎりの大きさのビー玉で押すことで，ふたをすることができる。ビー玉を押すのは，ラムネから発生する二酸化炭素の力である。

(4)　(う)ア○…発生したあわが二酸化炭素ならば，冷やしても気体のまま変化しないので，体積はあまり変化せず，液体は出てこない。　(え)エ○…直後のはなこさんの言葉より，発生したあわは水蒸気だとわかる。水蒸気が冷えて水に変化すると，体積が大きく減る。

(5)(6)　炭酸飲料を加熱したとき，最初に出てくるあわは二酸化炭素だから，(4)(う)解説と同様になる。また，炭酸飲料を十分に加熱して温度が高くなったとき，二酸化炭素の他に出てくる可能性のある気体は水蒸気だから，(4)(え)解説と同様になる。

問題２

(1)　１回転で直径が50㎝の円の周の長さだけ進めるから，求める長さは，50×3.14＝157(㎝)

⑵　同様に考えると，半径(直径)がａの円の周の長さは，半径(直径)がｂの周の長さの$\frac{a}{b}$倍であるとわかる。

⑶　歯数30の歯車は，120÷30＝４(回転)すると，歯数120のわく内をちょうど１周まわる。歯車がスタートから半回転すると，ペンを指しこんだ穴はわくから離《はな》れ，ちょうど１回転したとき一番わくに近くなるので，１回転以上するごとに花びらが１枚できる。よって，花びらは４枚で，等間隔《とうかんかく》にできるから，【図７】は解答例のようになる。【図８】も，【図１】をふまえ，４回転してゴール(歯数120)のときにちょうどペンを指しこんだ穴が下にくることから，解答例のようになるとわかる。

⑷　⑶の解説をふまえて考えればよい。

⑸　わくの歯数である120の倍数だけ歯をかみ合わせると，歯車がちょうどスタート地点に戻る。また，歯車の歯数である36の倍数だけ歯をかみ合わせると，ペンを指しこんだ穴が一番わくに近くなる(ちょうど１回転する)。スタートから何周かして，はじめてスタート地点でペンを指しこんだ穴が一番わくに近くなったときに模様が完成するので，120と36の最小公倍数である360だけ歯をかみ合わせると，模様が完成する。
よって，わくを360÷120＝３(周)で完成していて，このとき歯車は360÷36＝10(回転)している。
したがって，解答例のように説明できる。

⑹　歯車の中心は，タイヤでは(か)タイヤの中心となる。どれだけ回転しても，タイヤの中心と地面との距離《きょり》はタイヤの半径に等しく変わらないので，かき残した線は(き)直線となる。

問題３

⑴　エが誤り。食材が安い時に多めに買っておくと，買い置きがあるのを忘れて，また同じ食材を買ってしまい，無駄になる恐れがある。

⑵　客が食事の量の調整や選択をできるような取組を考えよう。解答例のほか，「アレルギー情報を載せたメニュー表を作る。」ことに取り組めば，注文前に食べきれるかどうかの判断をしやすくなる。

⑶　日本は，食料の大半を海外からの輸入に頼っているため，飛行機や船などによる二酸化炭素排出量が多く，フードマイレージが高い。二酸化炭素排出量の抑制は地球温暖化防止になるため，地域で生産した農産品を地元の人々が消費する「地産地消」の取り組みが進められている。

⑷　ウ．開発途上国では，生産や加工段階での食品ロスが圧倒的に多い。一方，先進国では，過剰生産などの消費段階での食品ロスが多い。

⑸　十分な教育や技能を身につけていないと，将来，賃金の低い不安定な仕事に就くか失業することになる。フェアトレード認証製品には，チョコレートやコーヒーなどがあり，生産する側には児童労働を生み出す貧困の連鎖を断ち切ることができるといったメリットがある。

⑹　解答例のほか，１や２のカードを選び，その理由を「カカオ農園で働く人が適切な賃金を受け取れるから。」としたり，８のカードを選び，その理由を「労働条件や労働環境が向上されるから。」としたりするのもよい。

《解答例》

問題１　(1)４　(2)「論理はなぜ必要か」に対する答え　(3)１

(4)石…視覚物の使用　鳥…話し手が話しやすくなり、内容を忘れない／聴衆にとって楽しくわかりやすい

(5)ⅰ．３　ⅱ．川崎市外の人が川崎に行ってみたいと思う内容にした方がよい

ⅲ．記号…イ　どうすればよいか。…多摩区の話をする時に拡大した写真を見せる

(6)(例文)

私は、Bの文章の「対話性」を重視するという内容を参考にして、クラスメイトによく伝わるように発表を行いたいと思います。

学級会で自分の意見を発表した時に、皆も分かっているだろうと思いこんで、説明を省いてしまったことがありました。その結果、言いたいことが伝わらず、聞いている人も、私自身も、大変もどかしい思いをしました。

その時、皆が分かっていないことを察した司会の人が、説明を補ってくれました。そのおかげで、ようやく言いたいことが皆に伝わりました。発表者の私が、聞いている人の表情を見て、分かってもらえたか、納得してもらえたかを判断しながら説明をすれば、もっとスムーズに伝わったのだと反省しました。

この経験から、発表は、一方通行では伝わらないということを実感しました。聞いている人の様子に応じて説明することを心がけ、分かりにくい点がないように気を付けて、発表を行いたいと思います。

問題２　(1)ア　(2)燃料や原料を輸入して，工業製品を輸出する加工貿易をおこなっている　(3)イ　(4)エ

(5)い．ア　う．オ　(6)パソコンの普及により，インターネットの利用者が増え，手紙やハガキを利用することが少なくなったから(下線部はメールでもよい)

《解　説》

問題１

(1)　――線①の「この結論」とは、「クワガタとカブトムシはクワガタの方が強い」というもの。まず、直後の段落に「何を『強い』とするかが問題です～さまざまな観点から考える必要があります」とある。また、何をもって強いとするのかを決めた上で実験を行う場合、「条件をそろえて実験をすると、説得力のある根拠《こんきょ》として使え」ると述べている。よって、４が適する。

(2)　――線②の「これ」が指すものは、「自分の考えを明確にするために論理は必要だ」という答えである。しかし、この答えは、「事」つまり「論理はなぜ必要か」という問いに対する答えの「一面」にすぎず、「その(＝「事」の)」すべてではないということ。

(3)　聴衆《ちょうしゅう》が「骨ばかり見て」いる間も、教授は話をしていた。「気になって」とあることからわかるように、聴衆は骨の方に意識がいき、教授の話に集中できなくなっている。よって、１が適する。少し後にある、「視覚物は必要な時だけ見せるようにする」というポイントは、こうしたことを防ぐためだと考えられる。

(4)　一石二鳥とは、一つのことをすることで、二つの利益や成果を得ること。「石」に当てはまることは、「すること」に当たる内容なので、「スライドやチャートを見せ」るといった「視覚物の使用」である。「鳥」に当てはまることは、「利益や成果を得ること」に当たる内容なので、「視覚物の使用」によって得られるよい点や効果をまとめ

ればよい。

⑸ i A の文章では、筋道を立てて考えるときに気を付けるべきこととして、「短絡的《たんらくてき》に根拠と結論を結びつけ」ないことを挙げている。クワガタとカブトムシの強さを比べるときに、何をもって強いとするのかを決めることが重要だったように、何をもって住みやすいと言えるのかを示す必要がある。　ii はなこさんが作った発表原稿《げんこう》は、「川崎《かわさき》市外に住む人に向けて川崎を宣伝するため」のものである。書きかえた原稿には、ももの花を楽しめることや、ももに関係のある和菓子の説明が加わっている。景色や食を楽しめるという内容が加わっているので、川崎に行ってみたくなるような内容にしてはどうかというアドバイスがあったと考えられる。　iii 藤子《ふじこ》・F・不《ふ》二雄《じお》ミュージアムについては、多摩《たま》区の話で出てくる。C の文章の(イ)の「視覚物は必要な時だけ見せるようにする」というポイントを守らないと、発表を聞く側の人は写真が気になって話を聞かなくなると考えられる。多摩区の話は最後の方で出てくるので、それまでは黒板にはらない方がよい。

⑹ B の文章では、「論理とはその根底において対話的なのだ」とし、「対話性」は、論理について考える場合に見落としてはならない視点だと述べている。

問題2

⑴ アが正しい。川崎港に入ってくる貨物量は，5972 万トン(2014 年)→5906 万トン(2015 年)→5797 万トン(2016 年)→6032 万トン(2017 年)→5884 万トン(2018 年)である。出ていく貨物量は，2610 万トン(2014 年)→2761 万トン(2015 年)→2400 万トン(2016 年)→2465 万トン(2017 年)→2224 万トン(2018 年)である。　イ．2015 年と 2017 年の川崎港の貨物量総計は前年よりも増加している。　ウ．(増加率)＝(増加後の量－増加前の量)÷(増加前の量)×100 より，2018 年の川崎港の移入量の増加率は(1560－1305)÷1305×100＝19.54…(%)で，50%以下となる。
エ．川崎港の移出量は，最も多かった 2015 年が 1686 万トン，最も少なかった 2018 年が 1475 万トンだから，その差は 211 万トンである。　オ．2018 年の川崎港の輸出入貨物量は 5073 万トン，移出入貨物量は 3035 万トンだから，おおよその比は５対３である。

⑵ 日本は，燃料や原料となる液化天然ガスや原油などを多く輸入して，完成自動車などの工業製品に加工して輸出している。

⑶ イ．〔資料１〕より，2018 年の輸入量が 4324 万トン，〔資料２〕より，液化天然ガスの輸入全体に占める割合が 37.6%である。よって，2018 年の液化天然ガスの輸入量は 4324×0.376＝1625.8…(万トン)で，約 1626 万トンとなる。

⑷ エ．サイズで選別された郵便物の向きをそろえて消印を押す機械や，郵便番号や住所で郵便物を仕分ける機械などが導入されているため，短時間で効率よく多くの作業を進められる。

⑸ 「い」はア，「う」はオを選ぶ。〔資料５〕より，川崎東郵便局の近くには首都高速湾岸線，〔資料６〕より，神奈川西郵便局の近くには圏央道(首都圏中央連絡自動車道)や新東名高速道路があることを読み取り，郵便物がトラックなどで郵便局まで運ばれることと関連づけよう。

⑹ 〔資料８〕より，2000 年以前は 50%以下だったパソコン普及率が，2001 年以降は 50%を上回って増加し続けていることを読み取ろう。最近では，パソコンのほか，携帯電話やスマートフォンも広く使われるようになり，インターネット利用者が増え，情報を発信したいときは，簡単にメッセージを送ることができる。

川崎高等学校附属中学校　2020 令和2 年度　適性検査Ⅱ

《解答例》

問題１　⑴昼間の交通量を減らすこと　⑵４　⑶車イスを利用している人／ベビーカーを押している人／お年寄り／足をケガしている人 などから２つ　⑷え．低い位置にある　お．体を低くしない　⑸はしを上手に使えない人にも食べに来てほしい

問題２　⑴831　⑵1738　⑶５セント　⑷イ

⑸地点Ｉを通過しないといけない（下線部は浜町二丁目でもよい）

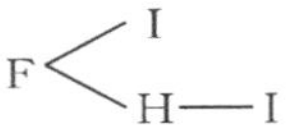

⑹右図　⑺Ｂ－Ｃ－Ｄ－Ｆ－Ｈ

問題３　⑴イ　⑵砂　⑶容器の左半分に小さなつぶの砂を，右半分に大きなつぶの砂をしきつめて，その境目にアリジゴクを放す　⑷ア　⑸え．エ　お．オ　⑹巣がくずれる

《解　説》

問題１

⑴　東京オリンピックの開催期間中は，選手や大会関係者，観客などが移動する際に車を使うことが増えるため，昼間の高速道路の交通量が増え，道路の混雑が深刻化すると予測されている。

⑵　４．オリンピック専用レーンで大会関係車両が接近した場合，一般車両は車線変更しなければならないため，専用レーン以外での渋滞が起こりやすくなる。

⑶　段差をなくすためのスロープを設置すれば，歩行が困難な人でもスムーズに移動できるようなる。また，足が不自由な人は段差でつまずきやすいため，転倒する危険性があり，骨折などのけがにつながることもある。

⑷　〔資料４〕より，案内板の時刻表が，車イスを利用している人の目の高さの位置に低く設置されていること，前下りの角度をつけて一般の人も見やすくなる工夫がされていることを読み取ろう。

⑸　「フォークあります」のステッカーには，「はしを使うことに慣れてない子どもや外国人のお客さんにもそばを食べてもらいたい。」というお店の人の気持ちが込められている。

問題２

⑴　９時間24分＝$9\frac{24}{60}$時間＝$9\frac{2}{5}$時間＝9.4時間で7812㎞進んだので，平均の速さは，7812÷9.4＝831.0…より，小数第一位を四捨五入して，時速約831㎞である。

⑵　22ドルを両替すると，22×80＝1760(円)となり，手数料が１×22＝22(円)かかったので，求める金額は，1760－22＝1738(円)である。

⑶　ジュース１本の値段は１ドル99セントで，２ドルより１セント少ないから，ジュース３本の代金は，２×３＝６(ドル)より１×３＝３(セント)少ない，５ドル97セントである。金額の最後の１ケタが７セントなので，切り捨てて５セントとなるから，代金は５ドル95セントである。よって，６ドルはらったときのおつりは，６ドル－５ドル95セント＝５(セント)である。

⑷　図１の線をすべて直線で表すと，右図のようになる(シドニー大学は★印)。右図の丸で囲まれた部分を表せているのは，イだけである。

⑸　(い)の発言の後，「地点Ａから地点Ｉまでの経路だけを考えればよい」と言っていることから，はなこさんが解答例のようなことに気づいたことがわかる。

⑹　地点Ｄから地点Ｅには戻《もど》れないので，地点Ｃか地点Ｆに移動する場合がある。地点Ｆからは，地点Ｉか地点Ｈに移動する場合がある。地点Ｈからは，地点Ｉ以外の地点に移動すると，地点Ｉに行くためにすでに通ったバス停を通ることになるから，地点Ｉに移動する。よって，解答例のようになる。

⑺　Ａ－Ｂとたどると10分なので，地点Ｂから20－10＝10(分)より短い時間で地点Ｉへ行く経路を考える。Ｂ－ＧまたはＥ－Ｉを通ると10分をこえてしまうので，地点Ｇ，Ｅを通らない経路を考えると，Ｂ－Ｃ－Ｄ－Ｆ－ＩとＢ－Ｃ－Ｄ－Ｆ－Ｈ－Ｉが見つかる。それぞれの移動にかかる時間の合計は，２＋１＋２＋６＝11(分)，２＋１＋２＋２＋２＝９(分)なので，Ａ－Ｂ－Ｃ－Ｄ－Ｆ－Ｈ－Ｉの順に通る経路が最短の時間で移動できる経路である。

問題３

⑴　イ○…こん虫のからだは，頭部，胸部，腹部の３つの部分に分かれていて，６本のあしは胸部についている。ⓐはあしではなくあごである。

⑶　はなこさんは，アリジゴクは砂つぶが細かいところを探して，巣をつくっているのではないかと予想した。資料３で，アリジゴクが巣をつくった点線の左側に細かい砂がしきつめられていれば，この予想が正しいことを確かめられる。

⑷　ア○…周囲の砂と巣の砂では，巣の砂の方がつぶが細かいから，巣のくぼみの白い砂はつぶが小さく，くぼみの周辺の黒い砂はつぶが大きい。

⑸　エ，オ○…砂をほるのがスコップの役割で，小さなつぶと大きなつぶを分けるのがふるいの役割である。

⑹　巣の坂の角度は安息角になっていて，アリが巣の中に入れば，足元の砂がくずれて，巣の底に落ちる。

《解答例》

問題1　(1)今になっても　(2)わたしたち　(3)4　(4)1　(5)比べる／対比する

(6) i．記号…キ　注意書き…四人で力強く　記号…コ　注意書き…消えるような声で

ii．番号…12　注意書き…困っているように、声を大きめにして表現する

(7)(例文)

私が話し合い活動で大切だと思うことは、一人が意見を出したら、他の人もそれに対して新しい意見を言うことです。C では、はなこさんが「『すきとおる』は四人で言いたい」という意見を出すと、他の人がどのように読めばいいかというアイディアを出し、読み方が工夫されていきます。それによって一人で考えるよりも、よい表現になったと思います。

私も、地域の人との交流会でどんな出し物をするか、クラスで話し合ったことがあります。劇をやることに決まると、昔話をアレンジして新しい物語を作る、歌を入れるなど、たくさんのアイディアがでて、素晴らしい劇を作り上げることができました。

小学生の時は、話し合いがうまくいかないと先生が助けてくれることがありました。しかし、中学生になったら全て自分たちで進行するようにしたいです。司会者が中心となって、だれもが意見を出しやすい、自由なふん囲気の話し合いをするようにしたいです。

問題2　(1)ア，ウ　(2)ひと家族あたりの人数が減少している。　(3)7　(4)い．オ　う．カ　(5)ア　(6)イ

《解　説》

問題1

(1)「未《いま》だに」とは、今になってもまだ、今もなおという意味。B の――線①の直後に「すきとおっては　こない」とあるので、C の中の、「すきとおっては／こない」について発言している部分に着目すると見つけやすい。C のじろうさんの最初の発言にある。

(2)「（あ）という表現から読みとれ」るのは、「自分もふくめた数多《あまた》の人々に向けての思いであること」なので、「わたしたち」が適する。

(3)「どうして／すきとおっては　こないのだろうと…」という問いの答えは、詩の中に記されていない。よって、1と2は適さない。B に「あるいはまどさんはわかっているのかもしれません。しかし」とあることから、わかっているがあえて記していないというつながりになる。よって、4が適する。

(4)――線②は「そうだね」、――線③は「そうしましょう」で、「前の人の発言」を受けているので、2と4は適さない。――線②は「では、詩をどのように表現するか考えよう」、――線③は「それと『間』はどうしましょうか」で、「話し合うべきことにふれて」いっているので、1が適する。

(5)「二つの表現(＝『すきとおる』は力強く表現、『すきとおっては／こない』は消えるような声で表現)を（う）時に表現方法に差のある方がどちらも印象に残りやすい」とある。表現方法の差(＝ちがい)は二つの表現を比べる時に分かるものである。よって、「比べる」「対比する」などが適する。

(6) i　キは、ようこさんの最初の発言の「『すきとおる』をとても力強くするといいと思うわ。そのために、四人で言いましょう」から、「四人で力強く」などが適する。コは、じろうさんの最初の発言の「すきとおっては／こ

ない」は、消えるような声で表現したいな」から、「消えるような声で」などが適する。　ii　じろうさんの3回目の発言の「『どうして』も、最初と最後で表現方法を変えよう。最後は、困っているように、声を大きめにして表現してみよう」から、⑫の注意書きは、「困っているように、声を大きめにして表現する」などがよい。

問題2

(1)　アとウが正しい。ウについて，世帯数は，2017年(平成29年)が約72万世帯，1975年(昭和50年)が約35万世帯なので，2017年の世帯数は1975年の72÷35＝2.05…(倍)である。　イ．人口は，昭和30年が約45万人，平成19年が約130万人なので，130÷45＝2.88…(倍)の人口にまで増えた。　エ．人口が100万人をこえた昭和50年の世帯数は約35万世帯なので，1世帯あたりの平均人数は100÷35＝2.85…(人)であった。　オ．「世帯数」と「人口」が逆であれば正しい。昭和54年と55年において，世帯数は大きく増加しているが，人口はほとんど変化がない。

(2)　〔資料1〕で，人口の増加に比べて世帯数の増加の方が大きいことから，1世帯あたりの人数が減って核家族化が進んでいることを導こう。

(3)　〔資料2〕で，人口増加率が 0.0%以上(　)なのは，千葉県，埼玉県，東京都，神奈川県，愛知県，福岡県，沖縄県の7都県である。

(4)　(い)について，〔資料3〕で，2011 年以降，人口数のマイナス(−)が続いているのでオを選ぶ。(う)について，〔資料3〕のグラフは前年の人口との増減が大きいほど数値も大きくなるから，人口のマイナス(−)の数値が最も大きい2017年が前年と比べてもっとも人口減少が大きいと判断できるので，カを選ぶ。

(5)　ア．75歳以上の人口は，2018年が1516483×0.1＝151648.3(人)，2030年が1586900×0.133＝211057.7(人)なので，2030年は2018年より211057.7−151648.3＝59409.4(人)≒約6万人増えると予想される。

(6)　少子高齢化が進むにつれて，人口ピラミッドの底辺の人口(若年人口)が少なくなっていきつぼ型となるから，イを選ぶ。

《解答例》

問題１　⑴河辺に出て自然の風にあたり，涼んでいる

⑵１．(エ)　２．(ク)　３．(カ)　４．(ア)　５．(ウ)　６．(キ)　７．(イ)　８．(オ)　⑶エ

⑷イ，オ　⑸さびたり、くさったりしないので、海に捨てられるといつまでも無くならずに残ってしまうから。　⑹細かく切って捨てる。

問題２　⑴４　⑵長針が１分間あたりにどれだけの角度を動くか　⑶32.5　⑷27.3

⑸

長針の長さ(cm)	2	4	5	14	18
１時間で長針の先が動く距離(cm)	12.56	25.12	31.4	87.92	113.04

長針の長さと長針の先が動く速さの関係…長針の長さが２cmから18 cmと９倍になると、１時間あたりに長針の先が動く距離も12.56 cmから113.04 cmと９倍となるので、長針の先が動く速さも９倍となるといえる。

問題３　⑴118750　⑵風　⑶(う)オ　(え)イ　⑷イ　⑸ア　⑹月と地球の距離 380000 kmは、太陽と地球の距離 149600000 kmに比べればとても小さく、太陽からほぼ同じ距離にある地球や月から太陽を見ているから。

《解　説》

問題１

⑴　解答例のほか，「風通しの良い浴衣を素肌の上に着ていた」なども良い。

⑵　〔資料２〕の１～４と５～８の間に「着物に仕立てて着る」のカードがあることに着目しよう。１～４のカードは，着物ができる工程について書かれた(エ)綿花栽培→(ク)木綿糸の製作→(カ)木綿糸の染色→(ア)着物完成の順となる。５～８のカードは，(ウ)着物としての利用→(キ)着物から形を変えての利用，(イ)と(オ)は資源としての利用で，(イ)布を灰にする→(オ)灰を肥料にするの順となる。

⑶　エ．３Rを進め，新たな天然資源の使用を減らす社会を循環型社会という。推進キャラクターの「かわるん」のお腹に循環を意味するマークが描かれていることに着目しよう。

⑷　たろうさんが「リユース」について「ものをそのままの形でくり返して使うこと」と言っていることから，イとオを選ぶ。アはリサイクル，ウとエはリデュースにつながる行動である。カは，移動手段を工夫して二酸化炭素排出量を削減する取り組みの「スマートムーブ」についての記述である。

⑸　海に流れ込んだ微小なプラスチック粒子(マイクロプラスチック)を魚などが食べ，その魚を食べている人間の体に移行して影響を及ぼす危険性が問題視されている。

⑹　解答例のほか，「重ねて捨てる」なども良い。

問題２

⑴　１時間＝60 分で 15 度動くのだから，１度動くのに，60÷15＝４(分)かかる。

⑵　１周の角度である 360 度を１時間＝60 分で割っているので，１分間あたりにどれだけの角度を動くかを求めているとわかる。

⑶　図の時計のとなりあっためもりの間の角度が 360÷12＝30(度)だから，見た目は 30 度に見えるが，短針が５分間で 0.5×５＝2.5(度)動いているから，実際には 30＋2.5＝32.5(度)になっている。

なお，短針の角の速さの求め方は以下のようになる。短針は 12 時間で１周するから，１時間で 360÷12＝30(度)

進む。したがって，１分間で30÷60＝0.5(度)進む。時計の針の角度の問題は中学受験の定番の問題なので，長針と短針が１分間あたりに進む角度を自分で求められるようになろう。

(4)　５時の状態だと，短針が長針より30×５＝150(度)進んでいる。このあと１分ごとに長針が短針に5.5度近づくから，150÷5.5＝$\frac{300}{11}$＝27.27…より，27.3分で長針が短針と重なる。

(5)　「長針の長さ」を半径，「１時間で長針の先が動く距離」を円周と考えれば，
(長針の長さ)×２×3.14＝(１時間で長針の先が動く距離)の関係があることがわかる。つまり，「１時間で長針の先が動く距離」は「長針の長さ」に比例する。したがって，「長針の長さ」が２㎝から４㎝と４÷２＝２(倍)になると，「１時間で長針の先が動く距離」も２倍になり，12.56×２＝25.12(㎝)となる。また，「１時間で長針の先が動く距離」が12.56㎝から87.92㎝と87.92÷12.56＝７(倍)になると，「長針の長さ」も７倍になり，２×７＝14(㎝)となる。

「長針の先が動く速さ」は「１時間で長針の先が動く距離」に比例するので，「長針の長さ」と「長針の先が動く速さ」も比例の関係にあるとわかる。よって，解答例のように，比例の関係を元にした説明を書くとよい。

問題３

(1)　川崎駅と附属中学校を往復すると約1.6×２＝3.2(㎞)だから，380000÷3.2＝118750(往復)である。

(3)　資料４で，アの位置からは地球の光っている部分(左半分)はまったく見えない。アからイ→ウ→エ→オと移動していくと，右側から少しずつ光っている部分が見え始め，ウの位置からは半分，オの位置からは満月のよう光っている部分が見える。したがって，(う)にはオ，(え)にはイがあてはまる。

(4)　月を裏側から見ると，光って見える部分と暗い部分が地球から見たときと入れかわって見える。つまり，資料６のように，月の裏側で右側が少しだけ欠けて見えるとき，地球から見る月は右側が少しだけ光ったイのような形に見える。なお，この月は，資料４のオの右下にある月であり，地球から見ると三日月で，地球の反対側から見ると右側が少しだけ欠けて見えることがわかる。

(5)　地球と月では地球の方が大きく，地球から月を見るときと，月から地球を見るときで，２つの星の間の距離《きょり》は同じだから，月から見える地球の大きさは，地球から見える月の大きさよりも大きい。

(6)　地球から月までの距離は，地球から太陽までの距離に比べると非常に小さく，太陽から地球までの距離と太陽から月までの距離はほぼ同じだと考えてよい。このため，地球と月からほぼ同じ距離にある太陽を見れば，太陽の大きさはほぼ同じ大きさに見える。なお，地球から見た太陽と月の大きさがほぼ同じに見えるのは，地球から月と太陽までの距離の比が，月と太陽の半径の比とほぼ等しくなっているためである。

《解答例》

問題1　(1)線／読／招　(2)言葉…手　同じ意味で使っているもの…4　(3)い．君　う．自分

(4)え．D　お．でも　(5)エ　(6)未知のもの、得体の知れないものが勝手にやってくること。

(7)(例文)

私は、学ぶことは覚えることとは別であるという筆者の主張は正しいと考える。

理科のテストのために、地層や火山に関する言葉を覚えた。当時はあまり関心がなかったため、テストに出そうな言葉を仕方なく覚えた。だから、覚えるのが苦痛だった。

冬休みに別府温泉の源泉めぐりをして、初めて温泉がわき出ている所を見た。中でも、血の池地ごくの温泉を見た時、とてもおどろき、なぜこんなに赤いのだろうと思った。それから、温泉がどのように出てくるのかを知りたくなり、自分で調べてみた。すると、以前はつまらなかった地層や火山のことに興味がわき、よく理解できるようになった。何より、新しいことを知るのが楽しかった。

この経験で、学ぶことと覚えることは別だと実感した。私は、「学ぶこと」とは、めずらしいことや知らないことに興味を持ち、何だろう、なぜだろうと思ったことを、自分で考えて行動し、解決していくことだと思う。

問題2　(1)ケガや病気がさらに悪くなったときに、それを示す色がすでに切りはなされている

(2)おとしより／赤ちゃん／子ども　などから2つ

(3)ア．①　イ．③　ウ．⑤　エ．④　オ．⑤　カ．④　キ．②　ク．③　ケ．⑤

(4)伝えるべきことを、目で見てすぐわかるように、絵などで示す。

(5)地しんがおきたときには、すぐに火を消して、もう一度、火を使っていた場所を確かめてください。

《解　説》

問題1

(2)　(あ)手を抜《ぬ》く＝必要な手間を省く。仕事などをいいかげんにする。　(1)手に余《あま》る＝物事が自分の能力以上で、その処置ができない。手に負えない。　(2)手を組む＝仲間になる。協力する。　(3)手を上《あ》げる＝①降参する。②なぐろうとして手を振《ふ》り上げる。乱暴をはたらく。③腕前《うでまえ》や技能が進歩する。上達する。　(4)手が焼ける＝手間がかかる。いろいろと手数がかかる。(あ)と(4)の「手」は「手間、手数」の意味。

(3)　(い)は「呼びかける相手を意識」した言葉。出だしをはじめとして、C～Hの全ての段落で「君」が用いられている。(う)は「君」に呼びかける前に、「問いかけて考えを整理している」。

(4)　Cには、学ぶのは結果が欲《ほ》しいから、あるいは、学ぶことは何かを「身につける」という意味で覚えることだという考え方が述べられている。Dから後では、そうしたことと学ぶことは本来関係がない、学ぶことは、何か未《み》知《ち》のもの、得体《えたい》の知れないものに接してしまうことだという考え方を述べている。Dの最初には、前の段落と反対のこと、対立することが述べられていることを示す「つなぎ言葉」、「でも」が置かれている。

(5)　ア．C参照。学ぶことで欲しい結果が「学校の入学や卒業の資格」の場合もある。そのときはその結果を得るために、「テストでそれなりの点を取るよう工夫《くふう》」する必要がある。　イ．Dの「すでに身についているものや知っていることを、いまさら学ぶ人はいないよね。つまり、学ぶためには、まだ見たことも聞いたこともないもの、あ

るいは、見たり聞いたりはしたけれどもなんだかさっぱりわからないもの、に出合わなきゃならないはずだ」「そうしたものは、どことも知れぬ向こうからやってくる。どこから来るかあらかじめ見当がついているなら、もう、それについて君は何かを知っているからだ」と合わない。　ウ．F で述べられていることと、ほぼ反対のことを言っている。　エ．G・H で述べられていることと、ほぼ一致《いっち》する。

(6)　E の段落の――線②より前の部分、「何か未知のもの、得体の知れないものに君が接してしまうこと、いや、正確には、それに触《ふ》れられてしまうこと」「『それ』はどこかは知らないけれども『向こうのほうから』、いわば勝手にやってくる」などからまとめる。

問題２

(1)　図３を見ると，ケガ人や病人の状態が，トリアージタグが上にいくほど重く，下にいくほど軽くなっていることがわかる。このトリアージタグの順番が上下逆になった場合，たとえば，はじめに「多少処置が遅れても生命に影響なし」と判定されて「黄」のタグをつけられた人が，途中で状態が悪化して「ただちに処置が必要」の「赤」のタグへ変更する必要がでてきても，残っているのは「経度の外傷・通院が可能」の「緑」のタグだけということになる。

(2)　はなこさんが挙げている優先されるべき人たち(「自宅がこわれて住めなくなった人」「けがや病気など重い状態の人」「障がいがある人」)の共通点を考えれば，災害時は，介護などの特別な配慮を必要とする人から優先されていくべきであることを導き出せる。

名前	状況	案内場所
ア ひかる	軽いケガ。連絡員に指名	電話がある場所
イ かおる	意識あり。歩行やトイレは難しい	トイレや入口が近い場所
ウ 友子	ケガなし。父と一緒。母は後から来る	
エ まき	生後２ヵ月で夜泣きがある	他の人と離れた場所
オ 健太	ケガなし。友子の父	友子と同じ場所
カ 陽子	まきの母	他の人と離れた場所
キ さとる	大ケガのため，ひなん後救急車で病院へ	応急処置のできる清潔な場所
ク 山田	ケガ人サポートボランティア	ケガ人と同じ場所
ケ みち子	ケガなし。友子の母	友子・健太と同じ場所

(3)　電話で伝えられた避難者《ひなんしゃ》たちの情報をまとめると右表のようになる。ひかるさんは連絡員になったので，電話がある職員室に案内する。かおるさんはケガをしているが，保健室は応急処置が必要なさとるさんが使用するため使用できない。よって，トイレが近く移動距離《きょり》の短い場所が保健室の次に適切だと考えられるので，１年１組に案内する。友子さんは両親である健太さん，みち子さんと一緒《いっしょ》に体育館へ案内する。まきさんは母の陽子さんと共に，他の避難者から離《はな》れた１年４組へ案内する。山田さんは，ケガ人のかおるさんをサポートしてもらうため１年１組に案内する。

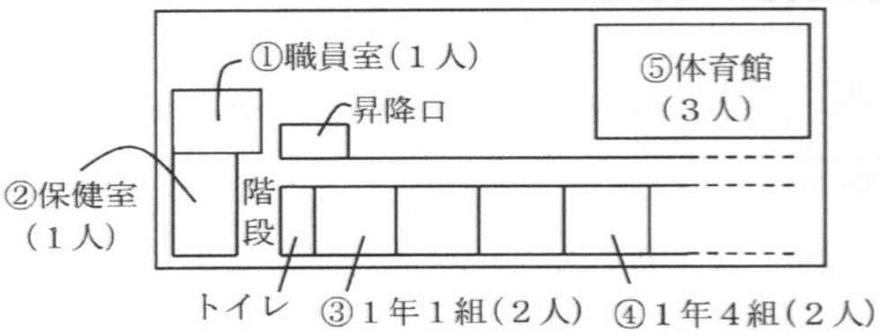

(4)　傍線部④の「言葉のやりとりで困らず」に注目しよう。日本を訪れる外国人に向けて，言葉が書かれていなくても絵やマークで意味することがわかるようになっている「ピクトグラム(右図参照)」の国際的な統一が進められている。ピクトグラムは，日本語のわからない人でもひと目見て何を表現しているのかわかるため，年齢や国の違いを越えた情報手段として活用されている。

避難《ひなん》所を意味するピクトグラム

(5)　文中の難しい言葉を，同じ意味を持つ別の言葉に書きかえよう。特に，「発生時」「始末」「再度」「火元」「確認」などの２字以上の漢字で書かれる熟語は，外国人にとって難しい表現なので，わかりやすく言いかえるようにしよう。

《解答例》

問題1　(1)85300

(2) I)(A)イ　(B)ニ　II)下水道が利用できる家庭や工場などの割合が低かった　III)15

(3)多摩川に温度が高い下水処理水が多く流れ込んでいて，その周辺は川の水温が上がると考えられるから。

(4)もともと川にすむ生物に対して…もともとその川にいた生物を，えさとして食べて減らしてしまうことが考えられる。　人に対して…毒をもっていたり，体の一部が危険な形をしていたりして，人に危害を加えることが考えられる。

問題2　(1)かわせみ　(2)15　(3)う．24　え．12　理由…暗号文は2文字だから，解読コードは2けた必要になる

(4)暗号キーに使っても，にせものの解読コードと本物の解読コードがかわらない

(5)2　(6)13　(7)さくらさく

問題3　(1)(あ)80　(い)18　(2)ルートをなるべくまっすぐにしている

(3)(え)イ　(お)ア　(か)ア　(き)イ　(く)ウ　(け)エ

(4)車体がレール上にあるのではなく，レールからういているから。　(5)b，c

(6)(こ)地しん　理由…地しんでゆれても地面とふれることがないから。

(7)しりぞけ合う力はどこに向かうか分からないが，引き合う力はある1つの場所に向かってはたらくから。

(8)車体の前にある円ばんの形をした磁石のN極と電磁石のN極にしりぞけ合う力がはたらいて前に進めなくなってしまうから。　(9)(さ)車体がしずむ　理由…車体の電磁石のN極とレールにある棒の形をした磁石のS極との間に引き合う力が生まれるから。

《解　説》

問題1

(1)　平成29年の春の調査期間中に，定置網で捕獲されたアユの数は，
(春の一定期間での定置網での捕獲数)÷(入網率)＝(その年のアユの遡上総数)という計算式を利用して求められる。多摩川のアユの入網率は5.4%であり，平成29年の遡上総数は約158万尾だから，春の一定期間での定置網での捕獲数は，(158万尾)×(5.4%)より，1580000×0.054＝85320(尾)である。十の位で四捨五入し，百の位までのがい数で表すと，求めたいアユの数は85300尾である。

(2) I)　A．資料5より，昭和55年の多摩川流域の人口は319万人である。よって，319÷1.63＝195.7となり，昭和40年の196万人が一番近くなるのでイを選ぶ。　B．資料6より，昭和56年の多摩川の水質は11，環境水準は5である。よって，11÷5＝2.2となるので，約2倍のニを選ぶ。

II)　資料4の多摩川に洗剤のあわが浮かんでいる写真が昭和45年ごろの様子であることをてがかりに，資料6で昭和45年の「下水道の普及率」を見ると，下水道を利用できる家庭や工場などの割合が当時20%に満たない低いものであったことが読み取れる。

III)　平成13年のBODの値(3.2)までが基準値の3を上回っているので，平成15年から環境基準を上回ることがなくなったと言える。

⑶　資料７より，下水処理水が流入した後の地点から約 4.0 km下流の地点までの水温が，下水処理水が流入する前の地点の水温より高いこと，資料８より，多摩川中流域において下水処理水の割合が 45%と高いことを読みとる。

⑷　その地域における生物どうしは食べる・食べられるの関係でつながっている。ここに，他の地域から新しい生物が入りこむと，もともとあった食べる・食べられるの関係がくずれ，絶滅《ぜつめつ》に追いこまれる生物が出てくる可能性もある。とくに，天敵がいなく，繁殖力《はんしょくりょく》が強い外来種が侵入《しんにゅう》すると，このようなことが起こりやすい。また，2017 年に発見が相次いだヒアリは，毒や強力な針をもっていて，人を刺《さ》すこともある。

問題２

⑴　右表のように考える。暗号文に適する数字を資料１から読み取ると（２，42，９，29）であり，解読コード〔４２５３〕をこの数字にたすと，（２＋４，42＋２，９＋５，29＋３）＝（６，44，14，32）である。この数に対応した文字を資料１から探すと「かわせみ」となる。

2	42	9	29	暗号文
い	れ	け	へ	
4	2	5	3	解読コード
2＋4	42＋2	9＋5	29＋3	答え
6	44	14	32	
か	わ	せ	み	

⑵　＜にせものの解読コード＞÷【暗号キー】＝〔本物の解読コード〕の式に，＜30＞と【２】を当てはめる。30÷２＝15 より，本物の解読コードは 15 となる。

⑶　（う）は 24÷１＝24，（え）は 24÷２＝12 である。

暗号を解読するためには，文字に対応する数字それぞれに本物の解読コードをたすので，暗号文の文字数と本物の解読コードのけた数は同じでなくてはならない。暗号文『あさ』は２文字であるため，本物の解読コードは２けた必要だが，暗号キーが１，２以外の数だと本物の解読コードが１文字になり計算することができない。

⑷　にせものの解読コード＜24＞を，暗号キー【１】で割っても，24÷１＝24 となり，にせものの解読コードも本物の解読コードも同じ数となってしまう。

⑸　にせものの解読コードを割り切れる数が暗号キーであり，にせものの解読コードが＜36＞のとき暗号キーは 36 の約数となるから，１，２，３，４，６，９，18，36 の８種類である。このうち１は⑷と同様に，にせものの解読コードと本物の解読コードが変わらないため使うことができず，４，６，９，18，36 は⑶と同様に，暗号文の文字数と本物の解読コードのけた数が等しくならないため使うことができない。よって，にせものの解読コードが＜36＞のとき，『あさ』の暗号文に使える暗号キーは２と３の２種類である。

⑹　にせものの解読コード＜1339＞の暗号キーとして使えるのは，1339 の約数であり，そのうちの３つは１，103，1339 なので，1339÷103＝13 より，（き）にあてはまる数字は 13 である。

⑺　本物の解読コードは，＜368387＞÷【29】＝〔12703〕である。暗号文に適する数字を資料１から読み取ると（10，６，32，11，５）であり，解読コード〔12703〕をこの数字にたすと，（10＋１，６＋２，32＋７，11＋０，５＋３）＝（11，８，39，11，８）である。この数に対応した文字を資料１から探すと「さくらさく」となる。

問題３

⑴　（あ）片道 400 kmの東京―大阪間を往復すると 400×２＝800（km）進む。時速 300 kmの新幹線は 800 km進むのに，$800\div300=\frac{8}{3}$（時間）かかり，これは１時間＝60 分より，$\frac{8}{3}$時間＝$(\frac{8}{3}\times60)$分＝160 分である。時速 600 kmのリニアモーターカーは 800 km進むのに，$800\div600=\frac{4}{3}$（時間）かかり，$\frac{4}{3}$時間＝$(\frac{4}{3}\times60)$分＝80 分である。よって，リニアモーターカーは新幹線よりも，160－80＝80（分）短い時間で東京―大阪間を往復できる。

(い) 1日＝24時間で，1時間＝60分だから，24時間＝(24×60)分＝1440分である。1往復すると80分短縮できるから，1440÷80＝18(往復)すると1日分の時間を短縮できる。

(2) 曲がったり折れたりするよりも，まっすぐ進んだほうが距離は短い。

(3) 車体がうくように磁石の力がはたらけばよいので，上にあるａとｃは車体の側面の磁石と異なる極で引き合って車体を引き上げるように，下にあるｂとｄは車体の側面の磁石と同じ極でしりぞけ合って車体をもち上げるようにすればよい。したがって，ａはＳ極，ｂはＮ極，ｃはＮ極，ｄはＳ極になればよい。

(5) コイルを流れる電流の向きが変わると，コイルにできる極の向きも逆になる。図２で，車体が左へ動くように磁石の力がはたらけばよいので，左側のａとｂはＮ極と引き合うＳ極になり，右側のｃとｄはＳ極としりぞけ合うＳ極になればよい。したがって，図１のときと電流の流れの向きが変わるのはｂとｃである。

(8) 図６の状態では，磁石ＡのＮ極と車体の真ん中にある電磁石のＮ極がしりぞけ合うので前(左)に進もうとするが，そのすぐ先にある磁石ＢのＮ極としりぞけ合うと，車体は前に進むことができなくなってしまう。このため，磁石Ｂの真上をスイッチが通り過ぎるときにスイッチが切れるようにすることで，この問題を解決している。電磁石は，コイルに流れる電流の大きさを変えたり，電流を流さなくしたりすることで，磁石の力の大きさを変えたり，磁石の力をなくしたりすることができる。

(9) 図４のリニアモーターカーの模型を図７のレールの模型の上に置くと，右図のようになり，図の下側で車体とレールに引き合う力がはたらいてしまう。

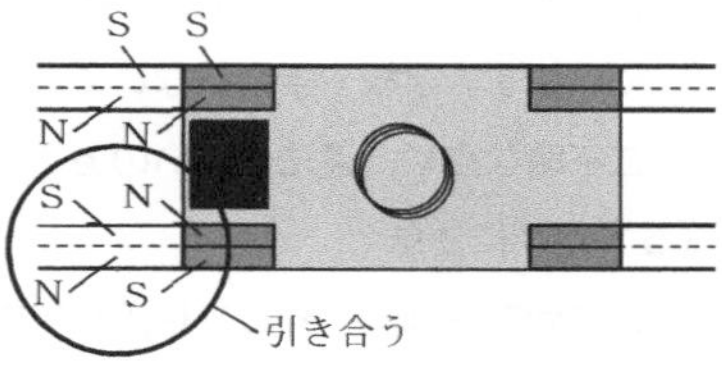

■ ご使用にあたってのお願い・ご注意

（１）問題文等の非掲載

著作権上の都合により，問題文や図表などの一部を掲載できない場合があります。

誠に申し訳ございませんが，ご了承くださいますようお願いいたします。

（２）過去問における時事性

過去問題集は，学習指導要領の改訂や社会状況の変化，新たな発見などにより，現在とは異なる表記や解説になっている場合があります。過去問の特性上，出題当時のままで出版していますので，あらかじめご了承ください。

（３）配点

学校等から配点が公表されている場合は，記載しています。公表されていない場合は，記載していません。

独自の予想配点は，出題者の意図と異なる場合があり，お客様が学習するうえで誤った判断をしてしまう恐れがあるため記載していません。

（４）無断複製等の禁止

購入された個人のお客様が，ご家庭でご自身またはご家族の学習のためにコピーをすることは可能ですが，それ以外の目的でコピー，スキャン，転載（ブログ，ＳＮＳなどでの公開を含みます）などをすることは法律により禁止されています。学校や学習塾などで，児童生徒のためにコピーをして使用することも法律により禁止されています。

ご不明な点や，違法な疑いのある行為を確認された場合は，弊社までご連絡ください。

（５）けがに注意

この問題集は針を外して使用します。針を外すときは，けがをしないように注意してください。また，表紙カバーや問題用紙の端で手指を傷つけないように十分注意してください。

（６）正誤

制作には万全を期しておりますが，万が一誤りなどがございましたら，弊社までご連絡ください。

なお，誤りが判明した場合は，弊社ウェブサイトの「ご購入者様のページ」に掲載しておりますので，そちらもご確認ください。

■ お問い合わせ

解答例，解説，印刷，製本など，問題集発行におけるすべての責任は弊社にあります。

ご不明な点がございましたら，弊社ウェブサイトの「お問い合わせ」フォームよりご連絡ください。迅速に対応いたしますが，営業日の都合で回答に数日を要する場合があります。

ご入力いただいたメールアドレス宛に自動返信メールをお送りしています。自動返信メールが届かない場合は，「よくある質問」の「メールの問い合わせに対し返信がありません。」の項目をご確認ください。

また弊社営業日（平日）は，午前９時から午後５時まで，電話でのお問い合わせも受け付けています。

2025 春

株式会社教英出版

〒422-8054　静岡県静岡市駿河区南安倍３丁目 12-28

TEL　054-288-2131　　FAX　054-288-2133

URL　https://kyoei-syuppan.net/

MAIL siteform@kyoei-syuppan.net

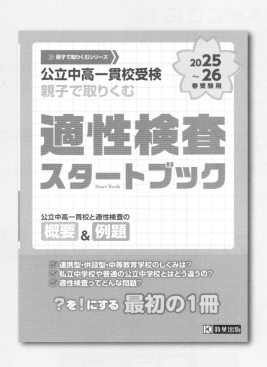

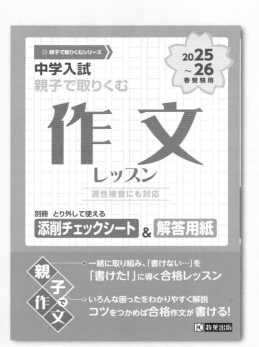

神奈川県

①[県立]
- 相模原中等教育学校
- 平塚中等教育学校

②[市立]南高等学校附属中学校
③[市立]横浜サイエンスフロンティア高等学校附属中学校
④[市立]川崎高等学校附属中学校
✿⑤聖光学院中学校
✿⑥浅野中学校
⑦洗足学園中学校
⑧法政大学第二中学校
⑨逗子開成中学校(1次)
⑩逗子開成中学校(2·3次)
⑪神奈川大学附属中学校(第1回)
⑫神奈川大学附属中学校(第2·3回)
⑬栄光学園中学校
⑭フェリス女学院中学校

新潟県

①[県立]
- 村上中等教育学校
- 柏崎翔洋中等教育学校
- 燕中等教育学校
- 津南中等教育学校
- 直江津中等教育学校
- 佐渡中等教育学校

②[市立]高志中等教育学校
③新潟第一中学校
④新潟明訓中学校

石川県

①[県立]金沢錦丘中学校
②星稜中学校

福井県

①[県立]高志中学校

山梨県

①山梨英和中学校
②山梨学院中学校
③駿台甲府中学校

長野県

①[県立]
- 屋代高等学校附属中学校
- 諏訪清陵高等学校附属中学校

②[市立]長野中学校

岐阜県

①岐阜東中学校
②鶯谷中学校
③岐阜聖徳学園大学附属中学校

静岡県

①[国立]静岡大学教育学部附属中学校(静岡·島田·浜松)
②
- [県立]清水南高等学校中等部
- [県立]浜松西高等学校中等部
- [市立]沼津高等学校中等部

③不二聖心女子学院中学校
④日本大学三島中学校
⑤加藤学園暁秀中学校
⑥星陵中学校
⑦東海大学付属静岡翔洋高等学校中等部
⑧静岡サレジオ中学校
⑨静岡英和女学院中学校
⑩静岡雙葉中学校
⑪静岡聖光学院中学校
⑫静岡学園中学校
⑬静岡大成中学校
⑭城南静岡中学校
⑮静岡北中学校
⑯
- 常葉大学附属常葉中学校
- 常葉大学附属橘中学校
- 常葉大学附属菊川中学校

⑰藤枝明誠中学校
⑱浜松開誠館中学校
⑲静岡県西遠女子学園中学校
⑳浜松日体中学校
㉑浜松学芸中学校

愛知県

①[国立]愛知教育大学附属名古屋中学校
②愛知淑徳中学校
③
- 名古屋経済大学市邨中学校
- 名古屋経済大学高蔵中学校

④金城学院中学校
⑤椙山女学園中学校
⑥東海中学校
⑦南山中学校男子部
⑧南山中学校女子部
⑨聖霊中学校
⑩滝中学校
⑪名古屋中学校
⑫大成中学校
⑬愛知中学校
⑭星城中学校
⑮名古屋葵大学中学校
(名古屋女子大学中学校)
⑯愛知工業大学名電中学校
⑰海陽中等教育学校(特別給費生)
⑱海陽中等教育学校(I·II)
⑲中部大学春日丘中学校
新刊⑳名古屋国際中学校

三重県

①[国立]三重大学教育学部附属中学校
②暁中学校
③海星中学校
④四日市メリノール学院中学校
⑤高田中学校
⑥セントヨゼフ女子学園中学校
⑦三重中学校
⑧皇學館中学校
⑨鈴鹿中等教育学校
⑩津田学園中学校

滋賀県

①[国立]滋賀大学教育学部附属中学校
②[県立]
- 河瀬中学校
- 守山中学校
- 水口東中学校

京都府

①[国立]京都教育大学附属桃山中学校
②[府立]洛北高等学校附属中学校
③[府立]園部高等学校附属中学校
④[府立]福知山高等学校附属中学校
⑤[府立]南陽高等学校附属中学校
⑥[市立]西京高等学校附属中学校
⑦同志社中学校
⑧洛星中学校
⑨洛南高等学校附属中学校
⑩立命館中学校
⑪同志社国際中学校
⑫同志社女子中学校(前期日程)
⑬同志社女子中学校(後期日程)

大阪府

①[国立]大阪教育大学附属天王寺中学校
②[国立]大阪教育大学附属平野中学校
③[国立]大阪教育大学附属池田中学校

④[府立]富田林中学校
⑤[府立]咲くやこの花中学校
⑥[府立]水都国際中学校
⑦清風中学校
⑧高槻中学校（A日程）
⑨高槻中学校（B日程）
⑩明星中学校
⑪大阪女学院中学校
⑫大谷中学校
⑬四天王寺中学校
⑭帝塚山学院中学校
⑮大阪国際中学校
⑯大阪桐蔭中学校
⑰開明中学校
⑱関西大学第一中学校
⑲近畿大学附属中学校
⑳金蘭千里中学校
㉑金光八尾中学校
㉒清風南海中学校
㉓帝塚山学院泉ヶ丘中学校
㉔同志社香里中学校
㉕初芝立命館中学校
㉖関西大学中等部
㉗大阪星光学院中学校

兵庫県

①[国立]神戸大学附属中等教育学校
②[県立]兵庫県立大学附属中学校
③雲雀丘学園中学校
④関西学院中学部
⑤神戸女学院中学部
⑥甲陽学院中学校
⑦甲南中学校
⑧甲南女子中学校
⑨灘中学校
⑩親和中学校
⑪神戸海星女子学院中学校
⑫滝川中学校
⑬啓明学院中学校
⑭三田学園中学校
⑮淳心学院中学校
⑯仁川学院中学校
⑰六甲学院中学校
⑱須磨学園中学校（第1回入試）
⑲須磨学園中学校（第2回入試）
⑳須磨学園中学校（第3回入試）
㉑白陵中学校
㉒夙川中学校

奈良県

①[国立]奈良女子大学附属中等教育学校
②[国立]奈良教育大学附属中学校
③[県立]
国際中学校
青翔中学校
④[市立]一条高等学校附属中学校
⑤帝塚山中学校
⑥東大寺学園中学校
⑦奈良学園中学校
⑧西大和学園中学校

和歌山県

①[県立]
古佐田丘中学校
向陽中学校
桐蔭中学校
日高高等学校附属中学校
田辺中学校
②智辯学園和歌山中学校
③近畿大学附属和歌山中学校
④開智中学校

岡山県

①[県立]岡山操山中学校
②[県立]倉敷天城中学校
③[県立]岡山大安寺中等教育学校
④[県立]津山中学校
⑤岡山中学校
⑥清心中学校
⑦岡山白陵中学校
⑧金光学園中学校
⑨就実中学校
⑩岡山理科大学附属中学校
⑪山陽学園中学校

広島県

①[国立]広島大学附属中学校
②[国立]広島大学附属福山中学校
③[県立]広島中学校
④[県立]三次中学校
⑤[県立]広島叡智学園中学校
⑥[市立]広島中等教育学校
⑦[市立]福山中学校
⑧広島学院中学校
⑨広島女学院中学校
⑩修道中学校
⑪崇徳中学校
⑫比治山女子中学校
⑬福山暁の星女子中学校
⑭安田女子中学校
⑮広島なぎさ中学校
⑯広島城北中学校
⑰近畿大学附属広島中学校福山校
⑱盈進中学校
⑲如水館中学校
⑳ノートルダム清心中学校
㉑銀河学院中学校
㉒近畿大学附属広島中学校東広島校
㉓AICJ中学校
㉔広島国際学院中学校
㉕広島修道大学ひろしま協創中学校

山口県

①[県立]
下関中等教育学校
高森みどり中学校
②野田学園中学校

徳島県

①[県立]
富岡東中学校
川島中学校
城ノ内中等教育学校
②徳島文理中学校

香川県

①大手前丸亀中学校
②香川誠陵中学校

愛媛県

①[県立]
今治東中等教育学校
松山西中等教育学校
②愛光中学校
③済美平成中等教育学校
④新田青雲中等教育学校

高知県

①[県立]
安芸中学校
高知国際中学校
中村中学校

福岡県

①[国立] 福岡教育大学附属中学校（福岡·小倉·久留米）

②[県立] 育徳館中学校
門司学園中学校
宗像中学校
嘉穂高等学校附属中学校
輝翔館中等教育学校

③西南学院中学校
④上智福岡中学校
⑤福岡女学院中学校
⑥福岡雙葉中学校
⑦照曜館中学校
⑧筑紫女学園中学校
⑨敬愛中学校
⑩久留米大学附設中学校
⑪飯塚日新館中学校
⑫明治学園中学校
⑬小倉日新館中学校
⑭久留米信愛中学校
⑮中村学園女子中学校
⑯福岡大学附属大濠中学校
⑰筑陽学園中学校
⑱九州国際大学付属中学校
⑲博多女子中学校
⑳東福岡自彊館中学校
㉑八女学院中学校

佐賀県

①[県立] 香楠中学校
致遠館中学校
唐津東中学校
武雄青陵中学校

②弘学館中学校
③東明館中学校
④佐賀清和中学校
⑤成穎中学校
⑥早稲田佐賀中学校

長崎県

①[県立] 長崎東中学校
佐世保北中学校
諫早高等学校附属中学校

②青雲中学校
③長崎南山中学校
④長崎日本大学中学校
⑤海星中学校

熊本県

①[県立] 玉名高等学校附属中学校
宇土中学校
八代中学校

②真和中学校
③九州学院中学校
④ルーテル学院中学校
⑤熊本信愛女学院中学校
⑥熊本マリスト学園中学校
⑦熊本学園大学付属中学校

大分県

①[県立]大分豊府中学校
②岩田中学校

宮崎県

①[県立]五ヶ瀬中等教育学校

②[県立] 宮崎西高等学校附属中学校
都城泉ヶ丘高等学校附属中学校

③宮崎日本大学中学校
④日向学院中学校
⑤宮崎第一中学校

鹿児島県

①[県立]楠隼中学校
②[市立]鹿児島玉龍中学校
③鹿児島修学館中学校
④ラ・サール中学校
⑤志學館中等部

沖縄県

①[県立] 与勝緑が丘中学校
開邦中学校
球陽中学校
名護高等学校附属桜中学校

もっと過去問シリーズ

北海道

北嶺中学校
7年分（算数・理科・社会）

静岡県

静岡大学教育学部附属中学校
（静岡·島田·浜松）
10年分（算数）

愛知県

愛知淑徳中学校
7年分（算数・理科・社会）
東海中学校
7年分（算数・理科・社会）
南山中学校男子部
7年分（算数・理科・社会）
南山中学校女子部
7年分（算数・理科・社会）
滝中学校
7年分（算数・理科・社会）
名古屋中学校
7年分（算数・理科・社会）

岡山県

岡山白陵中学校
7年分（算数・理科）

広島県

広島大学附属中学校
7年分（算数・理科・社会）
広島大学附属福山中学校
7年分（算数・理科・社会）
広島学院中学校
7年分（算数・理科・社会）
広島女学院中学校
7年分（算数・理科・社会）
修道中学校
7年分（算数・理科・社会）
ノートルダム清心中学校
7年分（算数・理科・社会）

愛媛県

愛光中学校
7年分（算数・理科・社会）

福岡県

福岡教育大学附属中学校
（福岡·小倉·久留米）
7年分（算数・理科・社会）
西南学院中学校
7年分（算数・理科・社会）
久留米大学附設中学校
7年分（算数・理科・社会）
福岡大学附属大濠中学校
7年分（算数・理科・社会）

佐賀県

早稲田佐賀中学校
7年分（算数・理科・社会）

長崎県

青雲中学校
7年分（算数・理科・社会）

鹿児島県

ラ·サール中学校
7年分（算数・理科・社会）

※もっと過去問シリーズは
国語の収録はありません。

教英出版
〒422-8054
静岡県静岡市駿河区南安倍3丁目12－28
TEL 054-288-2131
FAX 054-288-2133
詳しくは教英出版で検索
教英出版 検索
URL https://kyoei-syuppan.net/

令和６年度
川崎市立川崎高等学校附属中学校入学者決定検査

適性検査Ⅰ

（45分）

―― 注　意 ――

1　「はじめ」の合図があるまで、この問題用紙を開いてはいけません。

2　この問題用紙には**問題１**から**問題３**まで、全２０ページあります。

3　問題をよく読んで、答えはすべて解答用紙の決められたらんに分かりやすくていねいな文字で書きましょう。解答らんの外に書かれていることは採点しません。

4　解答用紙は全部で**３枚**あります。

5　計算やメモが必要なときは、解答用紙には書かずに、この問題用紙の余白を利用しましょう。

6　字数の指定のある問題は、指定された条件を守り、最初のマスから書き始め、文字や数字は１マスに１字ずつ書きましょう。句読点［。、］やかっこなども１字に数えます。

7　「やめ」の合図があったら、途《と》中《ちゅう》でも書くのをやめ、筆記用具を机の上に置きましょう。

問題1　たろうさんとはなこさん、けいこ先生が川崎市内の街中を散歩しながら話をしています。次の会話文を読んで、あとの（1）～（9）の各問いに答えましょう。

はなこさん：街中を歩いていると、〔資料1〕のポスターをよく見かけますね。

たろうさん：このポスターは、私たちの暮らす川崎に川崎宿《かわさきしゅく》という宿場町《しゅくばまち》がつくられてから、昨年の2023年がちょうど400周年にあたることから作成されたものですね。

はなこさん：宿場町というのは何ですか。

けいこ先生：宿場町というのは、徒歩や馬が主な交通手段であった江戸時代において、街道《かいどう》（主要な道路）沿いに①<u>宿泊施設《しゅくはくしせつ》などを中心につくられた町</u>のことです。川崎宿は、江戸の日本橋から京都の三条大橋を結ぶ当時最も栄えた街道の一つである東海道に沿ってつくられました。ちなみに京都から大阪までの道のりを含めて東海道と呼ぶ場合もあります。

たろうさん：このポスターに使われている絵は何ですか。

けいこ先生：江戸時代に活躍《かつやく》した②<u>歌川広重《うたがわひろしげ》という人物が描《えが》いた『東海道五拾三次《とうかいどうごじゅうさんつぎ》』という絵の中の一枚</u>です。川崎宿の絵には、人や馬が玉川（現在の多摩川《たまがわ》）を渡《わた》るための渡し船が手前にえがかれています。また右奥《おく》には富士山がえがかれています。

〔資料1〕東海道川崎宿に関するポスター

（東海道川崎宿起立400年ポスターより引用）

（1）下線部①について、〔**資料2**〕は江戸から京都までの東海道の宿場における総家数、本陣《ほんじん》（身分の高い貴族や大名、幕府の役人などの宿泊施設）の数、旅籠《はたご》（庶民《しょみん》の宿泊施設）の数をあらわしたものです。〔**資料2**〕から読み取れることとしてふさわしいものを、次のア～オの中から<u>すべて</u>選び、記号で答えましょう。

ア　現在の神奈川県に位置する宿場における本陣の数を合計すると、22である。

イ　53の宿場のうち、本陣の数が3つ以上の宿場の割合は20％以上である。

ウ　本陣に比べて旅籠の割合が最も多いのは、宮（熱田）である。

エ　由比における、総家数に対する旅籠の数の割合は、20％である。

オ　総家数に対する本陣の数の割合が最も高いのは、坂下である。

〔資料2〕東海道（江戸～京都）における53の宿場の比較《ひかく》

次数《つぎすう》	宿場名	総家数	本陣の数	旅籠の数
	江戸　日本橋			
1	品川（しながわ）	1561	1	93
2	川崎（かわさき）	541	2	72
3	神奈川（かながわ）	1341	2	58
4	保土ヶ谷（ほどがや）	558	1	67
5	戸塚（とつか）	613	2	75
6	藤沢（ふじさわ）	919	1	45
7	平塚（ひらつか）	443	1	54
8	大磯（おおいそ）	676	3	66
9	小田原（おだわら）	1542	4	95
10	箱根（はこね）	197	6	36
11	三島（みしま）	1025	2	74
12	沼津（ぬまづ）	1234	3	55
13	原（はら）	398	1	25
14	吉原（よしわら）	653	2	60
15	蒲原（かんばら）	509	1	42
16	由比（ゆい）	160	1	32
17	興津（おきつ）	316	2	34
18	江尻（えじり）	1340	2	50
19	府中（ふちゅう）	3673	2	43
20	丸子（まりこ）	211	1	24
21	岡部（おかべ）	487	2	27
22	藤枝（ふじえだ）	1061	2	37
23	島田（しまだ）	1461	3	48
24	金谷（かなや）	1004	3	51
25	日坂（にっさか）	168	1	33
26	掛川（かけがわ）	960	2	30
27	袋井（ふくろい）	195	3	50
28	見附（みつけ）	1029	2	56
29	浜松（はままつ）	1622	6	94
30	舞坂（まいさか）	541	2	28
31	新居（あらい）	797	3	26
32	白須賀（しらすか）	613	1	27
33	二川（ふたがわ）	328	1	38
34	吉田（よしだ）	1293	2	65
35	御油（ごゆ）	316	2	62
36	赤坂（あかさか）	349	3	62
37	藤川（ふじかわ）	302	1	36
38	岡崎（おかざき）	1565	3	112
39	池鯉鮒（ちりゅう）	292	1	35
40	鳴海（なるみ）	847	1	68
41	宮（熱田）（みや・あつた）	2924	2	248
42	桑名（くわな）	2544	2	120
43	四日市（よっかいち）	1811	2	98
44	石薬師（いしやくし）	241	3	15
45	庄野（しょうの）	211	1	15
46	亀山（かめやま）	567	1	21
47	関（せき）	632	2	42
48	坂下（さかした）	153	3	48
49	土山（つちやま）	351	2	44
50	水口（みなくち）	692	1	41
51	石部（いしべ）	458	2	32
52	草津（くさつ）	586	2	72
53	大津（おおつ）	3650	2	71
	京都　三条大橋			

注）次数とは、江戸から数えたときの宿場町の順番を表しています。

（東海道かわさき宿交流館展示資料　東海道五十三次より作成）

（2）下線部②に関して、〔**資料１**〕で使用されている川崎宿の絵にえがかれた方角としてふさわしいものを、〔**資料３**〕〔**資料４**〕を参考にして、下の〔**資料５**〕中のア～エの中から１つ選び、記号で答えましょう。ただし、〔**資料５**〕中の●は当時の品川側の船着き場を表しています。

〔資料３〕ポスターに使われた絵の題材

（東海道五拾三次川崎より引用）

〔資料４〕伊豆半島周辺

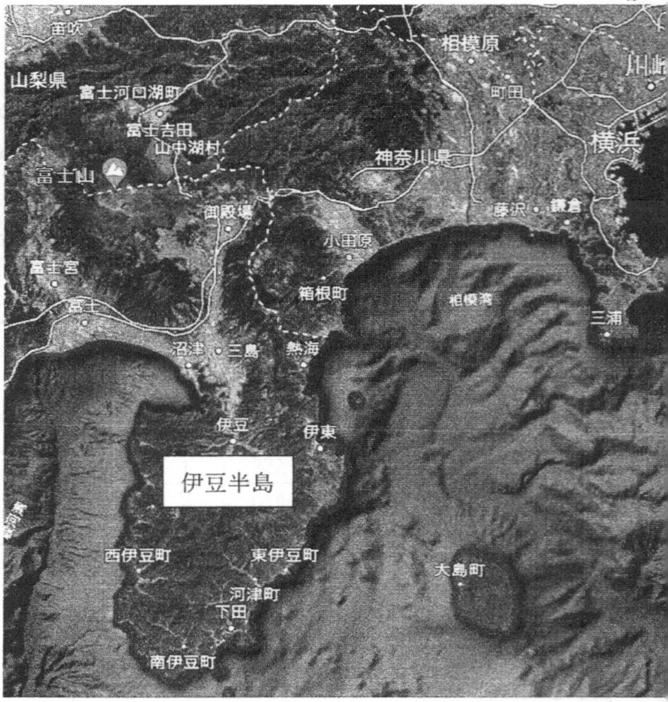

（Google Earth より引用）

〔資料５〕川崎駅周辺

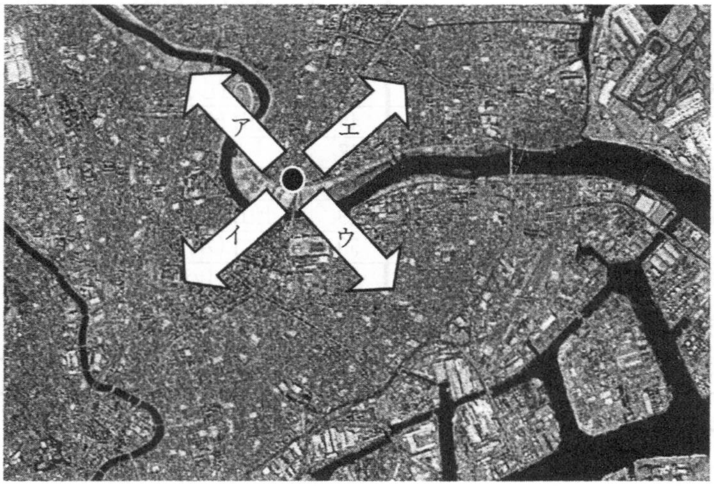

（Google Earth より引用）

はなこさん：ところで、江戸時代の頃《ころ》に現在の川崎市の場所には、東海道の他にも街道はあったのですか。

けいこ先生：はい。③〔資料６〕のように、東西に細長い現在の川崎市を横断・縦断するように街道が整備されていました。古くから人々の信仰《しんこう》を集めていた、川崎大師平間寺《へいけんじ》に続く道としての大師道《だいしみち》もその一つです。

たろうさん：川崎大師は私も行ったことがあります。初詣《はつもうで》の参拝者数《さんぱいしゃすう》の多さでも全国的に有名ですね。

けいこ先生：江戸時代に、商業が活発になる中で、多くの商品が運ばれる道として、これらの街道が発展し、道沿いの村々でも多くの商品が生み出され、地域が発展していきました。

はなこさん：現在の川崎市の発展には、「道」も大きく関係しているのですね。

〔資料６〕現在の川崎市内を通る、鉄道と昔からの６街道

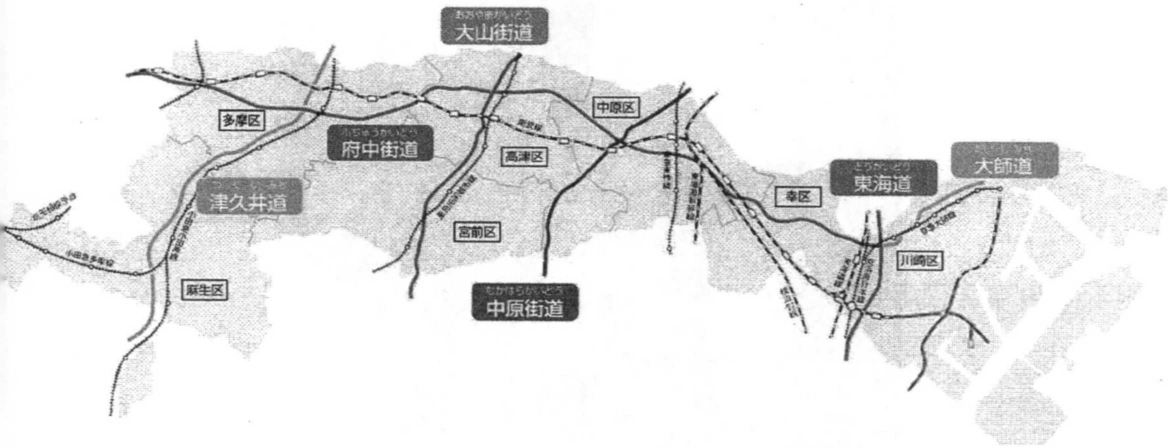

（川崎市ホームページ「昔からの６街道」より引用）

（３）下線部③に関して、〔資料６〕から読み取れることとしてふさわしいものを、下のア～エの中から１つ選び、記号で答えましょう。

ア　大師道・府中街道は現在の川崎市を東西に結ぶ道であり、これら２つの道で、現在の川崎市内７つの区すべてを通っている。

イ　川崎市内の７つの区のうち、通過している鉄道の路線数が最も少ないのは幸区である。

ウ　川崎市内では、津久井道と大山街道、大師道・府中街道、東海道におおむね沿った形でそれぞれ鉄道路線が建設されている。

エ　川崎市内を通る江戸時代の主な６つの街道のうち、川崎市内における長さが最も長いのは津久井道である。

（4） **〔資料6〕**の「大山街道」について、この街道は江戸時代には大山阿夫利神社《おおやまあふりじんじゃ》(神奈川県伊《い》勢原《せはら》市)に「大山詣《まい》り」に向かう道として名付けられました。この大山阿夫利神社は今から約 80 年前に、一時的に多くの川崎市内の子どもたちが集まり、集団で生活する場になっていましたが、その理由を**〔資料7〕**を参考にして書きましょう。

〔資料7〕大山阿夫利神社の境内にある銅像

(大山阿夫利神社　輝《かがや》け杉の子像)

はなこさん：川崎市は、令和６年７月１日に市制 100 周年をむかえるそうです。100 年前の川崎の町並《まちな》みの様子は、どのようなものだったのでしょうか。

たろうさん：**〔資料８〕**は、1917 年頃の川崎町の地図です。

けいこ先生：**〔資料８〕**の六郷《ろくごう》橋周辺に広がる町が川崎宿です。六郷橋は 1600 年に架《か》けられましたが、1688 年の多摩川の洪水で流失してしまいました。1883 年に 3 代目となる橋が架けられました。川崎大師への参拝者のために橋が作られたそうです。

はなこさん：**〔資料９〕**の現在の地図と比べると、沿岸部の土地の形の様子が大きく変わっていて、人工的な形になっていますね。

たろうさん：そうですね。ここは、［　（あ）　］だからです。

〔資料８〕　1917 年頃の川崎町（5 万分の 1 地形図）

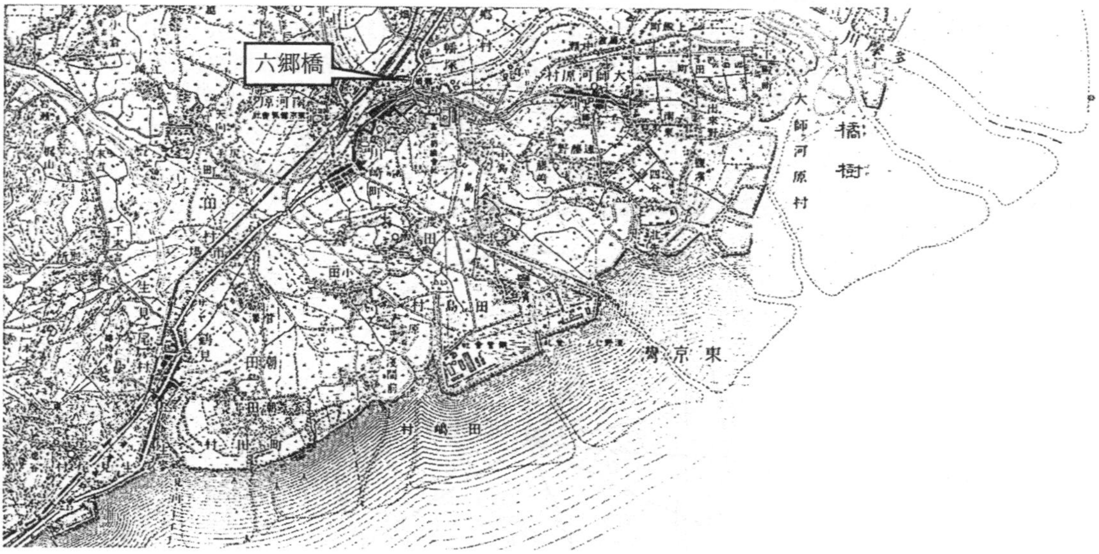

『地図で読み解く　日本の地域変貌《ぼう》』（2008 年 海青社）より作成

〔資料９〕　現在の川崎駅周辺の地図

（Google マップより引用）

（５）会話文中の（あ）にあてはまる言葉を５文字以内で書きましょう。

はなこさん：現在の川崎市の沿岸部は、主に工場や貿易の拠点《きょてん》として活用されています。
たろうさん：〔資料10〕と〔資料11〕 は、川崎港における輸入品目と輸出品目の内訳を示しています。
けいこ先生：川崎港における輸出入品目の内訳からどのようなことが分かりますか。
はなこさん：川崎港では、主に［ A ］を輸入して、［ B ］を輸出しています。
けいこ先生：川崎港だけではなくて、日本のほかの港でもこのような傾向《けいこう》があります。

〔資料10〕 川崎港における主要輸入品目の内訳（金額）

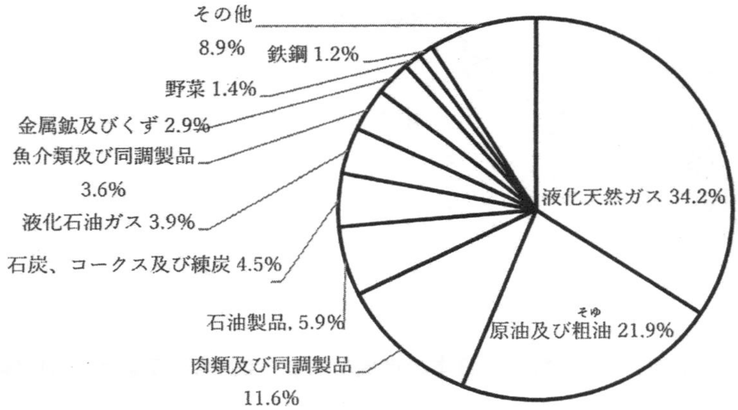

〔資料11〕 川崎港における主要輸出品目の内訳（金額）

川崎港貿易概況《がいきょう》（2022年分）より作成

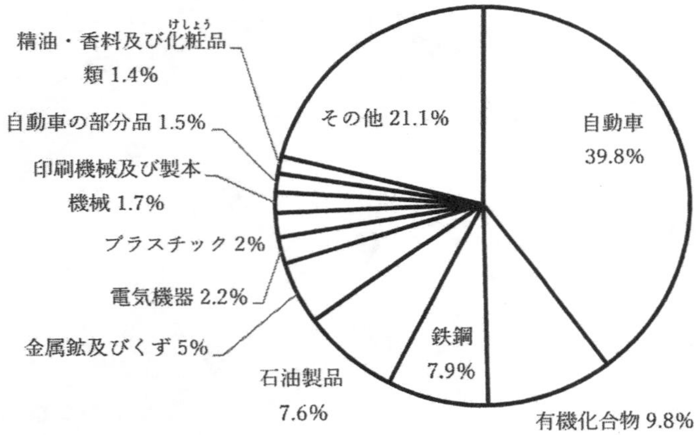

川崎港貿易概況（2022年分）より作成

（6）会話文中の［ A ］と［ B ］に当てはまる語句として正しいものを、次のア～カから１つ選び、記号で答えましょう。

ア　A：資源　B：製品
イ　A：資源　B：食料
ウ　A：食料　B：製品
エ　A：食料　B：資源
オ　A：製品　B：食料
カ　A：製品　B：資源

（7）〔資料 12〕は、川崎港における貿易額の推移《すいい》を示しています。この資料を説明したものとしてあてはまらないものを、下のア～エから１つ選び、記号で答えましょう。

ア　2013 年から 2022 年にかけて、輸入額は輸出額を上回っている。
イ　2022 年分の輸入額は、2021 年分の輸入額の約 57.7%増加している。
ウ　2020 年分の輸出額は、最も低い額であった。
エ　2016 年分の輸入額は、2014 年分の輸入額の半分以下である。

〔資料 12〕川崎港における貿易額の推移

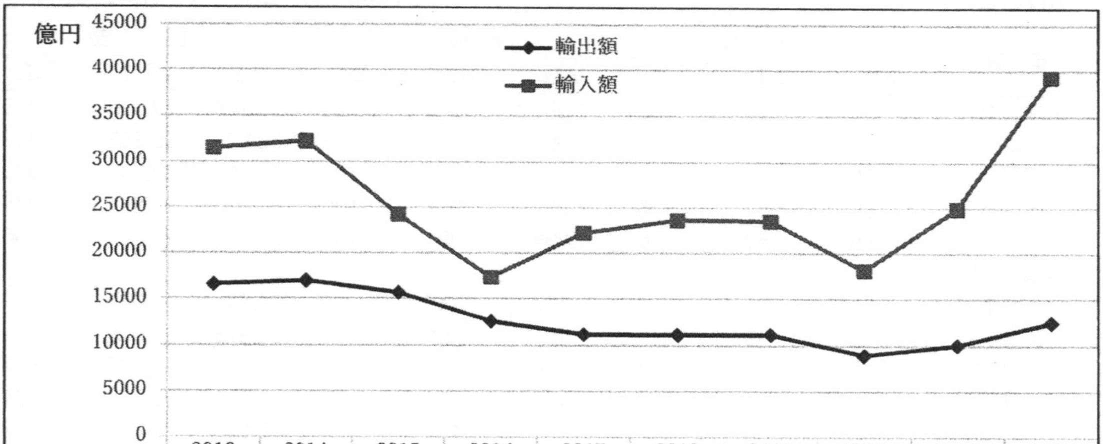

	2013	2014	2015	2016	2017	2018	2019	2020	2021	2022
輸出額	16547	16936	15652	12597	11198	11144	11167	8941	10034	12500
輸入額	31521	32235	24275	17334	22248	23652	23571	18125	24897	39272

川崎港貿易概況（2022 年分）より作成

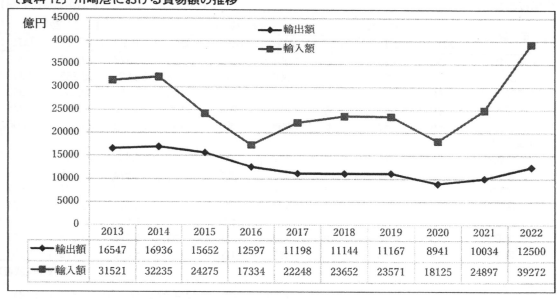

はなこさん：川崎市は長い歴史を持つ都市だということがわかりました。
たろうさん：では、川崎の今はどのようになっているのでしょうか。
けいこ先生：２人は４月から進学して中学生になりますね。川崎市の中学校について、どのくらい知っていますか。
はなこさん：〔**資料 13**〕のような④<u>調査結果</u>を見たことがあります。
たろうさん：川崎市は平成 29 年に人口 150 万人をこえ、全国でも 10 番以内に入る都市です。
けいこ先生：〔**資料 14**〕の区別の住宅数の推移《すいい》から何かわかることはありますか。
はなこさん：［　　（い）　　］。麻生《あさお》区や宮前区は川崎市内だと新しい区なのですね。
たろうさん：新しいといえば、市内で一番新しい公立中学校である川崎高等学校附属中学校も 10 周年を迎えましたね。
けいこ先生：10 年間の中で変化したことといえば、修学旅行の行き先が大阪から長崎に変更されたことなどが挙げられますね。
はなこさん：附属中の修学旅行は新幹線ではなく飛行機を利用していますよね。

〔**資料 13**〕**川崎市の中学校に通う人数の推移に関する調査**

中学校の概況　　（単位：校、学級、人）（各年度5月1日）

年度	学校数			学級数			生徒数		
	総数	公立	私立	総数	公立	私立	総数	公立	私立
平成29年度	58	52	6	1,081	976	105	33,145	29,265	3,880
30年度	58	52	6	1,080	974	106	32,907	28,965	3,942
令和元年度	58	52	6	1,080	974	106	33,162	29,202	3,960
2年度	58	52	6	1,093	987	106	33,666	29,691	3,975
3年度	58	52	6	1,098	991	107	33,981	29,975	4,006
令和3年度区の内訳									
川崎区	11	11	-	167	167	-	4,891	4,891	-
幸　区	5	5	-	101	101	-	2,978	2,978	-
中原区	10	8	2	179	154	25	5,304	4,627	677
高津区	6	5	1	141	123	18	4,678	3,907	771
宮前区	8	8	-	191	191	-	6,035	6,035	-
多摩区	9	7	2	162	129	33	5,085	3,758	1,327
麻生区	9	8	1	157	126	31	5,010	3,779	1,231

（学校基本調査）

（令和４年度　川崎市統計データブックより引用）

（８）下線部④について、〔**資料 13**〕は川崎市の中学校の学級数と生徒数の推移をあらわしたものです。〔**資料 13**〕から読み取れることとしてふさわしいものを、次のア～オの中から<u>すべて</u>選び、記号で答えましょう。

ア　平成 29 年度から学級数の変化はあるが、学校数は変わらない
イ　令和３年度の川崎区の生徒総数は 4000 人をこえており、７つの区の中で２番目に多い
ウ　川崎市内の私立中学校の生徒数は、どの年度も 4000 人に満たない
エ　令和３年度の幸区の生徒総数は、多摩区・麻生区の私立中学校に通う生徒総数より多い
オ　平成 29 年度から５年間、生徒総数は増加し続けている

〔資料 14〕川崎市の区別住宅情報の推移に関するグラフ

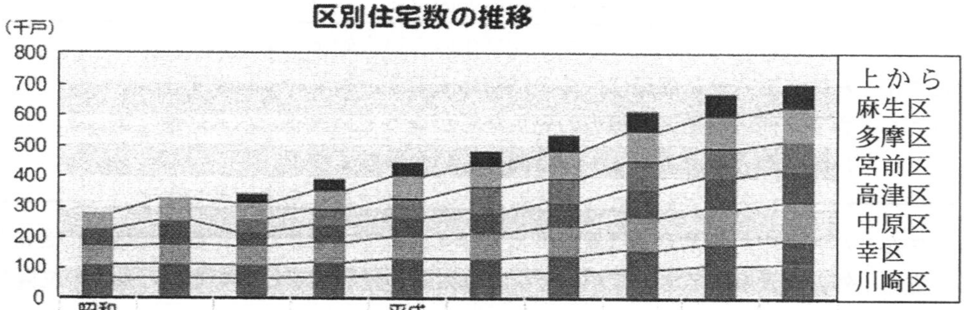

	昭和48年	53年	58年	63年	平成5年	10年	15年	20年	25年	30年
■麻生区			31	39	45	49	56	67	74	75
■多摩区	52 ※	70	52	60	74	70	90	98	106	110
■宮前区			43	51	60	82	77	90	93	95
■高津区	59	80	46	57	64	70	82	95	104	109
■中原区	60	63	62	66	72	83	93	107	117	125
■幸　区	44	45	43	48	51	50	56	63	72	78
■川崎区	62	64	63	67	76	77	84	94	105	110

(住宅・土地統計調査)

(令和４年度　川崎市統計データブックより作成)

（９）〔資料 14〕は川崎市の区別の住宅数の推移をあらわしたものです。会話文中［　（い）　］にあてはまる内容を、〔資料 14〕を参考に、次のア～オの中から１つ選び、記号で答えましょう。なお、この調査は昭和 48 年から始まり、麻生区、宮前区は昭和 58 年から開始しました。※例えば昭和 48 年多摩区の「52（千戸《こ》）」は、「52000 戸（５万２千戸）」を示しています。

一戸は、一つの世帯が独立して家庭生活を送ることができるように建築されているものをあらわします。

ア　昭和 48 年と昭和 58 年を比べると、区の数は増えましたが住宅数の合計は減っています
イ　平成 30 年に住宅数が一番多い区は中原区で、一番少ない区は幸区です
ウ　昭和 58 年に７つの区がそろってから、平成 30 年まで全ての区で住宅数は増加し続けています
エ　平成 30 年の川崎市内には 70 万戸をこえる住宅があります
オ　平成 15 年から平成 30 年の間で、住宅数が最も増加した区は川崎区です

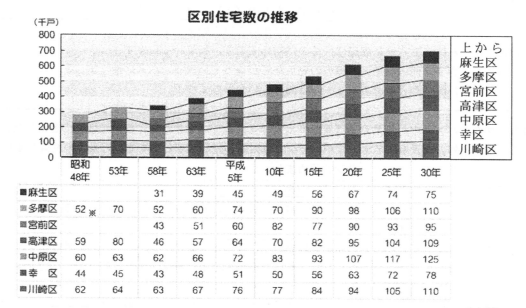

問題2　たろうさんとはなこさんは、８月19日～８月21日に開催されたサマーキャンプ八ヶ岳《やつがたけ》コースに参加しました。次の会話文を読んで、あとの（１）～（８）の各問いに答えましょう。

たろうさん：楽しみにしていたサマーキャンプがいよいよ始まりますね。

はなこさん：私は夏の八ヶ岳周辺に行くのは初めてです。わくわくします。

たろうさん：さて、他の参加者や担当の先生たちが待っています。バスに乗りましょう。川崎市からはおよそ２～３時間くらいかかりますよ。

――― たろうさんとはなこさんたちはバスで八ヶ岳周辺を目指す。 ―――

はなこさん：バスの中から見える風景が少しずつ変わってきましたね。自然が増えてきました。

たろうさん：外の風景はすてきですが、それより太陽の光がまぶしいですね。太陽の位置が変わってきました。カーテンを閉めましょう。

はなこさん：太陽の動きは、［　　(あ)　　］にしずむように見えます。現在11時ごろですから、バスのカーテンは、［(い)］を閉めると車内にかげができてまぶしくないはずです。

たろうさん：なるほど。私たちの席に近い窓は［(い)］ですので、このカーテンを閉めます。

はなこさん：まぶしくなくなりましたね。まだとう着まで少し時間がかかりそうですので、少しおしゃべりしましょう。

――― たろうさんとはなこさんたちは八ヶ岳周辺にとう着する。―――

ひろし先生：みなさんとう着しました。ここは、標高およそ1000mの高原に位置しています。ここからは有名な八ヶ岳が見えます。八ヶ岳などから流れる水によって川ができるため、自然豊かで、様々な動植物が生活しています。 昼食は、お弁当を用意しています。ここから歩いてすぐの川**〔資料１〕**の近くで食べましょう。

〔資料１〕

(清里観光振興会《しんこうかい》ウェブサイトより引用)

たろうさん：川の流れはいやされますね。ひんやりして、夏の暑さがやわらぎます。しかし、この川は川崎市内で見られる多摩川《たまがわ》とはようすがちがいますね。

はなこさん：この川**〔資料１〕**のように［　　　　(う)　　　　］

ひろし先生：はなこさん、その通りです。流れる場所によって、川と川原の石の様子には、ちがいが表れてきます。

こちらから開くと**問題2**になります。

問題２　４月の中学校入学後に行われた学級会で、けいこ先生が話した内容を読み、問題に答えましょう。

> 　さあ、みなさん。川崎高等学校附属中学校１年４組 40 人での生活がスタートしました。これからの中学校生活がより充実《じゅうじつ》するように、みなさんには知っておいてほしいことがあります。それは、この中学校の「生徒会年間テーマ」です。このテーマに全校生徒が少しでも近づくために、学校の様々な仕事を分担します。その仕事のひとつが、委員会です。今日は、このクラスの委員会メンバーを決めていきましょう。今年度は、７つの委員会でこの学校を運営します。
> 　小学校では全員が委員会に所属しますが、中学校では委員会に所属するのは 14 名です。また、それぞれ定員が決まっていますので、必ずしも希望する委員会に入れるとは限りません。委員会の定員数や、生徒会年間テーマに込《こ》められた意味を確認して、あなたが希望する委員会に立候補してください。

生徒会年間テーマ
「３６０°」

【込められた意味】
「全校生徒 360 人が 360 度様々な方向に個性を発揮できる学校にしよう」という思いが込められています。

【取り組んでいきたいこと】
・みんなの個性をいかせる温かな雰囲気《ふんいき》を大切にする
・おたがいに協力し合う
・目立たないことでもがんばる

委員会名	定員	仕事内容
学年委員		クラスの代表。学級会などで司会進行を行う。
新聞委員		クラス新聞作りをクラスで分担し、発行する。
図書委員		本の貸し出しや、図書室の本の整理、管理を行う。
文化委員	各クラス２名	お昼の校内放送や、学校行事での写真撮影《さつえい》を行う。
風紀委員		朝のあいさつ運動や、生活の決まりを守るように呼びかける。
管理防災委員		清掃《せいそう》チェックや、清掃用具の管理をする。避難《ひなん》経路図を確認する。
保健委員		加湿器《かしつき》の管理や水質検査、健康保持を呼びかける。

問題

　あなたはどうしても委員会に所属したかったのですが、残念ながら入ることができませんでした。この状況《じょうきょう》の中で、あなたは学校やクラスのために、どのように行動しますか。あなたのよさを明確にし、【取り組んでいきたいこと】をふまえて、あなたのよさを生かした具体的な行動を書きましょう。また、このような自分の希望がかなわない経験を乗りこえることで、あなたは自分自身がどのように成長すると思いますか。あなたの考えを書きましょう。

［注意事項］

○　解答用紙にたて書きで書きましょう。

○　解答用紙に300字以上400字以内で書きましょう。

○　原稿《げんこう》用紙の正しい用法で書きましょう。また漢字を適切に使いましょう。

○　はじめに題名などは書かず、１行目、１マス空けたところから書きましょう。自分の名前は、氏名らんに書きましょう。

○　３段落以上の構成で書きましょう。

○　句読点〔。、〕やかっこなども１字に数え、１マスに１字ずつ書きましょう。また、段落を変えたときの残りのマス目も字数として数えます。

問題１は反対側から始まります。

問題2は反対側から始まります。

(9) ――線②について、「□・□・□」には、俳句の音数を表す数字が入ります。□にあてはまる数字をそれぞれ書きましょう。

(10) ――線③について、「梅の花」にふれたことで人物に起こったこととして、伝わってくる内容の組み合わせとして、最もふさわしいものを次の1から6の中から一つ選び、番号で答えましょう。

1. [あ]は、梅の花にふれたことにより、自分から行動を起こしてみようという気持ちへと変化している。また、[い]と[う]は、梅の花にふれたことにより、不安な気持ちがおちついてきている。

2. [い]は、梅の花にふれたことにより、だれかの役に立ちたいという気持ちが高まっている。また、[あ]と[う]は、梅の花にふれたことにより、人を信じることの大切さを感じている。

3. [う]は、梅の花にふれたことにより、他者を思いやる気持ちが高まっている。また、[あ]と[い]は、梅の花にふれたことにより、自分の考えを伝えていくことの大切さを感じている。

4. [あ]は、梅の花にふれたことにより、前向きな気持ちへと変化している。また、[い]と[う]は、梅の花にふれたことにより、世の中にある不思議な出来事に対しておそれを感じている。

5. [い]は、梅の花にふれたことにより、周囲への感謝の気持ちがめばえはじめている。また、[あ]と[う]は、梅の花にふれたことにより、消極的なところを直したいという気持ちに変化している。

6. [う]は、梅の花にふれたことにより、他者の思いを感じ、自分の感情が大きく動かされている。また、[あ]と[い]は、梅の花にふれたことにより、前向きな気持ちへと変化している。

(7)

(8)

(9)

受検番号	氏　　名

(1)15点
(2)9点
(3)9点
(4)9点
(5)9点
(6)9点
(7)9点
(8)12点
(9)9点

(7)

(8)

(9)

合　計

※90点満点
(解答用紙1～3で合計270点満点)

【解答

（7）

月　　日

（8）

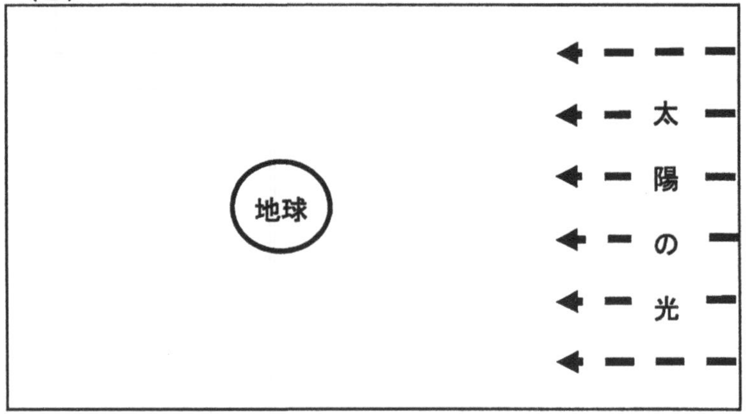

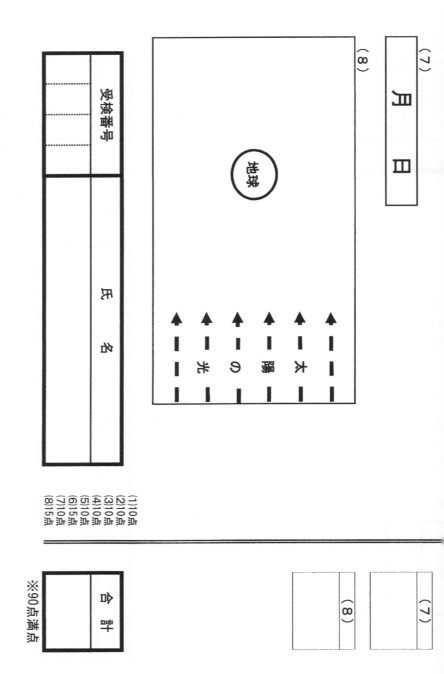

受検番号	氏　　名

(1)10点
(2)10点
(3)10点
(4)10点
(5)10点
(6)15点
(7)10点
(8)15点

（7）

（8）

合　計

※90点満点

	cm^2

（６）

（け）		（こ）		（さ）	

（７）

（し）		（す）	
（せ）		（そ）	

(1)10点
(2)10点
(3)15点
(4)（え）（お）５点
（か）10点
（き）５点
(5)15点
(6)10点
(7)（し）（す）５点
（せ）（そ）５点

受検番号				氏名

（６）
（けこさ）

（７）
（し）　（す）
（せ）　（そ）

合計

※90点満点

適性検査Ⅱ　解答用紙１

受検番号

氏　名

問題１

(1)

(2)

(3)

白

ピンク

(4)

(1) 6点
(2) 10点
(3) 7点×2
(4) 6点
(5) 6点
(6) 6点
(7) 6点
(8) 7点×3
(9) 5点
(10) 10点

合　計	(1)	(2)	(3)	(4)

※90点満点
（解答用紙１と２で合計180点満点）

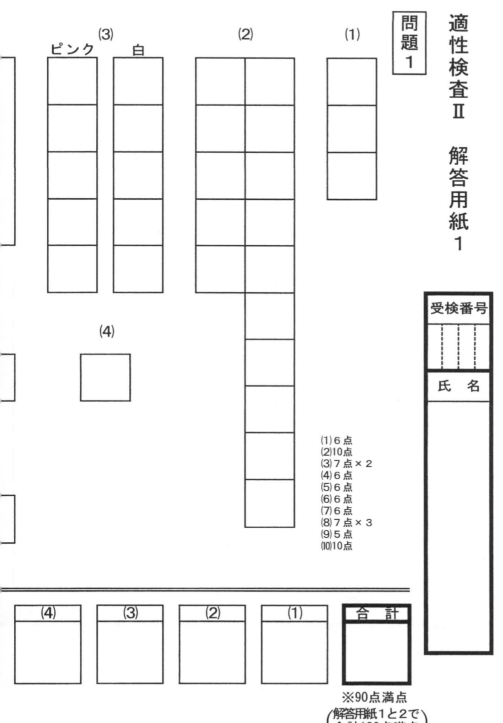

400
360
300

下のらん

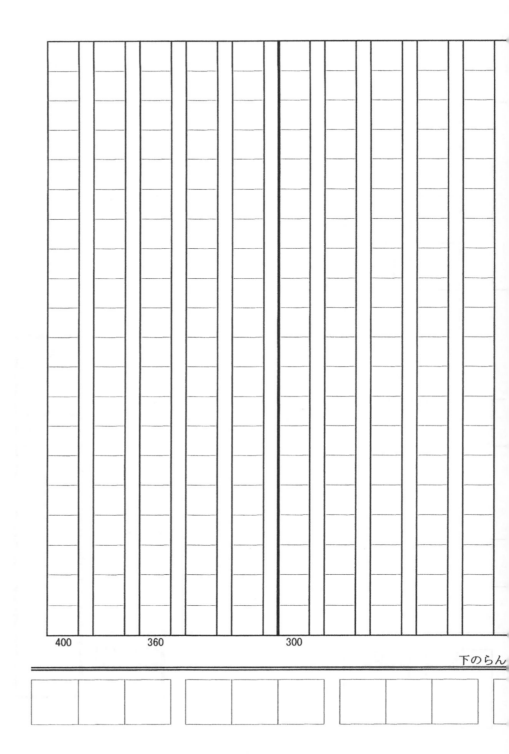

適性検査Ⅱ　解答用紙２

問題２

受検番号

氏　名

20

100

ない

※90点満点

(10)

(9)

・

・

(8)

う

い

あ

下のらんには記入

(10)	(9)	(8)	(7)	(6)

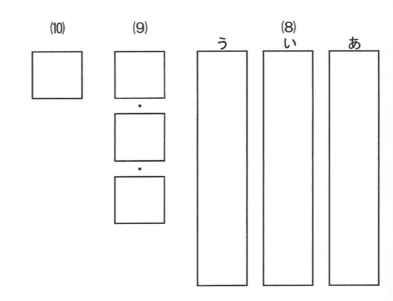

適性検査Ⅰ　解答用紙３

問題３

（１）

	cm

（２）

（３）

	cm

（４）

（え）	cm	（お）	cm		
（か）				（き）	

下のらんには
記入しない

（１）

（２）

（３）

（４）	
（えお）	
（か）	（き）

【解答

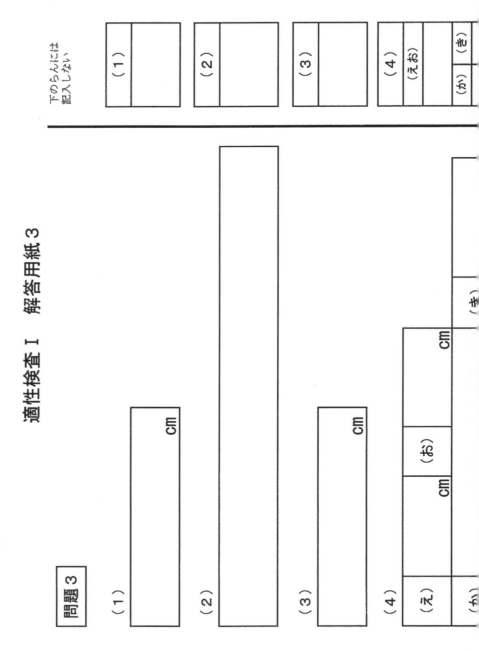

適性検査Ⅰ　解答用紙２

問題２

（１）

（２）

（３）

（４）

（５）

（６）

下のらんには
記入しない

（１）

（２）

（３）

（４）

（５）

（６）

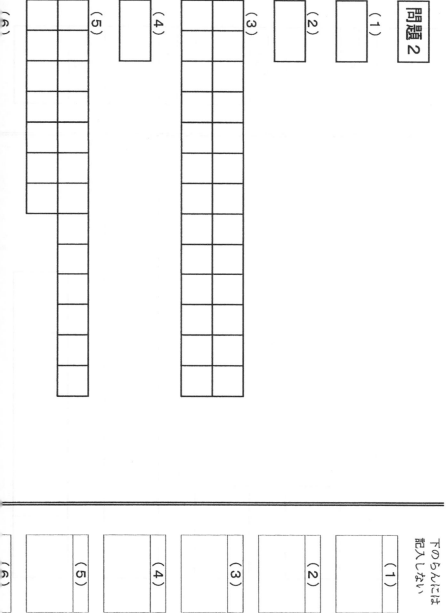

適性検査Ⅰ　解答用紙１

問題１

（１）

（２）

（３）

（４）

（５）

下のらんには記入しない

（１）

（２）

（３）

（４）

（５）

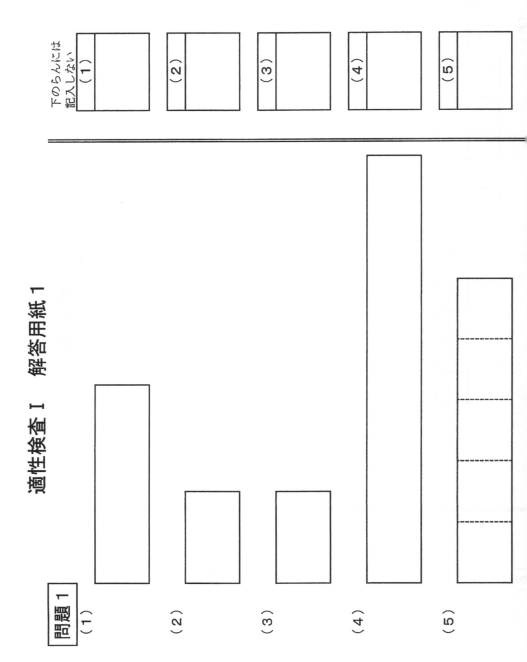

問題1　たろうさん、はなこさん、じろうさんは俳句《はいく》「*1梅一輪《うめいちりん》一輪ほどのあたたかさ」（*2寒梅《かんばい》が一輪咲いている。それを見ていると梅一輪ほどのあたたかさを感じられる）を読み、その内容を生かして書かれた短い文章を三つ読みました。次の[あ]、[い]、[う]の文章と、それらを読んだ後のたろうさんとはなこさんとじろうさんの会話文を読んで(1)～(10)の各問いに答えましょう。

[あ]

私がこの街に引っ越してきて一週間がたつ。新しい学校には慣れず、すでに人間関係が出来上がっているクラスではなかなか友達を作ることができない。

「行きたくないな……」

学校に向かう足取りが（　ア　）なる。この街の冬はとても寒く、雪も積もるほどに降る。昔の私なら、朝起きたときに雪が積もっていたら、飛び上がるほど喜んでいたにちがいない。雪が積もった道を友達と歩きながら、「きれいだね」「冷たいね」と笑い合っていたことを思い出す。でも今はちがう。雪の日に一人でいると余計にさびしい気持ちになる。雪は真っ白できれいだけど、その白さが私しかいないように感じさせて、もっともっとさびしくなる。まるで真っ白で静かな世界で、たった一人で歩いているような気持ちになるのだ。そんなふうに考えていると、学校へ行きたくない気持ちが増していき、ついに足が動かなくなってしまった。

「どうせどこへ行ったって、私は、一人なのに[（あ）]。冷たい！」

急にほほに冷たさを感じた。雪が、当たったようだった。顔を上げると、雪が積もった梅の木が目に入った。ほほにあたった雪はこの木に積もっていたものらしい。黒い枝も白くなるほど積もっていたが、真っ白な中にポツンと小さなピンク色が見えた。じっと見ると、梅の木に、梅の花が一輪だけ咲《さ》いていた。春はまだ先なのにと思ったが、冬に咲く梅もあると以前、聞いたことを思い出した。

「・・・あなたも一人なの？」

一輪だけ咲く花に、そう問いかけた。（　A　）不思議と、私はその花にさびしさを感じていなかった。咲いているのは一輪だけだが、そのやわらかいピンク色、かわいらしい形はさびしさを感じさせるものではなかった。あんなに寒かったのに、私はそのピンクの花を見た瞬間《しゅんかん》、少しあたたかさを感じた。寒さの中にパッと明かりがともったように感じた。

「一人じゃないよ」と花が私に言ってくれたように感じた。たった一輪だけれど、その小さな花が明かりになって、私の心をあたためてくれたのだ。さっきまで感じていたさびしさが少し無くなったような気がする。

「今日、だれかに話しかけてみようかな」

私は顔を上げ、学校への道を歩き出した。

い

今日はいやなことばかりだった。朝、登校途中《とちゅう》に転んだ。体育の授業ではシュートが一本も決まらなかった。昨夜、頑張《がんば》ってやった宿題を家に置き忘れてしまい、授業中に発言できなかった。（ａ）が[*3]つのり、友達とちょっとしたことで口げんかしてしまい気まずくなってしまった。おまけに帰り道には雪まで降ってきた。

雪は（ｂ）降ってきて、あまりの寒さに身ぶるいをした。かじかむ手に息をはきかけながら（ｃ）歩くうちに、なみだで目の前がぼやけてきた。

いつも通りぬける公園の木々にも（ｄ）雪が積もり始めていた。そんな白一色の世界の中に、かすかな色味が見えたような気がした。はっとして目をこすって近づいてみると、それはべに[*4]色の梅の花だった。ほかにも咲いていないか探してみたけれども、雪の中咲いていたのはたったの一輪だけ。雪を少しのせたその姿は、妹のひなまつりでかざられる小さな赤いぼんぼり[*5]のようにも見え、思わず手をかざした。

雪は相変わらず降り続けている。（Ａ）かざしたてのひらに（ｅ）あたたかさが伝わってくるような気がして、自然と笑みがこぼれた。

早く家に帰って友達に電話しよう。「さっきはごめん。（ａ）をぶつけて」って。

小さな赤いぼんぼりに見守られながら、私は雪降る公園を後にした。

う

祖父が亡《な》くなり一ヶ月がたった。はだをつきさすような冷たい風が吹《ふ》く日、両親に連れられて祖父の家の片付けをしに行った。祖父は静かな山のふもとで一人暮らしをしていた。こうした寒い季節に祖父の家を訪れるのは初めてであった。

きちんと整理整とんされた室内。居間[*6]には、祖父が手塩[*7]にかけて育てた鉢《はち》植えの花や、五月人形の横で笑う幼《おさな》いころの父、母に抱《だ》かれた赤ちゃんのころの私、夏休みに祖父のもとへ遊びにきたときに家族みんなですいかにかぶりついているときの写真などがところせましとかざってあった。一つ一つ手に取って見ているうちに、目頭《めがしら》が熱くなった。

その中に見覚えのない写真が一枚かざってあった。首をかしげながら写真を手に取る。なんの花だろう……梅の花かしら。

それは木の枝にぽつんと一つだけ咲く赤い梅の花の写真だった。花の写真は他にもあったけれども、他と比べてずいぶんと地味な写真だった。

梅の花……おじいちゃん……祖父のやさしい笑顔とともに、ゆっくりと思い出がよみがえってくる。

「おじいちゃんの一番お気に入りの花は寒梅というんだ。冬は花も草もかれて暗い木々の枝ばかり。そんな季節に咲くのが寒梅なんだ。おじいちゃんは寒さに負けず一生懸命《いっしょうけんめい》咲いている寒梅を見るとうれしくなる。

美しい花はたくさんあるけれども、おじいちゃんは寒梅が一番いいなあ。特に寒い中、勇気を出して一番はじめに咲いた寒梅を見ると幸せになれるような気がするんだよ」

庭の手入れをよくしていた祖父。梅の木も庭にあって、夏休みに遊びに来たときにはよくのびすぎた枝を切っていたっけ。

少しくもった窓ガラスごしに庭を見る。庭には夏休みに遊びに来たような色はない。（　Ａ　）そんな色のない庭から突然《とつぜん》赤い色が目に飛びこんできた。

それは――かざってあった写真と同じ赤い梅の花だった。冷たく吹きすさぶ風にも負けず、一輪の梅の花が力強く咲いていた。そこだけ命のぬくもりを感じさせるかのように。

なみだがほほをつたう。

もうこの世にはいない祖父の思いにふれたような気がした。私に見せたかったんだね。父や母にも。みんなに（　イ　）になってほしいって。

「お父さん、お母さん、早く来て」

私は大きな声で父と母を呼んだ。

窓の外からは冬の午後の日差しが部屋に差しこんでいた。

【いずれも適性検査のために作成した文章】

＊1　梅一輪一輪ほどのあたたかさ……江戸時代の俳人、服部嵐雪《はっとりらんせつ》の句

＊2　寒梅……冬の終わりの寒い時期に咲く梅のこと。

＊3　つのり（つのる）……ここでは感情や思いが強くなる意。

＊4　べに色（紅色）……あざやかな赤い色のこと。

＊5　ぼんぼり……断面が六角で上がやや開いた形のわく組みに紙をはって覆《おお》いとした小型のあんどん（照明具の一種）のこと。

（図）

図

＊6　居間……住宅内にある部屋の一つ。家族がふだん集まる部屋のこと。

＊7　手塩にかけて（手塩にかける）……ここでは世話をして大切に育てるの意。

(1)　文章[あ]の内容から考えて（　ア　）にあてはまる言葉としてふさわしい言葉をひらがな三字で書きましょう。

(2)　文章[あ]の内容をふまえて、[　(あ)　]にあてはまる「私」の考えを「学校」という言葉を入れて十五字以内で書きましょう。

(3) 文章あにおいて、「私」は「白」「ピンク」の色にそれぞれどのようなことを感じていたのでしょうか。本文から五字以内でぬき出して書きましょう。

(4) 文章いにおいて、（ a ）（ b ）（ c ）（ d ）（ e ）には様子を例える言葉が入ります。組み合わせとして最もふさわしいものを次の1から4の中から一つ選び、番号で答えましょう。

1. a. いらいら　b. ざんざん　c. せかせか　d. どんどん　e. やけるような
2. a. いらいら　b. どんどん　c. とぼとぼ　d. うっすらと　e. ほのかな
3. a. むかむか　b. しとしと　c. すたすた　d. ほんのりと　e. たしかな
4. a. どきどき　b. どんどん　c. とぼとぼ　d. はらはら　e. かすかな

(5) 文章うの（ イ ）にあてはまる言葉を、文章うの本文からぬき出して書きましょう。

(6) 文章あ、い、うにある（ A ）に共通してあてはまる言葉として最もふさわしいものを次の1から4の中から一つ選び、番号で答えましょう。

1. また　2. すると　3. そして　4. しかし

(7) 俳句「梅一輪一輪ほどのあたたかさ」と同じ作者が作った句として「うぐひ《(い)》すの聲《こえ》に起行雀《おきゆくすずめ》かな」（うぐいすの鳴く声を聞いて、すずめが鳴き始めたことだな）があります。この句と同じ季節の様子を書いた句を次の1から4の中から一つ選び、番号で答えましょう。

1. 朝顔につるべとられてもらい水
2. 思ふ《(う)》人の側《そば》へ割込《わりこ》む炬《こ》燵《たつ》哉《かな》
3. チューリップ喜びだけを持っている
4. 鈴虫《すずむし》の音をくらべむ《(ん)》と目をつむる

三つの文章を読んだ後のたろうさん、はなこさん、じろうさんの会話

たろうさん　同じ俳句を読んで書かれた文章ですが、読み手によって俳句のとらえ方がちがっていておもしろいですね。

はなこさん　私も同じことを思いました。この句はひろし先生から教えてもらったように「寒梅が一輪咲いている。それを見ていると梅一輪ほどのあたたかさを感じられる」ということはわかるけれども、これがいつのことなのか、どこでのことなのか、そこにはどのような思いがあるのかなどは読み手にまかされています。だから同じ俳句を読んで書いた文章であっても、これほどのちがいがあるのでしょう。

じろうさん　文章あ、い、うでは、いずれも①俳句にある「梅の花」を例える表現を使っていました。それぞれの例えからどのようなあたたかさであるのかが伝わってきてよいと思いました。

はなこさん　私もそこに着目しました。「梅の花一輪ほどのほんの少しのあたたかさ」のそれぞれの例え方がとても効果的です。

たろうさん　この句は字余りだと気づきました。②□・□・□という俳句のきまりを守っていないけれども、同じ言葉を重ねるなどの工夫があってよいと感じました。

じろうさん　字余りだからこそ「梅一輪」というはじめのところが際《きわ》立《だ》つのではないかと私は感じました。それから、③「梅の花」にふれたことで人物に起こったことがそれぞれの文章から伝わってきました。

はなこさん　たしかに伝わってきますね。三つの文章を読んで思ったのですが、このような文章を書くということは俳句を深く読むということにもつながるのではないでしょうか。私も俳句を深く読み味わうために、このような文章を今度書いてみたいと思いました。

(8)　――線①「俳句にある『梅の花』を例える表現」とあります。文章あ、い、うで「梅の花」を例えている表現をそれぞれぬき出して書きましょう。

令和６年度

川崎市立川崎高等学校附属中学校入学者決定検査

適性検査Ⅱ（45分）

―― 注　意 ――

1　「はじめ」の合図があるまで、この問題用紙を開いてはいけません。

2　問題は全部で２つあります。こちらから開くと**問題1**（全６ページ）になります。**問題2**（全２ページ）は**反対面から**始まります。

3　問題をよく読んで、答えはすべて解答用紙の決められたらんに、分かりやすくていねいな文字で書きましょう。解答らんの外に書かれていることは採点しません。

4　解答用紙は全部で**２枚**あります。

5　計算やメモが必要なときは、解答用紙には書かずに、この問題用紙の余白を利用しましょう。

6　字数の指定のある問題は、指定された条件を守り、最初のマスから書き始め、文字や数字は一マスに一字ずつ書きましょう。句読点［。、］やかっこなども一字に数えます。ただし、**問題2**は、その問題の［注意事項《じこう》］の指示にしたがいましょう。

7　「やめ」の合図があったら、途中《とちゅう》でも書くのをやめ、筆記用具を机の上に置きましょう。

(1) [(あ)]と[(い)]にあてはまる言葉として、もっともふさわしいものを次のア～カの中から１つ選び、記号で答えましょう。

	(あ)にあてはまる言葉	(い)にあてはまる言葉
ア	東から出て南を通り西	北側
イ	東から出て南を通り西	南側
ウ	東から出て南を通り西	西側
エ	西から出て南を通り東	北側
オ	西から出て南を通り東	南側
カ	西から出て南を通り東	西側

(2) [(う)]にあてはまる言葉として、もっともふさわしいものを次のア～カの中から１つ選び、記号で答えましょう。

ア　土地のかたむきが小さい場所では、水の流れが遅く、川はばが広くなっています。
　　このような川の川原には、丸みのある小さな石が多く見られます。
イ　土地のかたむきが小さい場所では、水の流れが速く、川はばがせまくなっています。
　　このような川の川原には、丸みのある大きな石が多く見られます。
ウ　土地のかたむきが小さい場所では、水の流れが速く、川はばがせまくなっています。
　　このような川の川原には、角ばった大きな石が多く見られます。
エ　土地のかたむきが大きい場所では、水の流れが遅く、川はばが広くなっています。
　　このような川の川原には、角ばった小さな石が多く見られます。
オ　土地のかたむきが大きい場所では、水の流れが速く、川はばがせまくなっています。
　　このような川の川原には、丸みのある大きな石が多く見られます。
カ　土地のかたむきが大きい場所では、水の流れが速く、川はばがせまくなっています。
　　このような川の川原には、角ばった大きな石が多く見られます。

ひろし先生：みなさん、昼食を食べ終えたところで、今から近くにある地層を観察しましょう。

たろうさん：地層を観察できるのは楽しみですね。もしかすると恐竜《きょうりゅう》の化石が発見できるかもしれませんね。

はなこさん：地層は、水のはたらきによって運ぱんされてきた、れき、砂、どろなどが、海や湖の底で、層になってたい積してできるので、その中に恐竜の化石が埋もれている可能性はありますね。

ひろし先生：地層が観察できる場所に到着しました。向こうのがけに見られるのが地層で、火山灰の層を含んでいます。ちなみに残念ですが、この地層から恐竜の化石は発見されていません。

たろうさん：さすがに標高およそ1000mの高原で、恐竜の化石は見られないですよね。

はなこさん：そんなこともないと思いますよ。ヒマラヤ山脈の山頂付近の高さ約8000mに、かつて海の底でできた地層が、しま模様になってはっきり見えます。また、高さ4000mのあたりで、海に生息していたアンモナイトの化石が見つかっています。

たろうさん：でも、なぜ海の底でできた地層がヒマラヤ山脈で見られるのですか。

はなこさん：長い年月の間に、　(え)　からです。

ひろし先生：大地は変わり続けることが地層を観察して明らかになっていきますね。
さて、みなさん、今夜はキャンプをします。夕食のカレーライスを作り、テントを張ってねとまりをします。キャンプ場に移動しましょう。

―――― たろうさんとはなこさんたちはキャンプ場にとう着する。――――

たろうさん：こんな大自然の中で１日過ごせるなんて最高ですね。

はなこさん：まずは、少し休けいしましょう。温かい紅茶でも飲みましょうか。

たろうさん：いいですね。なべがあるので水をくんできますね。

はなこさん：私は火をおこしますね。

たろうさん：水をくんできました。このキャンプ場の水は山から引いてきているようで、すき通っていて、そしてすごく冷たいです。おいしそうです。

はなこさん：火がおこせました。金あみの上になべを乗せてください。

たろうさん：まきの火が強いからか、すぐぶくぶくしてきましたね。標高が高いと水が炭酸水になってしまうのでしょうか。この泡はなんですか。

はなこさん：この泡の正体は　(お)　で、このようなすがたを　(か)　といいます。なべから出ている白い湯気は　(き)　です。湯気は、小さい水のつぶです。

たろうさん：物質は温度によってすがたが変化するのですよね。水は冷やしたらどうなりますか。

はなこさん：①飲料水が入ったペットボトルの入れ物をこおらせるとペットボトルがこわれることがありますよ。

たろうさん：なるほど、おもしろいですね。

はなこさん：紅茶ができあがりました。いただきましょう。

(3) ［(え)］にあてはまる言葉を 14 字以上 26 字以内で書きましょう。

(4) ［(お)］と［(か)］と［(き)］にあてはまる言葉として、もっともふさわしいものを次のア～カの中から１つ選び、記号で答えましょう。

	(お)にあてはまる言葉	(か)にあてはまる言葉	(き)にあてはまる言葉
ア	水蒸気	液体	気体
イ	水蒸気	気体	気体
ウ	水蒸気	気体	液体
エ	二酸化炭素	液体	気体
オ	二酸化炭素	液体	液体
カ	二酸化炭素	気体	液体

(5) 下線部①のようになる理由を「体積」という言葉を入れて 20 字以内で書きましょう。

たろうさん：21時になりました。外も真っ暗になって、星が先程《さきほど》よりもきれいにかがやいています。この位置から南の方向を見ると、夏の大三角が見えたのですが、どこでしょうか。

はなこさん：先程観察したのは、19時でした。星も太陽と同じで動いて見えるのですよ。

たろうさん：19～21時の２時間だとどれくらい動いて見えるのですか。

はなこさん：どのくらいと言われると、私も分かりません。

ひろし先生：私が説明しましょう。まず、夏と冬では、南の空に見える星は変わってしまいますが、日ごとの観察では、１日経てば星はほぼ同じ位置に見えます。例えば、19時に観察した夏の大三角は、次の日の19時には同じ方角の位置に見えるのです。

たろうさん：ということは、東の空から見え始めた星は、南の空を通り、西の空に沈んだあと、見えなくなってしまうけど、その後も動いてまた東の空から出てくるのですか。

ひろし先生：すばらしい考えです。星は１日に１回転しているように見えるのですよ。

はなこさん：ということは、星が１周360°を、１日24時間で１回転するのであれば、計算式は［　(く)　］で、これを計算すると［　(け)　］°になります。
つまり、19～21時の２時間だと夏の大三角は、［　(こ)　］°動いて見えます。

ひろし先生：その通りです。北の空を見ると、北極星付近を中心として星が反時計回りに１日１周しているように見えます。北の空もはなこさんが計算していたように時間ごとに動いて見えるのです。

たろうさん：星の見え方に規則性があったのは知りませんでした。それともう１つ気になることがあります。夕方ごろまで見えていた三日月が見えなくなってしまいました。

はなこさん：それは太陽と月と地球の位置が関係していると思います。

たろうさん：どういうことでしょうか。

はなこさん：そもそも太陽の周りを地球が回っていて、地球の周りを月が回っているので、地球から見ると太陽と月は動いているように見えます。②<u>月はおよそ30日で地球の周りを１周します。</u>また、地球自体は反時計回りに１日１回転しています。

たろうさん：なるほど、③<u>三日月に見えるときの太陽と月と地球の位置</u>が分かれば、なぜ三日月が見えなくなってしまったか分かりそうですね。

はなこさん：そうですね。天体の見かけの動きについては、言葉だけで理解するのには限界があります。図で表したり、実験してみたりするのもよいでしょう。

ひろし先生：みなさんの探究心には感心します。しかし、もうすぐ消灯の時間です。明日も早いので、テントに入ってねる準備をしましょう。

(6)［　(く)　］と［　(け)　］と［　(こ)　］にあてはまる数や記号を書きましょう。

(7) 下線部②について、次に満月になるのは、何月何日でしょうか。ただし、月は３０日ちょうどで地球を１周するものとします。

(8) 下線部③について、月の位置を図で表しましょう。ただし、天体の実際の大きさについては無視してよいものとします。

問題３は次のページから始まります。

問題３　たろうさん、はなこさん、じろうさんの３人が、川崎市100周年記念事業ロゴについて話をしています。次の会話文を読んで、あとの（１）～（７）の各問いに答えましょう。

たろうさん：今年、川崎市は100周年をむかえるそうです。

はなこさん：そんなときに川崎で過ごしていられるなんて、何だかうれしいですね。

たろうさん：そうですね。その100周年のことについて調べていたら、100周年記念事業のロゴを見つけました。そこには、「Colors, Future！ Actions」（カラーズ、フューチャー！ アクションズ）とかいてありました。

100周年記念事業ロゴ

COLORS FUTURE! ACTIONS KAWASAKI 100th

はなこさん：Colorsは「色」、Futureは「未来」、Actionsは「行動」という意味ですね。

たろうさん：「Colors, Future！ いろいろって、未来。」という川崎市のブランドメッセージがあるのは知っていますか。

はなこさん：はい。「多様性を認め合い、つながり合うことで、新しい魅力《みりょく》や価値を生み出すことができるまちを目指していく」という意味が込められているそうです。それに「行動」が加わったのですね。

たろうさん：そうです。「みんなが主役となって、力をかけ合わせながら多彩《たさい》なActionを生み出していきます。」と書いてありました。

はなこさん：それにしても、とても魅力あるデザインですね。シンプルなのがすてきです。例えば、「U」であれば、まっすぐな部分と曲線の部分でできていて、曲線部分は「図１」のように文字全体の下から３分の１の部分になっています。また、曲線部分は、ちょうど半円になっていることもわかります。

［図１］

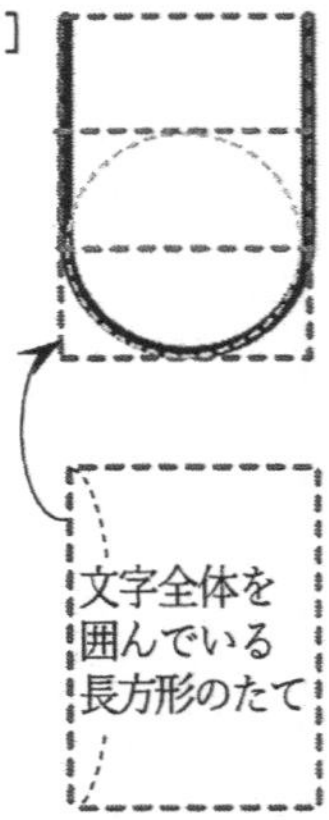

じろうさん：面白いことを考えていますね。それならば「U」の文字に使われている**［図１］**の太線の長さが求められそうです。「U」の文字全体を囲んでいるこの長方形のたての長さがわかるだけで、「U」に使われている太線の長さがわかります。この長方形のたての長さが６cmのとき、円周率を3.14とすれば、「U」の文字に使われている**［図１］**の太線の長さは［（あ）］cm になります。

たろうさん：この「U」の拡大図や縮図でもすぐに線の長さを求められるように、ことばの式に表しておくのもよいと思います。「U」の文字全体を囲んでいる長方形のたての長さを a として式にすると、

［（い）］

になります。

（１）［（あ）］にあてはまる数を書きしょう。

（２）［（い）］にあてはまることばの式を書きましょう。

はなこさん：シンプルなデザインだからこそできることですね。じろうさん、他の文字はどうですか。
じろうさん：では［図2］の「F」と［図3］の「R」についても見てみましょう。

［図2］

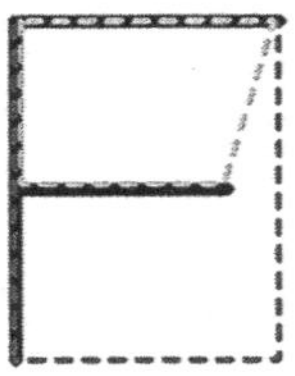

［図3］

どちらも、文字全体を囲んでいる長方形と、それを分割するまっすぐな点線があります。横の点線はどちらも文字全体を囲んでいる長方形のたてを2等分しています。「R」のたての点線は、文字全体を囲んでいる長方形の横を3等分していて、横の点線とたての点線が交わっている位置で曲線部分と右下の斜《なな》めの直線部分が交わっています。また、「R」の曲線部分は半円です。

たろうさん：今度は私が問題を考えます。「F」の文字に使われている［図2］の太線の長さを求めるためにわかっているのは、文字全体を囲んでいる長方形のたてが6cm、横が4cm、上部にある台形の面積が11.25cm²だということです。はなこさんできそうですか。

はなこさん：わかりました。「F」の文字に使われている太線の長さは（う）cm です。
では「R」の文字に使われている［図3］の太線の長さを求めるために必要な情報は何でしょうか。「R」の文字全体を囲んでいる長方形のたての長さ、横の長さがわかればできそうですね。

じろうさん：そうでしょうか。右下の斜めの線の長さが出せないのではないですか。

はなこさん：「R」の文字全体を囲んでいる長方形のたてが8cm、横が6cmだったとして考えてみます。底辺が（え）cm、高さが（お）cmで、もうひとつの辺が「R」の右下の斜めの線であるような（か）を4つ組み合わせると正方形ができます。その正方形の面積は（き）cm² です。面積が（き）cm² の正方形の1辺の長さが「R」の右下の斜めの線の長さになるといえます。

じろうさん：そうですね。さて、その長さを求めることはできますか。

はなこさん：その長さは･･･、あれ、求められないです。

じろうさん：中学校ではこれが求められるように新しい数を習うみたいですよ。でも今は知らないから求められません。あとは中学生になってからのお楽しみですね。

（3）（う）にあてはまる数を書きましょう。

（4）（え）と（お）と（き）にあてはまる数を、（か）にあてはまる図形の名前をそれぞれ書きましょう。

たろうさん：では、今度は、「R」の文字全体を囲んでいる長方形のたての長さがわかっているときに、［図４］のしゃ線部分の面積を求めてみましょう。
「R」の文字全体を囲んでいる長方形のたての長さは８cmとして考えてみてください。

［図４］

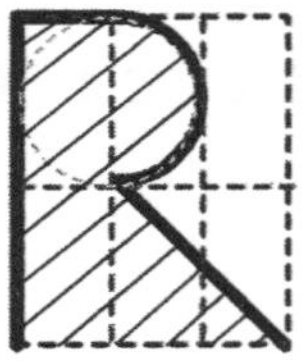

じろうさん：円周率は3.14だとして計算すると、（く） cm^{2}ですね。
たろうさん：正解です。

（５）　（く）にあてはまる数を書きましょう。

はなこさん：ところで、川崎市は今年の市制記念日2024年７月１日に市制100年という節目をむかえるそうですが、川崎高等学校附属中学校は、今年度10年目で、10周年記念式典を12月に行ったそうです。式典は終わってしまったのですが、私なりに学校10周年のロゴを川崎市の100周年記念事業のロゴのデザインに合わせて作ってみました。
たろうさん：デザインに合わせてとは、どういうことですか。
はなこさん：川崎市のロゴは、文字のデザインがシンプルなだけでなく、配列もよく考えられているように思えるのです。［図５］は文字の位置が各行でそろっているかわかるようにたて線を加えたものですが、各行の１文字目「C」「F」「A」のように文字の左端《ひだりはし》の位置が３行ともそろうところは１文字目以外にはありません。各行の２文字目「O」「U」「C」も、左端はほとんど同じ位置のように見えますが、よく見るとほんの少しずれています。３文字目の「L」「T」「T」は、「T」の真ん中のたて線と「L」の左端のたて線がそろっていますが、３つの文字の左端はずれています。私の個人的な感想ですが、たてに並んだ３つの文字の左端が１文字目以外にはそろうことがないようにすることで❶、多様性を表現しているように見えます。
それでいて、２、３行目の「T」のたて線、２、３行目の「U」と「I」では「U」の左側のまっすぐな線と「I」のたて線などのように、部分的にたて線や文字の位置がそろえられていて❷、ひとつの目標に向かうことを表現しているように見えます。
他に、
１行目の（け）
２行目の（こ）
３行目の（さ）
も同じようにそろっていますね。

[図5]

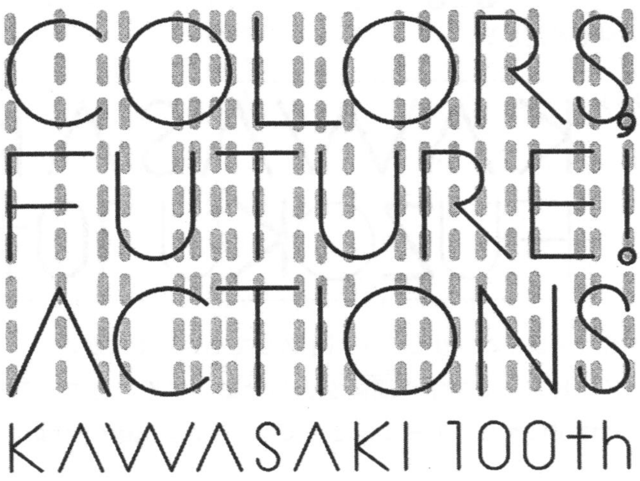

(6) (け) 、 (こ) 、 (さ) にあてはまる文を、下のア～クから選んで答えましょう。

ア　「E」の左端のたて線の位置
イ　「N」の左端のたて線の位置
ウ　「O」の曲線部分の左端の位置
エ　「R」の左端のたて線の位置
オ　「R」の曲線部分の右端の位置
カ　「O」の曲線部分の右端の位置
キ　「N」の右端のたて線の位置
ク　「E」の横線の右端の位置

たろうさん：その２つのこと（❶と❷）を考えてロゴを作ったのですね。
はなこさん：はい。見てください。

［図６］

じろうさん：よくできていますね。少しアドバイスしてもいいですか。
「ＦＵＺＯＫＵ」の文字の間隔《かんかく》を少しせまくすることで、そのぶん「10ｔｈ」の位置を少しだけ左にずらしてみてはどうでしょうか。［図７］のように。

［図７］

たろうさん：❶と❷を考えると、「10th」の位置が変わったことで［図６］と比べて［図７］の方が
（し）と（す）はそろわないようにできます。また、
（せ）と（そ）はそろえることができます。
はなこさん：本当ですね。この方がすっきりしました。ありがとうございます。

（７）（し）、（す）、（せ）、（そ）にあてはまる文を、下のア～クから選んで答えましょう。

ア　１行目の「Ａ」の左端
イ　１行目の「Ｗ」の右端
ウ　１行目の「Ｋ」の左端のたて線
エ　１行目の「Ｓ」の左端
オ　２行目の「Ｏ」の左端
カ　２行目の「Ｋ」の左端のたて線
キ　２行目の「１」の左端
ク　２行目の「ｔ」のたて線

このページより先には問題は印刷されていません。

令和５年度
川崎市立川崎高等学校附属中学校入学者決定検査

適性検査Ⅰ（45分）

―― 注　意 ――

1　「はじめ」の合図があるまで、この問題用紙を開いてはいけません。

2　問題は全部で２つあります。こちらから開くと問題1（全６ページ）になります。問題2（全７ページ）は**反対面から**始まります。

3　問題をよく読んで、答えはすべて解答用紙の決められたらんに、わかりやすくていねいな文字で書きましょう。
解答らんの外に書かれていることは採点しません。

4　解答用紙は全部で**３枚**あります。

5　計算やメモが必要なときは、解答用紙には書かずに、この問題用紙の余白を利用しましょう。

6　字数の指定のある問題は、指定された条件を守り、問題1はたて書きで、問題2は横書きで書きましょう。最初のマスから書き始め、文字や数字は一マスに一字ずつ書き、句読点〔。、〕やかっこなども一字に数え、一マスに一字ずつ書きます。ただし、問題1の(7)は、その問題の〔注意事項《じこう》〕の指示にしたがいましょう。

7　「やめ」の合図があったら、途中《とちゅう》でも書くのをやめ、筆記用具を机の上に置きましょう。

問題1 次のあ、い、うの文章を読んで、あとの(1)~(7)の各問いに答えましょう。

あ

今日は節分である。節分の恒例《こうれい》行事として最も有名なのは「大豆をまいて鬼《おに》を退治する」だろう。庭に「鬼は外」「福は内」と言って大豆をまいたり、鬼のお面をかぶった家族などの身近な人に大豆を当てたりした経験がある人は多いのではないだろうか。この中学校の受検生も、家に帰った後久しぶりに家族との団らんを楽しみながら、豆まきをするかもしれない。では、なぜ大豆をまくのか。身近な行事であるにもかかわらず、わからないことは多い。

そもそも、節分は二月三日と決められているように感じるが、元々は新しい季節が始まる前日のことを示し、二月二日の年もあれば、二月四日の年もある。しかも、春夏秋冬、全ての季節が始まる前日が節分である。つまり、本来は年に四回あるのだ。また、季節が変わる時に起こる数多くの悪いことを、目に見える形にしたものが鬼である。多くの悪いことを防ぐために豆まきが行われた。その中でも「立春」の前日である二月三日は、一年の始まりとして特に大切な日とされた。その風習が、今も残っているのである。

では、なぜ大豆をまくのか。それは、多くの穀物の中でも大豆に精霊《せいれい》が宿るとされていたからである。さらに「豆」は、悪い者（魔《ま》）を滅《めっ》する「魔滅（マメ）」という意味が、また、煎《い》った豆には「魔の目を射る」という意味が込《こ》められた。だから、穀物の精霊が宿っている煎った大豆を投げることは、悪い者を追い払《はら》うための最もよい方法だと考えられたのだ。

「豆」を「魔滅（マメ）」ととらえたり、煎った大豆を「魔の目を射る」ととらえたりすることは、単なる語呂《ごろ》合わせではないかと思うかもしれないが、①日本人はこのような語呂合わせを好み、大切にしてきた。身近な行事でも、由来を調べてみるとその奥深さがとても興味深い。幼い子が行う行事ではなく、日本の伝統行事として、いろいろな知識を蓄《たくわ》えてから豆まきをすると、ただ「鬼退治」をしていた時とは違《ちが》う感情が芽生えてくるようにも思う。

い

二月三日は「大豆の日」です。大豆が味噌《みそ》、しょうゆ、納豆《なっとう》など様々なものに形を変えて食卓《しょくたく》に並んでいることは、国語の授業で学習しました。最近は大豆の豊富な栄養が改めて評価され、ますます私たちの生活になくてはならない存在となっています。多くの人が「大豆の日なんて知らないな。節分は知っているけれど。」と思うかもしれませんが、節分にも深く関わる大豆に目を向けてみましょう。

日本人が消費する大豆のほとんどを輸入に頼っていることは社会科の授業でも学習しました。農林水産省によると、平成二十九年の大豆の食料自給率はわずか七%です。大豆は食品用と油の原料となる油糧《ゆりょう》用に分けられ、食品用に限ると自給率は二十五%となります。

世界に目を向けてみると、大豆の生産量一位はアメリカ、二位はブラジル、三位はアルゼンチンとなっており、この三カ国で全生産量の八十%を占《し》めています。消費量は中国、アメリカ、アルゼンチンと続き、日本は十位です。

一方で、日本のように食べるために大豆を使用している国はごくわずかであり、世界では大豆のほとんどが油の原料として使用されています。世界一の大豆生産国であるアメリカに住む人が一人あたり年間でどれくらい大豆を食べるかというと、四十グラムです。日本はというと、なんと年間八キログラム以上です。消費量一位の中国が約四キログラムなので、日本がどれだけ大豆を食べているかがわかります。また、日本の一人一日あたりの大豆消費カロリーは平均九十六キロカロリーとなっており、他の国と比べて、最も高い数値となっています。

日本は、大豆の生産量や自給率は他国と比べてはるかに低いですが、大豆を食べる量はとても多いです。このように考えると、大豆を食べるのは日本独特の文化だと言えます。肉を食べる文化があまり無かった日本にとって、大豆はたんぱく質をとるために必要な食材だったことは確かです。大豆を、味噌、しょうゆ、納豆、豆腐《とうふ》、きなこなど、様々な形に加工をして、日本の家庭料理に無くてはならないものにした先人たちの知恵《ちえ》には本当に驚《おどろ》かされます。

先人たちの知恵のおかげで生まれた大豆の加工食品が、今日も食卓に並ぶでしょう。小学校で習ったことだけでも、少し調べたら話題はこのように広がります。興味をもつきっかけは、あちこちにたくさんかくれています。今回は大豆の知識から話を広げましたが、小学五年生の今だからこそ、たくさんのことに興味をもって、たくさんのことを学んでほしいです。

う

この間、自分の子どもと一緒《いっしょ》に「桃太郎《ももたろう》」の絵本を読んだ。桃から生まれた桃太郎が、「サル」「キジ」「イヌ」のおともを連れて鬼退治に行く、あの桃太郎だ。鬼の姿は、モジャモジャ頭に角をはやし、顔色は赤や青で、こんぼうを持ち、黄色と黒のしましまパンツをはいた姿だった。絵本を閉じた時、子どもが聞いてきた。「鬼って、なんであんな姿なの。」たしかに、そもそも鬼という生き物は実際に存在しないのに、なぜあのような姿を私たちはイメージするのだろうか。疑問である。偶然《ぐうぜん》にも、今日は二月三日、節分である。子育て中の保護者のみなさん、鬼の正体を一緒に勉強しようではないか。

先ほども述べたように、鬼は実際には存在しない。そして、「鬼」という存在は日本独自のものであるようだ。かつて、天変地異《てんぺんちい》や病気の流行など、私たちの力ではどうしようもできない、安全や命をおびやかすものの原因は、「鬼が悪さをしているから」とされていた。そしてその「目に見えない、私たちの力ではかなわない悪い者」は、「鬼門《きもん》」と呼ばれる方角から入ってくるとされていた。この「鬼門」の方角は北東である。

ここまで読んでも、鬼の見た目とは結びつかないだろう。【図】を見てほしい。現在、方角は「東西南北」で表されているが、昔は、時刻や方角など、あらゆるものが干支《えと》で表されていた。【図】を見ると、北東の方角は、ウシとトラの方角だと示されている。

ここでピンとくる人もいるかもしれない。黄色と黒のしましまのパンツはトラのもようであり、頭から生えている角はウシのものだと考えたら、「鬼」の見た目と方角を示す動物が一致している。つまり、鬼は、人間の力で簡単に対処できない自然の恐怖《きょうふ》を知らせるために、②人間が作りだした想像上のものなのだ。「鬼門」の方角を示す動物に目をつけ、今の鬼の姿を作りだした人に会ってみたいものである。

さて、桃太郎に話をもどす。同じく【図】を見てみると、鬼門の方角、つまりウシとトラの方角とほぼ反対の位置に、サル、トリ（キジ）、イヌが並んでいる。これは単なる偶然なのだろうか。もう少し調べてみる必要がありそうだ。

今日、私は、我が子のために鬼のお面を買って帰る。私と同じく、鬼役になる保護者も多くいるだろう。もしよければ、家の中で北東はどこかを探してみてほしい。そして、北東の部屋から鬼として登場してみてほしい。「なんでお父さん、お母さんはあの部屋から鬼のお面をかぶって登場するのだろう」と我が子が興味をもって聞いてきたら、そこから少し会話が広がるはずだ。

【いずれも適性検査のために作成した文章】

【図】

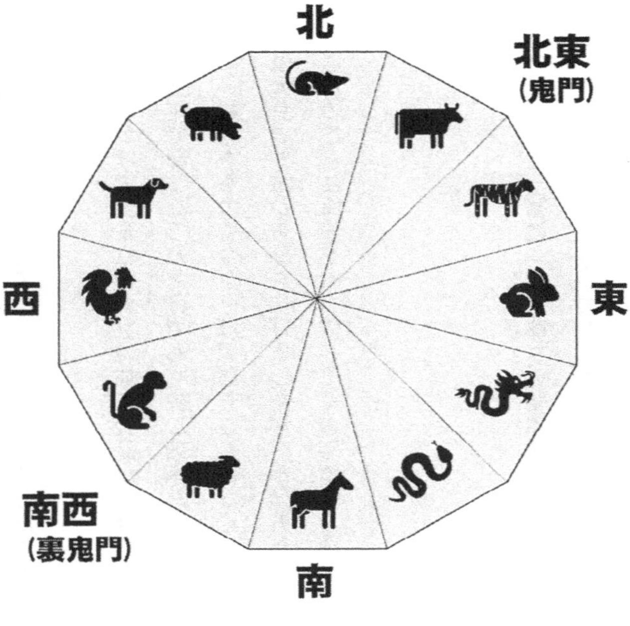

(1) 文章あ、い、うは、それぞれだれに向けて書いた文章ですか。本文からそれぞれ五字以上十字以内でぬき出して書きましょう。

(2) 文章あ、い、うは、すべて節分をきっかけにして話題を広げていますが、文章の話題はすべて異なります。それぞれどのような話題を中心に書かれた文章ですか。次の1から8の中から正しいものを一つ選び、番号で答えましょう。

1. あ語呂合わせの面白さ　い大豆と節分　う桃太郎の絵本
2. あ語呂合わせの面白さ　い大豆と節分　う鬼の正体
3. あ語呂合わせの面白さ　い大豆の消費　う桃太郎の絵本
4. あ語呂合わせの面白さ　い大豆の消費　う鬼の正体
5. あ豆まきの意味　い大豆の消費　う桃太郎の絵本
6. あ豆まきの意味　い大豆の消費　う鬼の正体
7. あ豆まきの意味　い大豆と節分　う桃太郎の絵本
8. あ豆まきの意味　い大豆と節分　う鬼の正体

(3) 文章あ――線①について、同じく語呂合わせの例としてふさわしいものを次の1から4の中からすべて選び、番号で答えましょう。

1. 「だるまさんがころんだ」でよく知られるだるまは、何度転んでも起き上がる、福を呼ぶ存在である。
2. お祝い事の時に魚のタイを食べることが多いのは、「めでたい」の「たい」とかけているからである。
3. 大切な試合の前に「トンカツ」を食べるのは、「試合に勝つ」という意味をもっているためである。
4. 魚の「ブリ」は、成長にともなって名前が変わることから「出世魚」と呼ばれ、出世を願って食べられることもある。

(4) 文章[い]に合う内容として正しいものを次の1から4の中から一つ選び、番号で答えましょう。

1. 日本で食品用として扱われている大豆のほとんどは、日本で作られ、日本で消費されている。
2. 世界と比べてみると、大豆の消費量は日本が最も多く、これが大豆の加工食品が多い理由である。
3. 日本の一人一日あたりの大豆消費カロリーは平均九十六キロカロリーで、これは大豆消費量一位の国より多い。
4. 日本が大豆を食品用として利用するのは、日本の大豆生産量全体の八割である。

(5) 文章[う]——線②「人間が作りだした想像上のもの」について、人間はどのようなことを鬼という形にしたのですか。[あ]、[う]それぞれの文章から十九字で探し、最初の五字をぬき出して書きましょう。

---

(6) たろうさんは、節分について文章[あ]、[い]、[う]の内容とは異なる話題で次の作文を書きました。この作文に関しての問いに答えましょう。

今日、私の家では豆まきが行われます。幼い弟や妹もとても楽しみにしています。そして、私にはもう一つ楽しみなことがあります。それは、川崎大師の豆まきに参加することです。

みなさんの家では、豆をまくときに何と言いますか。「鬼は外、福は内」ではないでしょうか。私の家でもそうです。しかし、川崎大師の豆まきでは、「川崎大師の中には、鬼はいない」という考え方から、「[A]」としか言わないそうです。

豆まきのかけ声についてもう少し調べてみると、奈良県吉《よし》野《の》町《ちょう》の、あるお寺では、全国から追い払われた鬼をむかえ入れて、その行いを改めさせるために「鬼も[B]」と言うそうです。

当たり前のように使っていたかけ声が、当たり前でないことを知り、異なるからこそのよさもわかりました。今晩、どんな気持ちを込めて何と言いながら豆をまこうか、考えてみてはいかがでしょうか。

(6)-1 作文の空らん[A]、[B]に当てはまる言葉を、[A]は三字で、[B]は一字で、たろうさんの作文の中からぬき出して書きましょう。

(6)-2 たろうさんがこの作文で最も伝えたいことは何ですか。「当たり前」と「よさ」という言葉を使い、解答用紙の言葉に合うように、二十字以上三十字以内で書きましょう。

(7) あなたは、文章[あ]、[い]、[う]のどの文章に興味をもちましたか。どれか一つを選び、初めて知ったことや特に強く興味をもったこと、そして、なぜそのことに興味をもったかについて書きましょう。また、その文章を読んでさらに知りたくなったことを書きましょう。
作文を書く時は、後ろの［注意事項《じこう》］に合うように考えや意見を書いてください。

［注意事項］
○ **解答用紙2**に三百字以上四百字以内で書きましょう。
○ 原稿《げんこう》用紙の正しい用法で書きましょう。また漢字を適切に使いましょう。
○ はじめに題名などは書かず、一行目、一マス下げたところから書きましょう。自分の名前は、氏名らんに書きましょう。
○ 三段落以上の構成で書きましょう。
○ 句読点［。、］やかっこなども一字に数え、一マスに一字ずつ書きましょう。また、段落を変えたときの残りのマス目も字数として数えます。

問題2は反対側から始まります。

たろうさん：一つのアイデアですね。ただ、３、４年生ならできますが、４、５年生に送る場合を考えると、この方法だとできない計算が出てきますね。

はなこさん：そうですね。その計算は中学で勉強するとできるようになるそうです。そうなる状況《じょうきょう》というのは、つまり、チラシを人数よりも多く送って余らせてしまう状況であることだけはいえますね。差がゼロより小さくなる場合についての学習が必要です。

たろうさん：なるほど。

（３）（う）にあてはまる説明を次のア～エの中から１つ選び、記号で答えましょう。

ア　１年生に送る場合、35 人より多いクラスがないし 35×３（枚）配ると余ってしまいます。

イ　２年生に送る場合、35×３＋（２＋２＋２）＝ 35×３+６（枚）配ると６枚余ってしまいます。

ウ　５年生に送る場合、35 枚３束の他に２枚を付け加えて配ると２枚余ってしまいます。

エ　６年生に送る場合、35 人より多いクラスしかなく 35×３（枚）配ると余ってしまいます。

はなこさん：35 枚を基準にした場合に困っているのですね。では、このような考えはどうですか。（え）を見つけてその枚数を基準にして、その束をクラスの数だけ作り、それより増やしたい枚数を計算してその必要な枚数の束も一緒に送ればよいと考えてみてはどうですか。

たろうさん：そうなると、例えばたま小の２、３年生に送る場合であれば、

（え）は、33 人で、２、３年生は全部で８クラスあるので33 枚の束を８束作る必要がありますね。

その枚数よりさらにあと何枚増やさなくてはいけないかというと、

（35－33）＋（35－33）＋（34－33）＋（35－33）

＋（33－33）＋（34－33）＋（33－33）＋（33－33）

＝ ２＋２＋１＋２＋０＋１＋０＋０ ＝ ８

と計算することで、８枚増やす必要があることが分かりますね。

はなこさん：はい。33 枚の束を８束と、あと８枚を送ればよいということになります。

たろうさん：この方法と、先週送ったときの考え方を比べてみます。先週の考え方を式で表すと

たま小は　30×23 ＋ 120（枚）

今、はなこさんが考えた方法で、必要な枚数を式で表すと、

たま小は　33×23 ＋ 51（枚）　です。

はなこさん：最後の「たす」のあとが「 51 」だと、よくそんなにすぐに分かりましたね。

３＋３＋２＋ ･･･　と計算するのを、この短時間でできるのはすごいです。

たろうさん：いや、実は、その計算はしないで、このように考えました。

33×23＝（お）＝ 30×23 ＋ ３×23 ＝ 30×23 ＋ 69

ですから、120－69 を計算して 51 だとすぐに分かりました。

はなこさん：そうですね。分配のきまりは便利です。

たろうさん：さいわい小についても、先週送った枚数を、今はなこさんが考えた方法で表すと
（か） ＋ 67 （枚） と表すことができます。
はなこさん：「 67 」は、 103 － （き） × （く） を計算して求められます。

（４） （え） にあてはまる文章を書きましょう。

（５） （お） にあてはまる式を書きましょう。

（６） （か） にあてはまる式、（き） と （く） にあてはまる数を書きましょう。

―――さらに翌日、たろうさんとはなこさんは、チラシの紙の大きさについて話をしています。―――

たろうさん：きのうの帰り道に、夏祭りのチラシでもっと大きいものを地域の掲示板《けいじばん》で見ました。
はなこさん：そういえば、２種類のサイズがあると聞きました。
たろうさん：そこで、先週送ったチラシと大きさを比べてみたら、２枚分の大きさでした。
はなこさん：私たちが持っているチラシのサイズはノートを閉じたときと同じＢ５のサイズだったから、たろうさんが見つけた大きいチラシはノートを開いたＢ４サイズですね。
たろうさん：Ｂ５サイズとＢ４サイズでは、面積が２倍なだけではなくて、それぞれの紙は、縦の長さと横の長さの比がどちらも等しいと聞いたことがあります。すごいですね。
はなこさん：そうでしょうか。面積が２倍だったらだいたいそうなるのではないかと思います。
たろうさん：そんなことはないです。縦が３cm、横が５cmの長方形を考えてみましょう。【図１】のように２枚並べると、縦は６cm、横は５cmになります。このとき、それぞれの長方形の長い方の辺と短い方の辺の比である （け） は等しくないですね。

【図１】

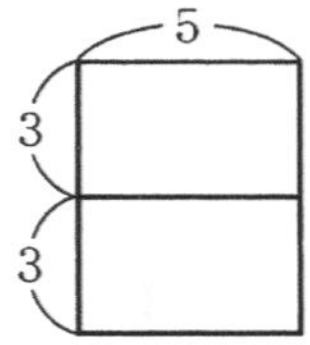

はなこさん：そうですね。
たろうさん：面積が２倍になるからといって、いつでも縦の長さと横の長さの比が等しくなるとは限らないですよ。
はなこさん：こうなると縦と横の比がどうなっていればよいのか、知りたくなります。
たろうさん：以前先生に聞いたら、中学生にならないと習わない新しい値を使わないと表すことができないそうです。でも、【図２】のように長い辺の長さがａcm、短い辺の長さが５cmの紙で縦と横の長さの比が等しい場合、

ａ ： ５ ＝ 10 ： ａ

という比の式で表すことはできます。

【図２】

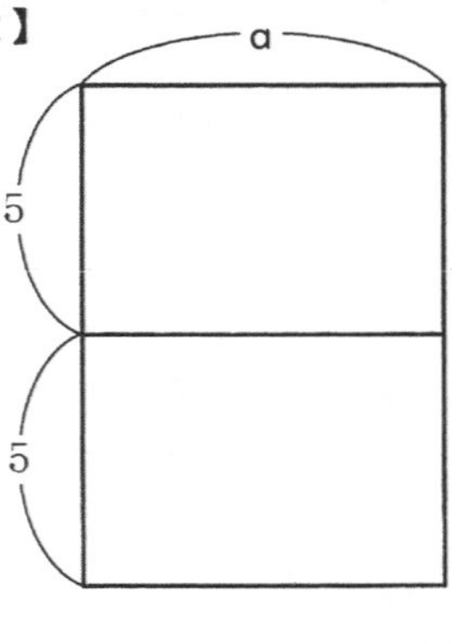

はなこさん：この式を変形したら、私たちでも何か分かってくるかもしれませんね。こういうのはどうでしょうか。まず、「 a ： 5 ＝ 10 ： a 」という式は、それぞれを同じ値でわって

$$\frac{a}{5}:1=\boxed{\text{（こ）}}:\frac{a}{\boxed{\text{（さ）}}}$$

と変形することができます。この式において、

1は $\frac{a}{\boxed{\text{（さ）}}}$ 倍すれば $\frac{a}{\boxed{\text{（さ）}}}$ になることが分かるので、

$\frac{a}{5}$ も $\frac{a}{\boxed{\text{（さ）}}}$ 倍すれば $\boxed{\text{（こ）}}$ になることが分かります。したがって、

$$\frac{a}{5}\times\frac{a}{\boxed{\text{（さ）}}}=\boxed{\text{（こ）}}\qquad \text{つまり、}\qquad \frac{a\times a}{5\times\boxed{\text{（さ）}}}=\boxed{\text{（こ）}}$$

となって、$a\times a=50$ になります。ここまでは分かるのですが、このようになる a の値を私たちは知らないですね。

たろうさん：でも、そこまで分かれば、７×７=49 なので、a はおよそ７cmだと分かります。a ：５の a を７とすると７：５になるので、７：５の比の値を小数で表すと $\boxed{\text{（し）}}$ ですから、長い辺が短い辺の $\boxed{\text{（し）}}$ 倍になっていればよいのですね。

はなこさん：実際にＢ５の紙の縦と横の長さの比を実際に測って確かめてみましょう。

たろうさん：縦は 18.2cm、横は 25.7cm ぐらいです。

はなこさん：計算してみますね。小数がずっと続いてしまいますが、四捨五入して上から４けたのがい数で表してみると、$\boxed{\text{（す）}}$ になります。

たろうさん：この値を中学生になるとどのように表すのか楽しみですね。

（7） $\boxed{\text{（け）}}$ には、２つの比が入ります。あてはまるものを次のア～エの中から１つ選び、記号で答えましょう。

ア　５：３　と　10：３
イ　５：３　と　５：６
ウ　５：３　と　６：５
エ　５：３　と　６：10

（8） $\boxed{\text{（こ）}}$、$\boxed{\text{（さ）}}$、$\boxed{\text{（し）}}$ にあてはまる数を書きましょう。

（9） $\boxed{\text{（す）}}$ にあてはまる数を書きましょう。

問題３　SDGs(エスディージーズ)と環境問題について、たろうさんとはなこさんとひろし先生が教室で話をしています。次の会話文を読んで、あとの（１）～（７）の各問いに答えましょう。

たろうさん：この前、総合的な学習の時間で学んだSDGsには、2030年までに達成すべき17の目標がありました。この中でどの目標に注目しましたか。

はなこさん：私は**〔資料１〕**にある「11住み続けられるまちづくりを」ですね。多摩川が流れる自然豊かな、この川崎の地を守っていきたいですね。また私は、生物が好きなので、生物もすみ続けられるまちづくりが理想だと思います。

たろうさん：私もそんな川崎が好きです。しかし近年、川崎は駅や都市の開発が進み、緑が少なくなっているようにも感じます。私は「15陸の豊かさも守ろう」に注目しました。

〔資料１〕

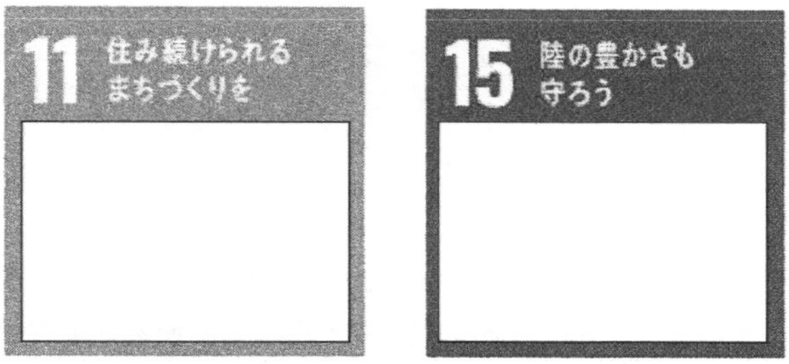

(外務省ウェブサイトより引用)

はなこさん：注目した２つの目標の実現を目指して、何か私たちにできることはないでしょうか。

たろうさん：それでは、一緒《いっしょ》に『陸の豊かさを守り、人も生物もすみ続けられるまちづくりをするにはどうしたらよいか』という課題について探究していきましょう。

はなこさん：いいですね。わくわくします。しかし私は、都市開発を進めて、より快適な暮らしを目指しながら、陸の豊かさも守るための良いアイディアが浮かびません。

たろうさん：これはどうでしょうか。陸の豊かさを守るという意味の中には、都市開発によって自然や緑を減らしてしまった分をビルの屋上でもいいですし、どこか違《ちが》う場所に増やせば守ることになると思います。

はなこさん：では、もし8000㎡の土地に対して面積の40％の建物と60％の自然や緑があったとします。その土地を再開発して、もとの土地に対して80％の面積にビルが建ったとき、どうすれば最初と同じ面積の自然や緑を維持《いじ》することができたといえますか。

たろうさん：屋上に3500㎡と地上に［　(あ)　］㎡の自然や緑を再整備すれば良いと考えます。

はなこさん：なるほど。たろうさんの考えであれば、できるかもしれません。しかし、それは可能なのでしょうか。先生に聞いてみましょう。

（１）［　(あ)　］にあてはまる数を書きましょう。

――――　たろうさんとはなこさんはひろし先生にたずねる。　――――

ひろし先生：なるほど。その探究的な取り組みは素晴《すば》らしいですね。実際に２人で検証してみてはどうですか。実はこの前、学校の屋上にビオトープが設置されましたよ。検証に使えるかもしれません。

たろうさん：ビオトープとはどういうものですか。

ひろし先生：ビオトープとは、〔資料２〕のように、自然や生物たちが関わり合いながら生活している環境を身近に感じられる空間のことをいいます。屋上に行ってみましょう。

〔資料２〕

(水研クリエイト株式会社ウェブサイトより引用)

はなこさん：すごいですね。自然の中にいるみたいです。陸の豊かさも守りながら、人も生物もすみ続けられるまちづくりのヒントがありそうです。

たろうさん：ビオトープを観察し、調査することで、課題を解決していきましょう。

ひろし先生：屋上は普段《ふだん》から開放しています。ぜひ調査に使用してみてください。

――――　たろうさんとはなこさんはビオトープを観察する。　――――

たろうさん：まず何から調査していきましょうか。チョウとトンボが飛んでいますね。トンボは、池にたまごを産みつけています。池をのぞくと、メダカやヤゴもいました。生き物たちが暮らす様子が見えますね。

はなこさん：ヤゴはトンボの幼虫でしたよね。さなぎのときの名前は何でしたか。

たろうさん：①<u>トンボは、さなぎになる時期はありませんよ</u>。

はなこさん：そうでしたか、さなぎの時期があるのは、チョウでした。しかし、トンボもチョウもこん虫ですよね。同じこん虫でも、育ち方が違うのですね。あ、クモがいました。たくさんこん虫がいますね。

たろうさん：こん虫のからだは［　(い)　］からできていて［　(う)　］にあしが［　(え)　］本あります。はなこさん、クモをよく観察してください。

はなこさん：クモは、あしが８本ありますね。クモはこん虫のなかまではないということですね。生物の種類やからだの特徴《とくちょう》って面白《おもしろ》いですね。ビオトープには、たくさんの植物もありますね。植物も観察してみましょう。

たろうさん：屋上の入り口付近に、ヒマワリがあったような気がします。観察してみましょう。

（2）下線部①で、トンボのなかまとして、もっともあてはまるものを次のア～オの中から１つ選び、記号で答えましょう。

ア　カブトムシ　アリ　セミ　ハチ　バッタ
イ　アリ　セミ　ハチ　バッタ
ウ　アリ　ハチ　バッタ
エ　ハチ　バッタ
オ　セミ　バッタ

（3）［　(い)　］、［　(う)　］、［　(え)　］にあてはまる言葉や数を書きましょう。

たろうさんとはなこさんはヒマワリを観察する。

はなこさん：あれ。残念です。ヒマワリは枯《か》れてしまっていますね。
たろうさん：枯れてしまいましたが、花に種ができていますよ。
はなこさん：本当ですね。１つの花にこんなに種があることを知りませんでした。
たろうさん：この種を植えれば、またヒマワリが育ちますよ。
この種類のヒマワリは、１カ所に２～３粒《つぶ》程度植えるのが基本です。
はなこさん：例えば、ヒマワリの種を１カ所に２粒ずつ 200 粒植えるとしたら、どれくらいの面積が必要ですか。
たろうさん：種を植えるときに 20 cmの間隔《かんかく》を開けて植えなければなりません。大きくなったときに、となり同士の葉が重なって育ちが良くならない可能性があるからです。もちろん、花だんの端からも 20 cm離す必要があります。
はなこさん：正方形の花だんに、**〔資料３〕**のように規則正しく植える場合、最低でも［　(お)　］m^2必要ですね。

〔資料３〕

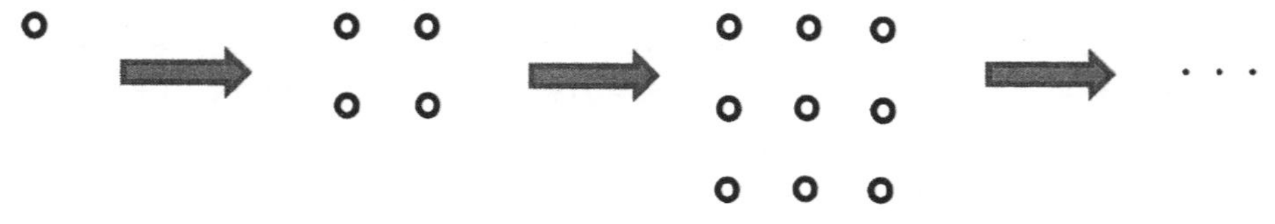

たろうさん：その通りです。植え方や植える場所の広さを考えることが大切です。
はなこさん：なるほど。しかし、どうやってヒマワリを発芽させればよいですか。
たろうさん：種を土に植えれば自然と発芽すると思いますが、自信はないです。ひろし先生に聞いてみましょう。

（4）［　(お)　］にあてはまる数を、四捨五入して上から２けたのがい数で書きましょう。

たろうさんとはなこさんはひろし先生に再度たずねる。

ひろし先生：ヒマワリの種を発芽させたいのですね。発芽させるには条件が必要ですよ。どんな条件が必要だと思いますか。

たろうさん：植物には水を与《あた》えないといけないので水分が必要だと思います。あと、暖かい季節に植物が増えるので、適当な温度になるための熱が必要ではないでしょうか。

はなこさん：また、植物も生きていると考えれば、空気も必要だと考えます。あとは、植物は明るいところで育つものが多いので、光も必要だと考えます。

ひろし先生：良い予想ですね。では、どうやって確かめることができますか。

はなこさん：条件をしぼって考える必要がありそうですね。変える条件と変えない条件をそれぞれ決めて実験していくことで確かめられると思います。

たろうさん：例えば、水分が発芽させるのに必要な条件だと確かめるためには、変える条件を水として、それ以外を変えない条件として実験すれば、水分が必要かどうか分かりますよね。仮に水をあたえていない方が発芽しなければ、水分が必要だといえます。

はなこさん：なるほど。では、光が発芽させるのに必要な条件だと確かめるためには、変える条件を　(か)　として、それ以外を変えない条件とすれば、光が必要かどうか分かりますね。ビオトープで実験できそうです。

たろうさん：はなこさんのその条件だと同時に光と　(き)　の２つの条件を変えることになりどちらの条件が関係しているかが分からなくなってしまいます。それに屋外ですと、湿度《しつど》なども変化するので条件の変化があります。

はなこさん：確かにそうですね。では、違う方法を考えましょう。

(5)　(か)　と　(き)　にあてはまる言葉を書きましょう。

たろうさんとはなこさんは発芽させる条件を見出すための方法を探り、実験の準備をする。

たろうさん：では、この方法で確かめましょう。あとは発芽するまでに時間がかかります。

はなこさん：種を発芽させる方法が分かれば、ヒマワリだけでなく、色々な植物を増やしてくことができます。陸の豊かさを保つことにつながりますね。

たろうさん：はなこさん、見てください。この花もビオトープに咲いていたので、もってきました。何の花か分かりますか〔**資料４**〕。

〔資料４〕

(熊本大学薬学部ウェブサイトより引用)

はなこさん：それは、ヘチマの花です。ヘチマは２種類の花があった気がします。

ひろし先生：その通りです。ヘチマの花には、めばなとおばながあります。おばなのおしべの先に花粉がありますので、けんび鏡で観察してみましょう。おしべの花粉をセロハンテープでとり、スライドガラスに軽くはります。けんび鏡**〔資料５〕**のステージにのせて、接眼レンズからのぞいて観察してみてください。

〔資料５〕

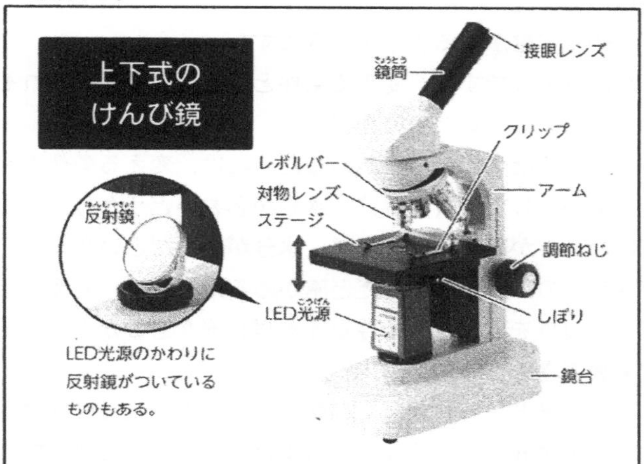

(未来へひろがるサイエンス１資料より作成)

〔資料６〕

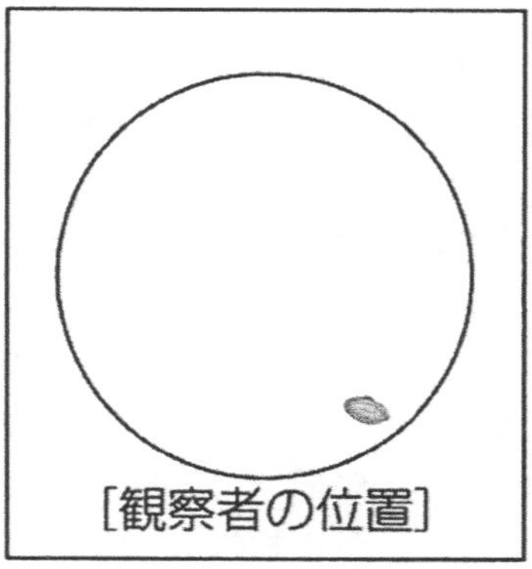

たろうさん：あれ、あまりよく見えませんね**〔資料６〕**。②<u>もう少し中央に、そして拡大しましょう</u>。よく見えます。

はなこさん：わたしにも見せてください。すごいですね。これがヘチマの花粉なのですね。

ひろし先生：屋上にあるアサガオなども同様に花粉を見ることができます。この小さな花粉がめしべの先につくことを受粉といいます。

（６）下線部②で、プレパラートをどの方向に動かし、けんび鏡をどのように操作したらよいでしょうか。プレパラートをどの方向に動かすかを、次の図のア～クの中から１つ、けんび鏡の操作を、次の表のケ～シの中から１つそれぞれ選び、記号で答えましょう。

図

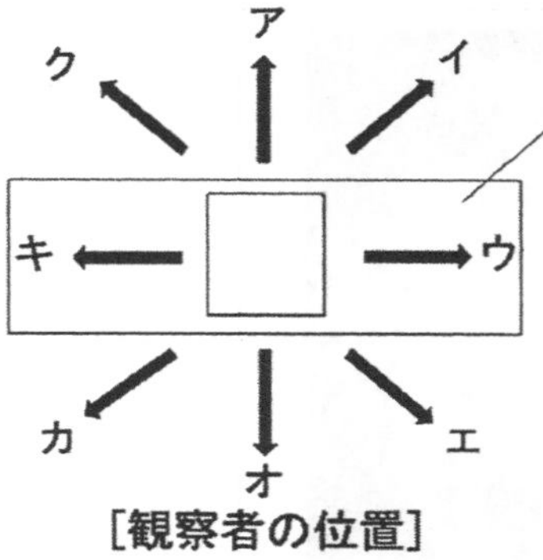

表

ケ	明るい場所に移動する
コ	レボルバーを回す
サ	反射鏡の角度を調節する
シ	調節ねじを回す

――――　たろうさんとはなこさんはひろし先生に再度たずねる。　――――

たろうさん：しかし、おばなからどうやってめばなまで花粉を届けるのでしょうか。

ひろし先生：ヘチマの場合、人工的に受粉させる方法もありますが、ほとんどがこん虫の力を借りています。例えばハチがおばなのミツを集めにきたときに、花粉がハチのからだにつきます。そのハチがめばなを訪《おとず》れ、花粉のついたからだがめしべの先につくことで受粉します。

たろうさん：なるほど。ビオトープの生物たちは、互いに関わり合って生活しているのですね。人も生物も住み続けられるまちづくりのヒントが見つかった気がします。単に、自然や緑を再整備すればよいということではないかもしれません。生物どうしの関わりに目を向けてもう一度ビオトープを調査しましょう。

――――　たろうさんとはなこさんはビオトープに戻る。　――――

はなこさん：あれは、何の鳥ですか**〔資料８〕**。

〔資料８〕

(日本野鳥の会ウェブサイトより引用)

たろうさん：あれは、カワセミですね。普段は川や池に生息して水辺で魚を狩《か》りしていて写真家にも人気の野鳥です。

はなこさん：ビオトープの魚たちを狙《ねら》っているのですか。大丈夫でしょうか。

たろうさん：もしかしたら食べられてしまうかもしれませんが、しかたないことです。カワセミが魚を食べることに限らず、生物どうしは、［　（く）　］からです。

はなこさん：なるほど。残念な気持ちもありますが、自然とはそういうものなのですね。ビオトープは、私たちが考える自然や緑の豊かさも守りながら、人も生物もすみ続けられるまちづくりをするための大切な空間なのかもしれません。

たろうさん：私たちの最初の考えや予想は、間違っていたわけではないと思います。しかし、調査を進めることで、新しい発見がありました。

はなこさん：そうですね。これからもこのビオトープを見守り続けていきましょう。

（7）［　（く）　］にあてはまる言葉を書きましょう。

適性検査Ⅰ　解答用紙1

受検番号	
氏　名	

※200点満点

問題1

(1)
あ
い
う

(2)

(3)

(4)

(1)5点×3
(2)6点
(3)6点
(4)6点
(5)6点×2
(6)1．5点×2
　2．10点
(7)75点

(5)
あ
う

(6)-1
A
B

(6)-2
「鬼は外」「福は内」というかけ声が
ということ。

(7)の解答は解答用紙2に書きましょう。

下のらんには記入しない

(6)-2	(6)-1 B	(6)-1 A	(5)う	(5)あ	(4)	(3)	(2)	(1)う	(1)い	(1)あ	合　計

【解答

適性検査Ⅱ　解答用紙１

問題１

(1)15点
(2)６点
(3)６点
(4)６点
(5)６点
(6)６点
(7)15点

下のらんには
記入しない

（１）
→　→　→　→

（２）

（３）

（４）

（５）

（６）

（７）

う									

え									

受検番号	氏　　名

合　計

（１）

（２）

（３）

（４）

（５）

（６）

（７）

適性検査Ⅱ　解答用紙３

問題３

(1)５点
(2)５点
(3)10点
(4)15点
(5)15点
(6)５点
(7)10点

（１）

(あ)

（２）

①

（３）

(い)	(う)	(え)

（４）

(お)

（５）

(か)	(き)

（６）

②	

（７）

(く)

受検番号	氏　　名

下のらんには記入しない

（１）

（２）

（３）

（４）

（５）

（６）

（７）

合　計

適性検査Ⅱ　解答用紙２

問題２

⑴４点
⑵７点
⑶６点
⑷４点
⑸８点
⑹（か）８点
　（き）（く）８点
⑺６点
⑻（こ）（さ）８点
　（し）８点
⑼８点

（１）

（２）

（３）

（４）

（５）

（６）

（か）	（き）	（く）

（７）

（８）

（こ）	（さ）	（し）

（９）

受検番号	氏名

下のらんには
記入しない

（１）

（２）

（３）	（４）

（５）

（６）		（７）
（か）	（き）（く）	

（８）	
（こ）（さ）	（し）

（９）

合計

※200点満点

適性検査Ⅰ　解答用紙３

問題２

(1)８点
(2)12点
(3)８点
(4)８点
(5)８点
(6)８点
(7)８点

（１）

（２）

（３）

（４）

（円）

（５）

（６）

（７）

受検番号	氏　　名

下のらんには記入しない

（１）

（２）

（３）

（４）

（５）

（６）

（７）

合　計

性検査Ⅰ　解答用紙2

題1

(7)

受検番号	
氏　名	

20　100　200　300　360　400

下のらんには記入しない

2023(R5) 市立川崎高附属中

K 教英出版

問題１ たろうさんとはなこさんがけいこ先生と教室で話をしています。次の会話文を読んで、あとの（１）～（７）の各問いに答えましょう。

たろうさん：昨日テレビで日本の高齢化《こうれいか》社会について特集をやっていました。

はなこさん：高齢化社会ってよく耳にしますが、高齢者とは何歳《さい》以上の方《かた》を指すのですか。

けいこ先生：現在は 65 歳以上の方を高齢者と呼んでいますよ。ちょうど川崎市の将来の人口について興味深いグラフ〔**資料１**〕を見つけたので、一緒に見てみましょう。

たろうさん：この前の授業では日本の総人口の推移《すいい》を学習したばかりだったので、てっきり川崎市も国と同じ年から人口が減っているものと思っていました。

はなこさん：そうですね。しかし、川崎市も人口が一番多くなる日が近づいていますね。そこから徐々《じょじょ》に減っていく予想がされていますよ。

けいこ先生：二人ともとてもよい所に目をつけましたね。前回の授業で学習したことを踏《ふ》まえて、このグラフを分析《ぶんせき》していますね。それでは、グラフを詳《くわ》しく見てください。

たろうさん：2050 年には 65 歳以上の高齢者人口は約 47.5 万人となって、総人口の約 30％になるという予想になっています。

はなこさん：これからは高齢者の方《かた》が住み慣れた地域で安心して暮らせるような取り組みをしていくことも必要なのですね。

〔資料１〕川崎市の将来推計《すいけい》人口

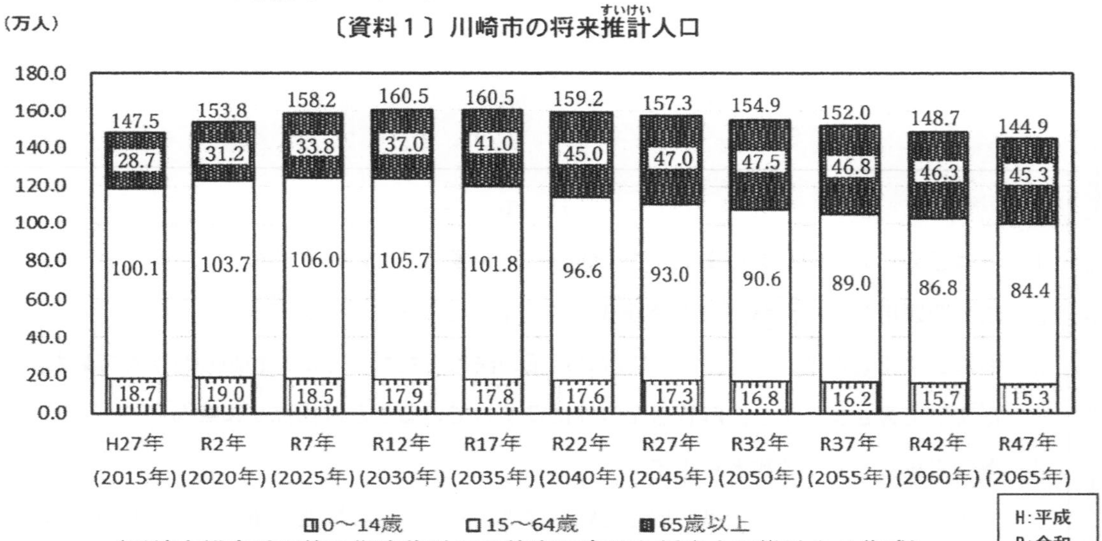

（川崎市総合計画第３期実施計画の策定に向けた将来人口推計より作成）

※各世代の人口は四捨五入しているため合計が合わない場合があります。

（１）〔**資料１**〕について平成 27 年（2015 年）から令和 32 年（2050 年）までの推計《すいけい》人口の変化として正しい順番になるように次のア～オの記号を並べかえて答えましょう。

ア　総人口が一番多くなる。

イ　15 歳から 64 歳までの人口が初めて 100 万人を下回る。

ウ　15 歳から 64 歳までの人口が初めて 60 パーセントを下回る。

エ　65 歳以上の割合が初めて 20 パーセントを上回る。

オ　０歳から 64 歳までの人口が一番多くなる。

たろうさん：高齢者の方が住みやすいまちとはどういうものか、考えるのは少し難しいです。

はなこさん：一緒《いっしょ》に自分の祖父母と住んでいたら色々と話を聞けるのですが、遠い所にいるのでなかなか話す機会《きかい》もないのです。

けいこ先生：川崎市には「いこいの家」が各区にあり、市内に住む 60 歳以上の方が無料で利用できる施設《しせつ》があります。中にはみなさんがよく利用するこども文化センターと同じ敷地内にある施設もあります。

はなこさん：そうなのですね。知りませんでした。

けいこ先生：下のグラフ〔**資料２**〕を見てください。これは川崎市が高齢者の方に行った調査の一部で、「事業やサービスについて知っていますか（利用していますか）」という質問に対する結果です。この結果では、多くの高齢者の方がいこいの家について「知っているまたは利用している（したことがある）」と答えていて、認知度《にんちど》は他のどの項目に比べても高いですね。

はなこさん：どのようなことを行っているのですか。

けいこ先生：各地区で様々な取組をしていますよ。例えば、マッサージ健康教室を開いたり、いこいの家まつりを開催《かいさい》したり、日本舞踊《ぶよう》など趣味《しゅみ》を活《い》かした発表会も行っているそうです。

たろうさん：このようなさまざまなイベントを高齢者の方に提供しているのですね。家族以外の人との交流もでき、新しいことにも挑戦《ちょうせん》できるのは素晴らしいことだと思います。このような場所は文字通り「いこい」の場所になっているようです。

けいこ先生：そうですね。もっと多くの方に知ってもらい、実際に利用する人が多くなれば人の輪が広がり、高齢者の方にとって住みやすい町になるのではないかと思います。実際に利用している人は〔**資料２**〕を見ると少ないように思います。

はなこさん：どうしたら利用者が増えるのでしょうか。たろうさんはどう思いますか。

たろうさん：私は高齢者の方だけでなく、すべての人がこのいこいの家を利用できるようにしたらいいと思います。そうすれば、［　　（あ）　　］。

〔資料２〕川崎市の事業やサービスについての認知度および利用度

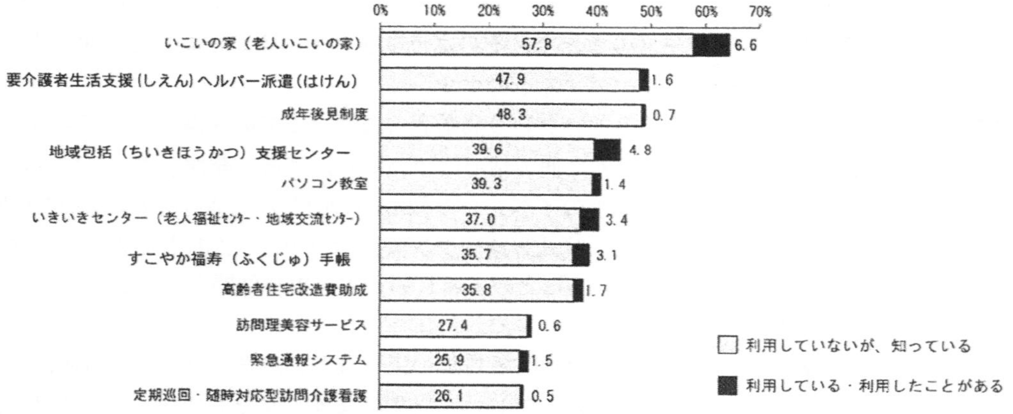

（令和元年度川崎市高齢者実態調査第２章一般高齢者より作成）

（2）いこいの家について３人の会話の内容と〔**資料２**〕にあっているものを次のア～エの中から**すべて**選び、記号で答えましょう。

ア　地区によってはいこいの家とこども文化センターが同じ敷地内にある。

イ　いこいの家を利用している高齢者の割合は５割を超えている。

ウ　川崎市内に住む高齢者の方はいこいの家のイベントに参加し、交流をすることができる。

エ　いこいの家を利用する高齢者の方は使用料を支払う必要がある。

（3）たろうさんの意見をもとに考えて、［　（あ）　］に入るものとして**あてはまらないもの**を次のア～エの中から１つ選び、記号で答えましょう。

ア　家族みんなで活動に参加でき、人の輪がもっと広がっていくと思います。

イ　子どもたちが自分の祖父母にいこいの家について紹介できると思います。

ウ　いこいの家で、高齢者の方のみが日本舞踊を楽しむことができると思います。

エ　様々な世代の人と交流でき、お互いに相手のことを知ることができると思います。

けいこ先生：川崎市が高齢者の方に行っているアンケートではこのようなものもあります。この表〔**資料３**〕を見てください。これは「日常生活上どのような情報がほしいですか」というアンケート結果です。

はなこさん：表を見てみると多くの高齢者の方は「健康づくりの情報」に興味関心があるようです。そして、２番目には「趣味・サークルの情報」がきています。

けいこ先生：そうですね。健康や趣味などの情報を発信してほしいと思っている高齢者の方が多くいますね。年代別にも詳《くわ》しいデータがでています。

たろうさん：細かく見てみるとそれぞれの年代で求めている情報は異なっているのですね。65歳から69歳までの方の結果では「ボランティアなどの活動情報」の割合が高いのが特徴的《とくちょうてき》です。

けいこ先生：たろうさん、よく気がつきましたね。仕事を退職され、少し時間にも余裕が生まれ、これから社会貢献《こうけん》をしていこうと思う方にとって欲しい情報なのかもしれません。川崎市では高齢者の方にもボランティア活動に参加してほしいと考え、「川崎プロボノ部」を募集しています。この部は地域団体の困っていることをチームで解決するボランティアグループのことで、そのボランティアの人がこれまで仕事で培《つちか》った経験や技術を活かすことのできるものです。

はなこさん：ボランティアをしてみたいという高齢者の方にとって興味深いものですね。

けいこ先生：ボランティアの活動以外に他の情報についても川崎市は発信しています。高齢者の方を対象にした健康と福祉のイベントの「ねんりんピック」が2022年は神奈川県で開催《かいさい》されました。川崎では、軟式《なんしき》野球やダンススポーツなどが行われたそうです。

たろうさん：このイベントは高齢者の方にとって新しいスポーツや仲間との出会いになるのではないかと思います。

はなこさん：高齢者の方向けの情報を発信する雑誌のようなものがあれば、欲しい情報を手に入れることができ、生活に活かしていけると思います。私たちで作ってみませんか。

たろうさん：そうですね。ぜひ考えてみましょう。

―― たろうさんとはなこさんは、①ある年代の高齢者の方のことを考えながら雑誌作りの相談をしています。 ――

たろうさん：〔資料３〕の項目にある「ボランティアなどの活動情報」として「川崎プロボノ部」の記事を入れたいです。

はなこさん：「スポーツ、レクリエーションの情報」として「ねんりんピックかながわ」の記事も入れましょう。

たろうさん：やはり、「健康作りの情報」として「健康アドバイス」を入れたいです。

はなこさん：「学校、町内会などの身近な地域の取組の情報」として、「近くの中学校の行事」も知らせたいです。

たろうさん：では、②この４つの記事について、〔資料３〕を見ながらこの年代が知りたい情報の順番に並べてみましょう。

―― たろうさんとはなこさんは、完成した雑誌をけいこ先生に見せています。 ――

けいこ先生：素敵な雑誌ができましたね。ところで、〔資料３〕を見て、他に気づいたことはありましたか。

はなこさん：私はあまり割合が変化していない項目を見つけました。それは［　（い）　］です。65 歳から 89 歳までの年代を見てみて 1.2％しか差がありません。

けいこ先生：はなこさんの気づきも素晴らしいですね。
ひとくちに高齢者の方と言っても年代別に見ると違いがあり、傾向《けいこう》が異なっているのが分かりますね。これから高齢者ということを考える時にはどの年代なのか、明確にしていく必要があるかもしれません。

〔資料３〕日常生活上で知りたい情報についてのアンケート結果

単位：％

項目		回答者数（人）	健康づくりの情報	趣味・サークルの情報	教養講座など自己啓発の情報	スポーツ、レクリエーションの情報	仲間づくりの情報	地域活動している人の情報	ボランティアなどの活動情報	学校、町内会など身近な地域の取組の情報	就業、起業の情報	その他	特にほしい情報はない
全体		15,903	31.8	27.1	18.7	16.5	9.7	7.7	7.6	5.9	4.9	1.6	33.5
性別	男性	7,536	29.6	26.5	17.9	18.3	9.7	8.5	7.2	6.4	6.6	1.6	36.1
	女性	8,367	33.7	27.6	19.3	14.9	9.7	7.0	7.9	5.5	3.3	1.7	31.1
年齢	65～69歳	4,374	33.0	32.7	23.5	22.1	9.6	9.0	10.9	5.9	9.2	1.3	29.8
	70～74歳	4,422	30.1	28.4	20.6	18.2	9.3	8.0	8.1	6.0	5.3	2.0	33.1
	75～79歳	3,774	31.7	25.3	16.0	14.3	10.7	7.3	6.3	5.4	2.6	1.7	34.6
	80～84歳	2,226	35.2	21.5	13.5	10.3	10.1	6.2	4.2	6.6	1.3	1.6	34.6
	85～89歳	900	28.0	17.4	11.9	7.5	8.0	6.8	4.1	5.5	1.0	1.8	42.2
	90歳以上	207	21.1	12.6	8.5	8.0	5.8	4.9	2.0	9.1	0.3	-	49.5

（令和元年度川崎市高齢者実態調査第２章一般高齢者より引用）

*啓発《けいはつ》・・新しい知識や気づきを与えて、人を教え導くこと

（4）下線部①と②について、たろうさんとはなこさんが考えていた年代としてあてはまるものを、次のア～エの中から１つ選び、記号で答えましょう。

【雑誌の記事の順番】

順番	記事
1	健康アドバイス
2	ねんりんピックかながわ
3	近くの中学校の行事
4	川崎プロボノ部

ア　65 歳～69 歳
イ　70 歳～74 歳
ウ　75 歳～79 歳
エ　80 歳～84 歳

（5）［（い）］にあてはまるものを次のア～エの中から１つ選び、記号で答えましょう。

ア　仲間づくりの情報
イ　学校、町内会など身近な地域の取組の情報
ウ　健康づくりの情報
エ　地域活動している人の情報

けいこ先生：二人は電車やバスなどの公共交通機関を利用しますよね。最寄り駅から目的の場所までは歩いてすぐの場合と、そうではない場合がありますよね。

たろうさん：僕の家は、一番近いバス停まで歩いて 10 分ですが、そこまでに坂を２つ越えます。僕は大丈夫ですが、僕の祖母は、バス停まで行くのが大変そうです。

はなこさん：私のところはバス停までは近いけれど、１時間に２本しかバスが来ないので、不便を感じていると私の祖父は言っていました。

けいこ先生：その悩みを解決するために市は電話予約や携帯《けいたい》電話のアプリケーションを用いて、乗りたい場所から降りたい場所を自由に選択するという新しいサービスを始める実証実験をしています。このポスター**〔資料４〕**を見てください。

たろうさん：とても興味深い実証実験です。この取組が実施されたら高齢者の方にとって外出する機会が増え、会話を楽しんだり、仲間とともに趣味に打ち込んだりする時間が増えると思います。

はなこさん：そうですね。どのように利用するのでしょう。

たろうさん：ポスターの中に③利用方法が書いてありますね。

〔資料4〕新しい“乗合い”実証実験ポスター

(川崎市ホームページより引用)

けいこ先生：この乗合いの実験の背景には２つの社会問題があるのです。１つは高齢者の方の移動手段の確保です。高齢者の方の中には車の免許を返納《へんのう》する人もいます。その中で買い物や病院受診など移動手段が必要になっているのです。もう１つは交通機関の取り巻く環境の変化です。１つ、資料を紹介します。この表**〔資料５〕**を見てください。

はなこさん：市内のタクシーの輸送人員と輸送収入の移り変わりがわかりますね。タクシー事業者のかかえている問題が見えてきます。

けいこ先生：この問題を解消するために今、乗合いの事業が注目されています。

たろうさん：新しい試みである乗合いの導入で地元の企業《きぎょう》（会社）が活性化すれば、高齢者の方にも地域企業にも④両方によい点があると思います。

〔資料５〕　川崎市内のタクシー事業者における輸送実績

	輸送人員（千人）	輸送収入（万円）
平成２８年度	１４３２２	１７６９９
平成２９年度	１４４１０	１７２６７
平成３０年度	１３６８１	１６６８９
令和元年度	１２７１９	１６１０４
令和２年度	８２６６	１１１０７

（川崎市統計書 タクシー運輸状況に基づき作成）

（６）下線部③について正しいものを次のア～エの中から１つ選び、記号で答えましょう。

ア　毎日、電話連絡で事前予約をすることができる。

イ　携帯電話を利用して予約することはできない。

ウ　行きと帰りの予約を同時にすることはできない。

エ　運行時間内であれば、利用の直前に予約できる。

（７）下線部④について内容に合うように次の［（う）］、［（え）］に入る言葉を、それぞれ10字以内で書きましょう。

新しい乗合いは高齢者の方にとって［　　（う）　　］というよい点があり、地域企業にとっても利用者が増えることで［　　（え）　　］というよい点があると思います。

問題２ たろうさんとはなこさんが、町内で行うイベントのチラシを各学校に送り配付してもらおうと思い、話をしています。次の会話文を読んで、あとの（１）～（９）の各問いに答えましょう。

たろうさん：町内で実施《じっし》予定の夏祭りのチラシが出来上がったようですよ。このチラシを、近くの２つの小学校に送って配ってもらうことになったから、送るのを手伝ってくれますか。
はなこさん：もちろんです。夏祭りは地域の人が仲良く協力できる交流の場になるし協力しますよ。
たろうさん：今、送るときに何枚の束を作って送るのがよいか考えています。
はなこさん：各小学校の人数を聞いて、その枚数だけ送ればよいのではないのですか。
たろうさん：それはそうなのですが。各小学校の先生は送られてきたチラシを各クラスに必要な分の枚数の束に分けて、それを各クラスに渡して配ってもらうわけです。
はなこさん：そうか、その先生たちの作業が少しでも少なくてすむようにするためには、何枚の束を作って送るのがよいかを考えたいのですね。
たろうさん：そういうことです。
はなこさん：それでは、各小学校に調査して、すべてのクラスの人数を確認してみましょうよ。
たろうさん：それだと調査するのに時間がかかってしまいますし、細かく枚数を数えてその枚数の束を二人で用意するのはミスが出やすいと思います。
はなこさん：数える私たちのミスも減らしつつ、でも、今この場でその作業をしたいのですね。
たろうさん：はい。クラス数だけは分かっていますので、今から枚数を数えて束を作ります。
はなこさん：こういうのはどうですか。どの学校も、クラスの人数は最大で 40 人だそうなので、40 枚の束をクラスの数だけ作って送りましょう。全部で何クラスありますか。
たろうさん：さいわい小学校が 18 クラス、たま小学校が 23 クラスで合計 41 クラスです。
はなこさん：ということは、必要な枚数は、

$$40 \times 18 + 40 \times 23 = \boxed{\text{（あ）}} = 40 \times 41$$

ですから、これを計算すると、1640 枚ですね。
たろうさん：ちょっと待ってください。クラスによっては 33 人ぐらいの場合もあり、そうすると 1640 枚のうち多くが無駄《むだ》になってしまいます。
はなこさん：なるほど。束を作る私たちのミスは減らせると思ったのですが、クラスの数以外にも分かる情報はないのでしょうか。
たろうさん：他には、全校児童の人数が分かります。さいわい小は 643 人、たま小は 810 人です。
はなこさん：その数値も使いましょう。こういうのはどうですか。

$$643 - 30 \times 18 = 643 - 540 = 103$$
$$810 - 30 \times 23 = 810 - 690 = 120$$

だから、さいわい小には 30 の束を 18 束 と 103 枚の束を１束
たま小には 30 の束を 23 束 と 120 枚の束を１束 送ればいいですね。
たろうさん：そうですね。そうすることにしましょう。そうすれば無駄になる枚数はなくなるし、小学校の先生は［　（い）　］ですね。

（1）［（あ）］には分配のきまりを使ったことが分かる式が入ります。あてはまる式を書きましょう。

（2）［（い）］には、送ったチラシの束を小学校の先生がどのように使って配付するかを説明する内容が入ります。あてはまる説明を文章で書きましょう。

―― たろうさんとはなこさんが夏祭りのチラシを各小学校に送った翌週、2人で束の作り方について話をしています。――

たろうさん：2つの小学校にチラシを送ったら、配りやすい束にしてくれて助かったと、先生から連絡《れんらく》があったそうですよ。

はなこさん：よかったですね。

たろうさん：そのとき、各クラスの人数がどれぐらいなのかを聞いてもらいました。そうしたら、［表1］と［表2］の人数だと分かりました。

［表1］　さいわい小

	1組	2組	3組
1年	35	34	34
2年	37	37	37
3年	38	37	37
4年	32	34	34
5年	36	35	36
6年	37	37	36

［表2］　たま小

	1組	2組	3組	4組
1年	36	36	35	35
2年	35	35	34	35
3年	33	34	33	33
4年	37	38	38	37
5年	36	36	36	36
6年	34	34	34	

はなこさん：また同じような機会があったら使えますね。この前チラシを送ってから考えていたのですが、各クラスの人数が分かれば35枚の束をクラス数だけ作って、これを基準として、それより増やす必要がある枚数の束を作る、ということもできるなと思いました。例えば、さいわい小の3年生に配る場合は、

1組は3枚、2組は2枚、3組も2枚、35枚より多く必要なので

35枚の束を3束作り、それと 3＋2＋2=7（枚）の束も一緒に送る

という方法です。

たろうさん：なるほど。でも、さいわい小学校の

［（う）］

はなこさん：たしかにそうですね。

たろうさん：それと、35枚ではない方の束を何枚にするか、計算するのが少し大変です。

はなこさん：それならこのように工夫してみたらどうですか。さいわい小の3、4年生に送るなら、

35人以上のクラスと35人より少ないクラスとを分けて考えて

35人以上のクラスの人数は 38, 37, 37

35人より少ないクラスの人数は 32, 34, 34　　だから

（38－35）＋（37－35）＋（37－35）＝ 3＋2＋2 ＝ 7　が増やしたい枚数

（35－32）＋（35－34）＋（35－34）＝ 3＋1＋1 ＝ 5　が減らしたい枚数

という計算結果を使って、35枚の束以外に 7－5 ＝ 2（枚）を送ればよいといえます。

令和５年度

川崎市立川崎高等学校附属中学校入学者決定検査

適性検査Ⅱ

（45分）

―― 注　意 ――

1　「はじめ」の合図があるまで、この問題用紙を開いてはいけません。

2　この問題用紙には**問題１**から**問題３**まで、全部で１８ページあります。

3　問題をよく読んで、答えはすべて解答用紙の決められたらんに、わかりやすくていねいな文字で書きましょう。解答らんの外に書かれていることは採点しません。

4　解答用紙は全部で**３枚**あります。

5　計算やメモが必要なときは、解答用紙には書かずに、この問題用紙の余白を利用しましょう。

6　「やめ」の合図があったら、途《と》中《ちゅう》でも書くのをやめ、筆記用具を机の上に置きましょう。

問題２　たろうさんとはなこさん、けいこ先生が教室で話をしています。次の会話文を読んで、あとの（１）～（７）の各問いに答えましょう。

けいこ先生：今日の社会科の授業では川崎市の財政について学んでいきましょう。

はなこさん：私たち市民は、普段《ふだん》いろいろな場面で、税金を納めたり、税金によって生活が豊かになったりしていますね。川崎市の財政にはどんな特色があるのでしょうか。

たろうさん：川崎市と同じくらいの人口の市と比べてみると何かわかるかもしれませんね。

けいこ先生：そうですね。ここに川崎市と人口が近い神戸《こうべ》市と福岡市の資料があるので、比べてみましょう。〔資料１〕を見てください。

〔資料１〕　令和３年度における川崎市・神戸市・福岡市の歳入と歳出

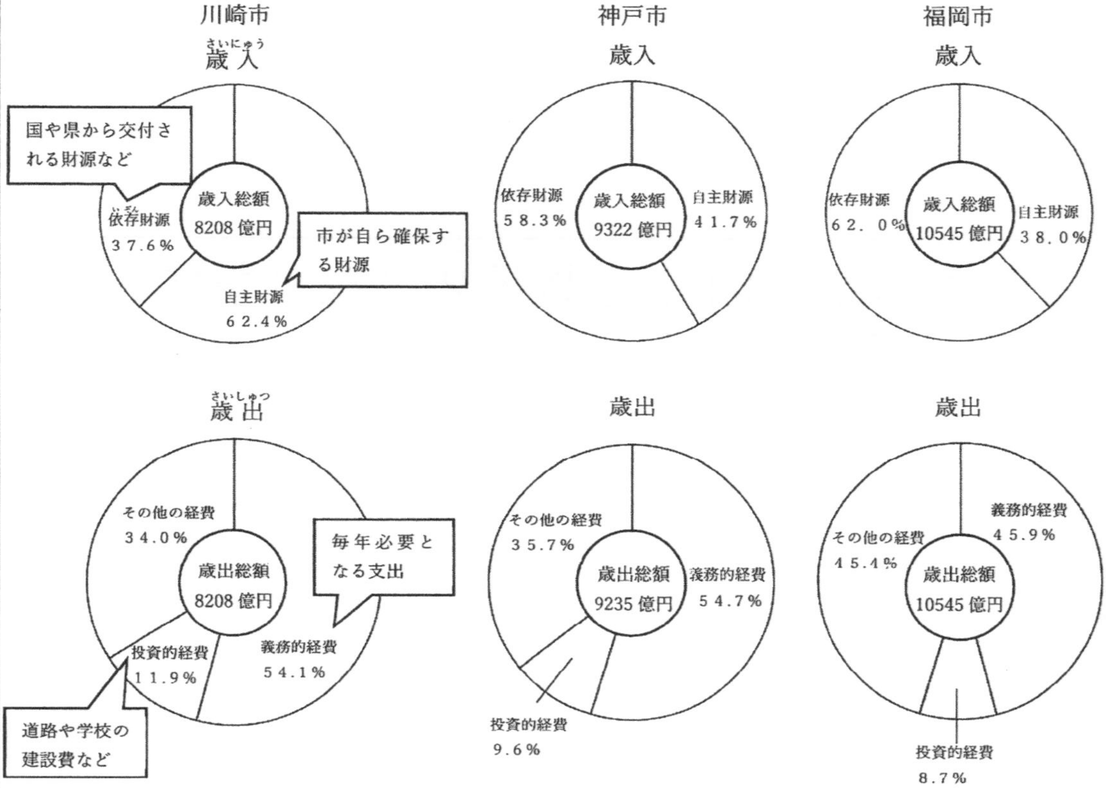

（『令和３年度川崎市財政読本』『神戸市令和３年度決算の概要』『令和３年度ふくおかしの家計簿』より作成）

※神戸市の歳入総額と歳出総額の差は、次年度に繰り越されます。

はなこさん：このグラフを見ると川崎市の財政の特色がわかりますね。

（１）〔資料１〕をもとに川崎市の財政についての説明として適切なものを、次のア～エの中から １ つ
び、記号で答えましょう。

ア　川崎市は、３市の中で、自主財源の金額が最も高く、義務的経費の金額は最も低い。

イ　川崎市は、３市の中で、自主財源の金額が最も高く、義務的経費の金額も最も高い。

ウ　川崎市は、３市の中で、自主財源の金額が最も低く、義務的経費の金額は最も高い。

エ　川崎市は、３市の中で、自主財源の金額が最も低く、義務的経費の金額も最も低い。

はなこさん：それぞれの市は、歳入《さいにゅう》を増やすためにどんな努力をしているのでしょうか。
たろうさん：観光客を呼び込むことに力を入れているというニュースを見たことがあります。
はなこさん：どうして観光客が増えると市の歳入が増えるのですか。
たろうさん：その施設《しせつ》の入園料が入るからではないですか。
けいこ先生：そうですね。その他にも観光客が市バスなどの公共交通機関を使ったり、お店で買い物をしたりすることで間接的に歳入が増えるそうです。
はなこさん：そうなのですね。では川崎市内の観光施設を訪れる人は増えているのでしょうか。
けいこ先生：調べてみましょう。〔資料２〕は川崎市内の６か所の観光客の推移《すいい》を表したグラフです。
はなこさん：①このグラフからいろいろなことがわかりますね。

〔資料２〕　川崎市内の観光施設への年間観光客数の推移（単位：人）

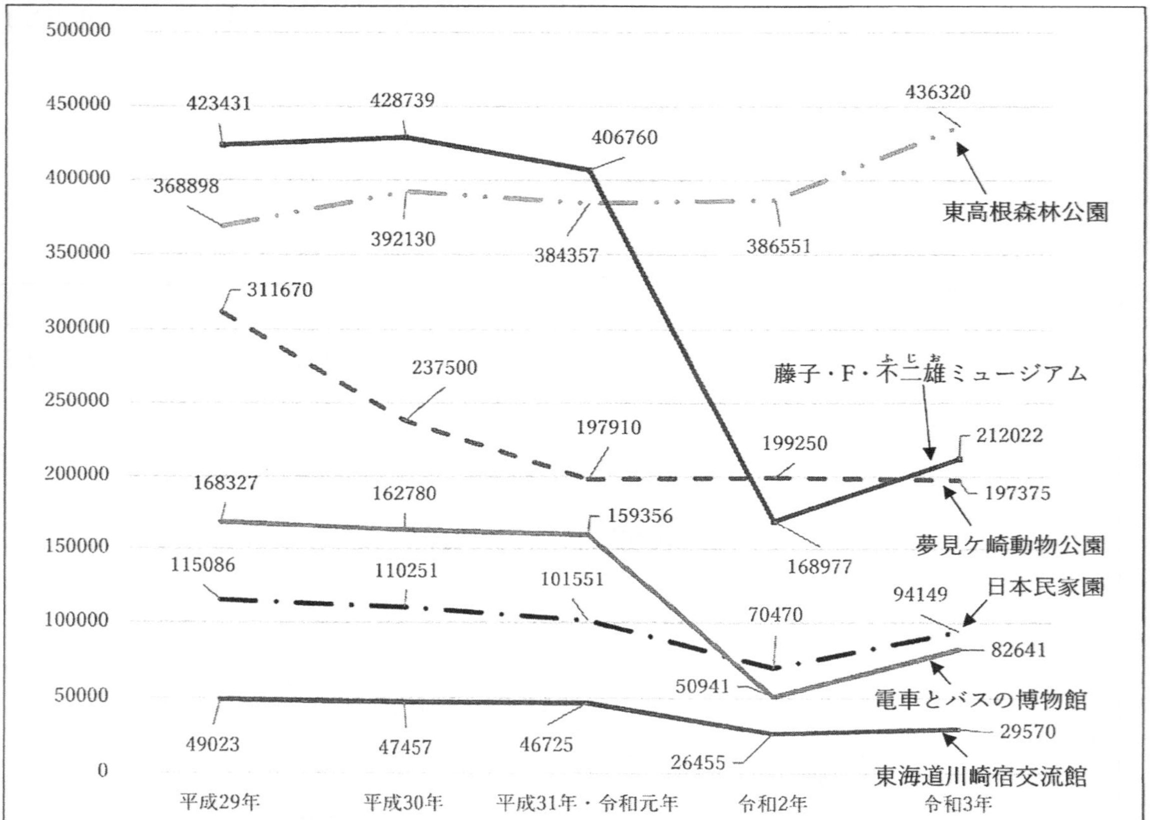

（川崎市　主要観光施設入込《いりこみ》観光客数の推移(過去１０年間)より作成）

たろうさん：そうですね。ところで②その他にも歳入を増やす方法はあるのでしょうか。

（２）下線部①について、**〔資料２〕**で示された６か所の観光施設における観光客の推移についての説明
して適切なものを、次のア～オの中から<u>すべて</u>選び、記号で答えましょう。

ア　平成 31 年・令和元年から令和２年にかけて、すべての観光施設で観光客数が減少している。
イ　平成 31 年・令和元年から令和２年にかけて、観光客数が最も大きく減少した観光施設は、藤
F・不二雄ミュージアムである。
ウ　平成 29 年から平成 31 年・令和元年にかけて、観光客数が最も大きく減少した観光施設は、
見ヶ崎動物公園である。
エ　平成 29 年と令和３年を比較したときに、観光客数が増加している観光施設がある。
オ　平成 29 年から令和３年にかけて、夢見ケ崎動物公園の観光客数は減少し続けている。

（３）下線部②について、市の歳入が増えることに<u>直接つながらないもの</u>を、次のア～エの中から１つ
び、記号で答えましょう。

ア　市民が出すゴミの量を減らす。
イ　市内に企業《きぎょう》(会社)を招き、企業数を増やす。
ウ　国や県からの補助金《ほじょきん》が増える。
エ　市内に住む労働者が増える。

たろうさん：ここまで歳入について考えてきたけれど、川崎市の歳出はどうなっているのでしょうか。
けいこ先生：**〔資料３〕**のグラフを見てください。令和４年度川崎市がどんなことにお金を使おうとして
いるのかが分かります。

〔資料３〕　令和４年度川崎市の歳出

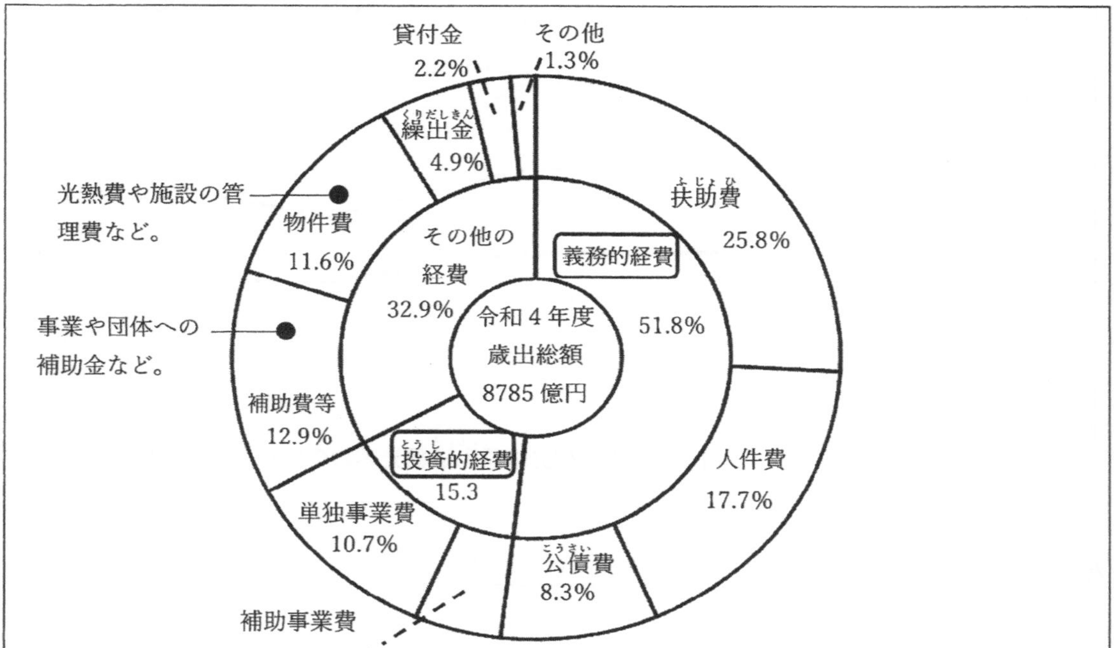

(令和４年度川崎市財政読本より作成)

はなこさん：いろいろな使い道があることがわかるけれど、どんなことにどれぐらい使っているのか、ちょっとイメージがわきにくいですね。

けいこ先生：川崎市が出している財政読本では、市の歳出を家庭の家計簿《かけいぼ》に置き換《か》えて紹介しています。単純に比較はできない部分もありますが、下の〔**資料4**〕を見てください。

〔資料4〕　令和4年度川崎市の歳出を家計簿(収入月額と支出月額)に置き換えた表

【収入月額】

お父さんとお母さんの給料	416700円
役所からの助成金・奨学金《しょうがくきん》	197400円
各種ローンの借入金(借金)	72800円
収入計	686900円

【支出月額】

食費	121800円
光熱費・被服費《ひふくひ》	79800円
車の購入・自宅の増改築《ぞうかいちく》・修繕費《しゅうぜんひ》	110900円
ローンの返済	56700円
子どもへの仕送り・おこづかい	140400円
医療費《いりょうひ》など	177300円
支出計	686900円

＊年収が500万円として算出

(令和4年度川崎市財政読本より作成)

たろうさん：「食費」や「光熱費」「医療費」など、なじみのある言葉がありますね。家計簿のようになっているので、これならイメージがわいてきます。

はなこさん：この家計簿は〔**資料3**〕の市の歳出をどういうルールで置き換えたものなのですか。

けいこ先生：いい質問ですね。このように置き換えています。

○家計簿の「食費」は、歳出の「人件費」にあたる。
○家計簿の「光熱費・被服費」は、歳出の「物件費」にあたる。
○家計簿の「車の購入・自宅の増改築・修繕費」は、歳出の「単独事業費」にあたる。
○家計簿の「ローンの返済」は、歳出の「公債費」にあたる。
○家計簿の「子どもへの仕送り・おこづかい」は、歳出の「補助費」にあたる。
○家計簿の「医療費など」は、歳出の「扶助費」にあたる。

たろうさん：なるほど、こういうルールで置き換えたのですね。

はなこさん：そうするとこの家計簿の支出月額の中で、義務的経費にあたる部分の合計金額は、［（あ）］円になりますね。

(4)［（あ）］にあてはまる数を書きましょう。

たろうさん：家計簿で川崎市の歳出についてのイメージはできたけれど、私たちの身近なところでは、実際にはどんなことにどれぐらいの予算が使われているのでしょうか。

けいこ先生：市役所で配布している〔資料５〕を見てください。

〔資料５〕 市民生活に身近な市の仕事

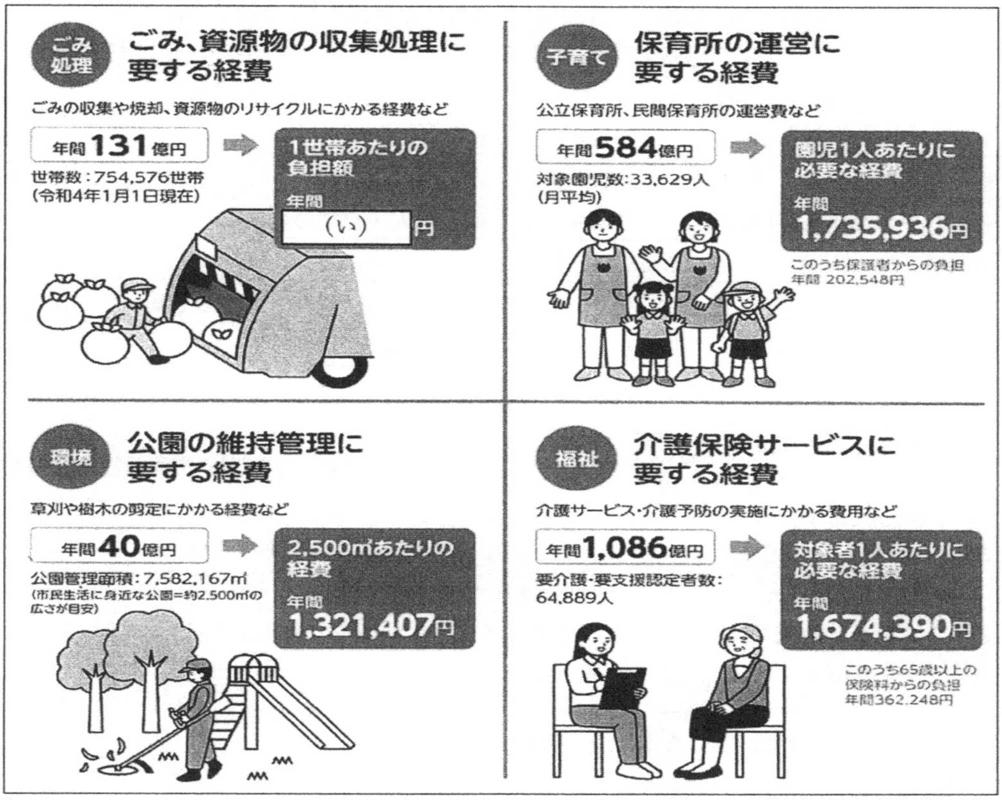

（令和４年度川崎市財政読本より引用）

はなこさん：なるほど、ここまでで市の歳出の現状について、よく分かりました。

（５）〔資料５〕の （い） にあてはまる数字として最も近いものを、次のア～エの中から１つ選び、記号で答えましょう。

ア　13300円　　　イ　15300円　　　ウ　17300円　　　エ　19300円

はなこさん：ところで、川崎市の人口は年々増えているし、ここ数年で社会の様子が大きく変化しています。それにともなって歳出はどのように変化しているのでしょうか。

たろうさん：川崎市の歳出のうち、私たちのくらしに関わるものがどのように変化しているのか、分かりやすく示した**〔資料６〕**と**〔資料７〕**を見つけました。

〔資料６〕令和２年度 市民１人あたりの予算５１万７０００円の使いみち

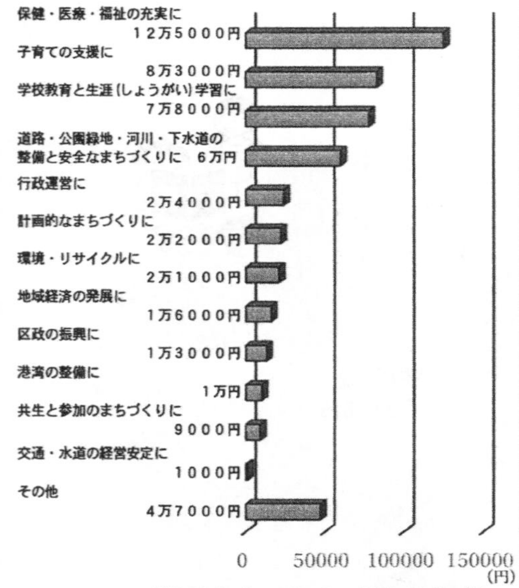

（川崎市ホームページより作成）

〔資料７〕　令和４年度 市民１人あたりの予算５７万１０００円の使いみち

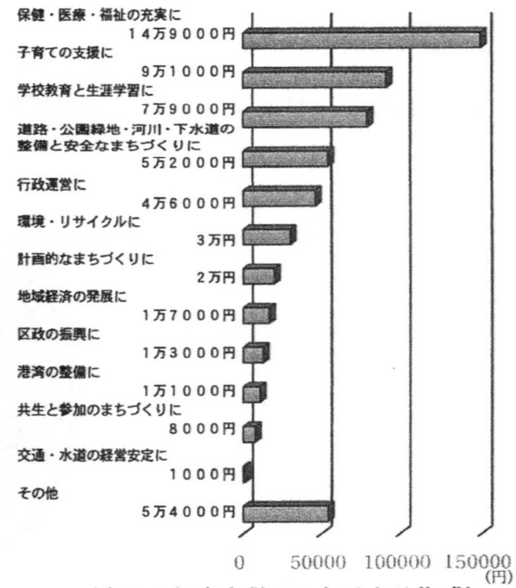

（令和４年度市税のしおりより作成）

けいこ先生：**〔資料６〕**と**〔資料７〕**を比較すると、令和２年度と比べて令和４年度は、 （う） ということが分かりますね。

はなこさん：なるほど。そのときの社会の様子を見て、特に必要だと思われるものに予算をかけているのですね。でも歳出のうち、社会の様子に合わせて使える予算はどれぐらいなのかな。

けいこ先生：それは**〔資料３〕**にもあった、③扶助費（市民生活を社会全体で支える経費）、人件費、公債費の３つからなる義務的経費によって決まります。歳出に対する義務的経費の割合によって、その他の自由に使える予算が決まるのですね。

たろうさん：どのように使われているのかが分かると、私たちの税金がとても大切だということが分かりました。これからも市の財政について関心をもって生活したいと思います。

（６） （う） にあてはまる内容としてふさわしいものを、次のア～エの中から１つ選び、記号で答えましょう。

ア　「その他」以外の 12 項目のうち、４分の３以上の項目で予算が増額されている

イ　「その他」以外の項目のうち、１万円以下の予算の項目数は変化していない

ウ　「行政運営」への予算が最も多く増額されている

エ　「保健・医療・福祉の充実」と「子育て支《し》援《えん》」への予算の合計の、全体に占める割合が増加している

（７）下線部③について、〔資料８〕と〔資料９〕から読み取れることとしてあてはまらないものを、次
　　ア～エの中から１つ選び、記号で答えましょう。

ア　令和２年度においては、児《じ》童《どう》福《ふく》祉《し》費《ひ》と生活保護費で扶助費全体の４分の３以上を占めている。
イ　児童福祉費は、平成 25 年度から年々増加している。
ウ　扶助費全体の金額は、平成 25 年度と令和４年度を比較すると 1.5 倍以上に増加している。
エ　児童福祉費の扶助費全体に占める割合は平成 25 年度から令和４年度までの間、すべての年度で
　　分の１以下である。

〔資料８〕　扶助費の内訳（令和２年度）

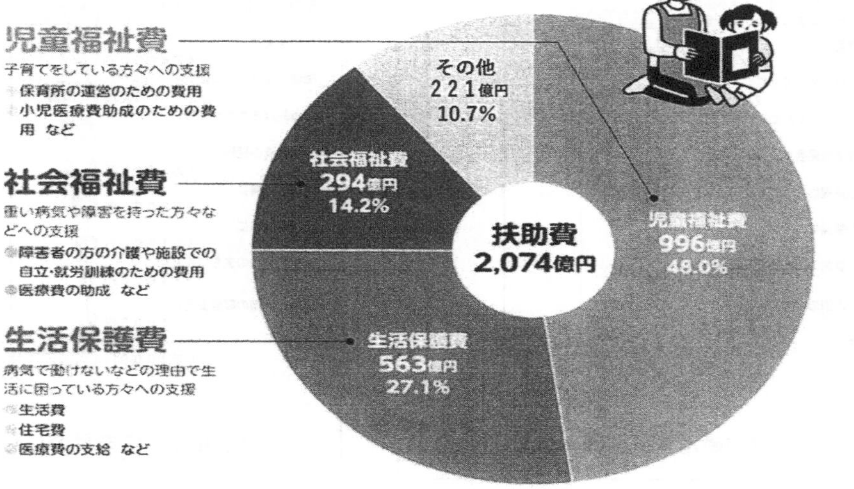

（令和４年度川崎市財政読本より作成）

〔資料９〕　扶助費の推移

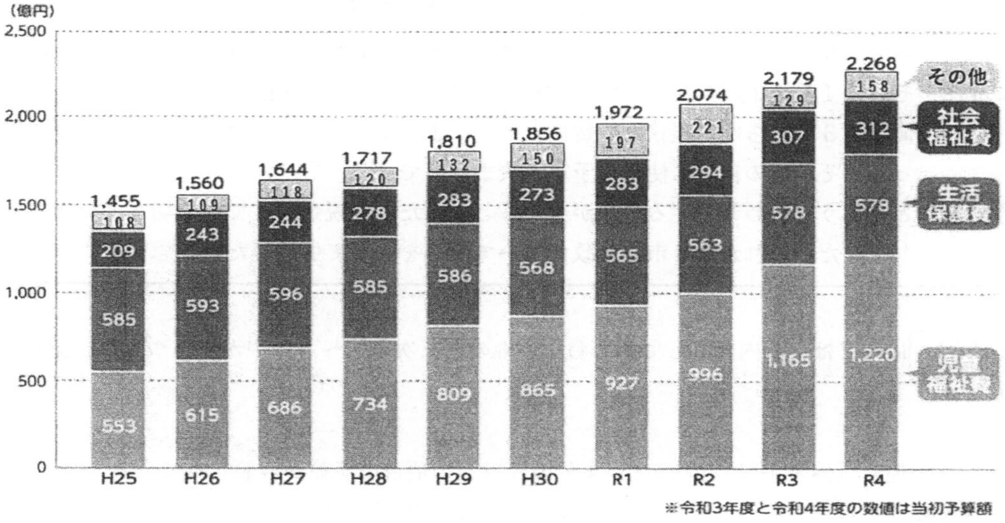

（令和４年度川崎市財政読本より作成）

こちらから開くと**問題２**になります。

令和４年度

川崎市立川崎高等学校附属中学校入学者決定検査

適性検査Ⅰ（45分）

―― 注意 ――

1 「はじめ」の合図があるまで、この問題用紙を開いてはいけません。

2 問題は全部で２つあります。こちらから開くと**問題１**（全５ページ）になります。**問題２**（全６ページ）は**反対面から**始まります。

3 問題をよく読んで、答えはすべて解答用紙の決められたらんに、わかりやすくていねいな文字で書きましょう。解答らんの外に書かれていることは採点しません。

4 解答用紙は全部で**３枚**あります。

5 計算やメモが必要なときは、解答用紙には書かずに、この問題用紙の余白を利用しましょう。

6 字数の指定のある問題は、指定された条件を守り、**問題１**はたて書きで、**問題２**は横書きで書きましょう。最初のマスから書き始め、文字や数字は一マスに一字ずつ書き、句読点〔。、〕やかっこなども一字に数え、一マスに一字ずつ書きます。ただし、**問題１**の(5)は、その問題の〔注意事項《じこう》〕の指示にしたがいましょう。

7 「やめ」の合図があったら、途中《とちゅう》でも書くのをやめ、筆記用具を机の上に置きましょう。

問題1 次の あ、い、う の文章は、「ある一つの事がらに対して、三人がそれぞれ自分の立場で書いている」物語です。三つの文章を読んで、あとの(1)～(5)の各問いに答えましょう。

あ はなこの視点

①わたしは、自分の部屋のドアを閉めた。もう一生このドアを開けてやるものか。もうだれにも会いたくない。自分は悪くない。自分を世界で最も不幸な人物に仕立て上げるような、そして自分を正当化するような言葉の数々が、わたしの頭の中を通りぬけていく。

わたしは、納得《なっとく》できないことがあるといつもこうなる。でも、こうして自分を悲劇のヒロインに仕立て上げないと、一度閉めたドアを自分で開けられないのだ。「次の四月で中学生なのに」「大人になってもこの性格が直らなかったらどうしよう」と思い、あせることもあるのだが、そんな簡単に自分は変えられない。

今日わたしがこうなった理由も、大したことではない。五歳《さい》上の姉、けいこ姉ちゃんとのケンカである。けいこ姉ちゃんが言っていることもよくわかる。けいこ姉ちゃんはいつも正しい。わたしはお姉ちゃんたちとよくしゃべるからわかる。でも、今日は、はげましてもらいたかった。自分でもわかっていることを、改めて言われるのが嫌《いや》だった。そしてさらに、今日は一歳上のようこ姉ちゃんも入ってきた。「わたしだったら、あなたと友だちにならない。」この言葉が聞こえたとたん、なみだがこぼれ、言葉が出なくなった。自分の思いを表現するためには、閉じこもるという方法しかとれなかった。

しばらくすると、②階段をのぼってくる足音が聞こえてきた。このかろやかな足音は、けいこ姉ちゃんである。わたしが自分の部屋に閉じこもっていると、まず部屋に来るのはけいこ姉ちゃんだ。そして、けいこ姉ちゃんのひと言で、いつもわたしは簡単に部屋のドアを開けてしまう。

ドアの向こうから声が聞こえた。

「さっきはごめんね。ようこがあんな風に話に入ってくるとは思わなくて。」

いや、けいこ姉ちゃんは悪くない。ようこ姉ちゃんだって正しい。わたしが受け入れられなかっただけだ。ここまでわかっているのに、なんで、いつもけいこ姉ちゃんに先にあやまらせてしまうのだろう。なんでだれかのせいにしてしまうのだろう。でもわたしは素直《すなお》になれず、まだおこっているふりをして部屋のドアを開けた。けいこ姉ちゃんは、少し困ったような顔をして、ドアの前に立っていた。

い けいこの視点

二階で、バタンと大きな音がした。

「また閉じこもった。何でいつも自分が悪いと思えないのだろう。ねえ、

お姉ちゃん。」

ようこはあきれたように言ったが、わたしはうわの空で「うーん。」などと適当な返事をして、さて、この後どうするか、と考えていた。

はなこが部屋に閉じこもったのは、わたしとのケンカが原因である。はじめは、ケンカではなかった。はなこの人間関係の悩《なや》みを聞いていただけだった。わたしたち姉妹《しまい》は三者三様だが、気がつくといつも三人で話をしている。この時が、一番楽しくて落ち着く。今日も最初はそうだった。でも、はなこにも悪いところがあることを伝えたところから少しずつ、はなこの様子が変わっていった。

たぶん、はなこは自分のいけないところがわかっていた上で、わたしに相談してきたのだと思う。そしてわたしは、はなこが友だちについ言ってしまった気持ちを認めつつ、「そんなに気になるなら明日その友だちにあやまってみなよ。」そう言うべきだったのだと思う。わたしは頭のどこかでそれがわかっていた。しかし、わたしにも曲がったことがゆるせない、がんこなところがある。その性格が出てしまった。

ようこのひと言は、はなこには、かなり効いたようだった。ようこの言葉を聞くと、はなこは、静かになみだを流し、二階へかけあがっていった。

ようこに何かを言ってもしかたがない。とりあえず、はなこが望んでいたであろうことを出来なかった自分の行動をあやまろう、そう思って、わたしは二階へ行った。

部屋の前についた。深呼吸をしてからこう言った。

「さっきはごめんね。ようこがあんな風に話に入ってくるとは思わなくて。」

あれ。わたしは自分が出来なかったことをあやまろうとしていたのに、なぜ、ようこのことを話しているのか。結局、ようこの一言のせいにしていないか。言い直すか。いや、言い直すのはおかしい。あれこれ考えているうちに、目の前のドアがゆっくりと開き、はなこが顔を出した。おこっているかなと思ったが、悲しいとくやしいを混ぜたような、想像とはちがう表情だった。

[う] ようこの視点

「はなこのその友だちへの態度、気にくわないな。わたしだったら、はなことは友だちにならない。」

はなこはなみだを流し、勢いよく階段をかけ上がっていった。部屋を閉める大きな音がした。

姉は、そんなはなこの様子を見て、何か考えこんでいるようである。

わたしは姉に向かって、こう言った。

「また閉じこもった。はなこは何でいつも自分が悪いと思えないんだろう。ねえ、お姉ちゃん。」

この言葉に、姉は「うーん。」と言うだけだった。「ねえ、聞いてる？お姉ちゃんはいつも考えすぎなんだよ。放っておけばいいじゃん。」と言おうとしたけれど、やめた。何かを言えば言うほど、「自分は悪くない」と強調しているようで嫌になるからだ。

わたしたち三姉妹は、みんなそれぞれ性格がちがった。はなこは子どもっぽい。すぐ笑い、すぐ泣き、すぐおこる。一方姉は、とても大人っぽい。いつも考えてから行動に移し、家族のだれよりも落ち着いている。わたしは感情を表に出すのも、考えることも、好きではない。何事もほどほどが一番だ。今だってそうである。閉じこもるはなこ、はなこをどうしようか考えている姉、どうでもいいと思っているわたし。正直、みんな好きにして、という感じだ。でも、こんなにみんなちがうのに、わたしたちはいつも三人でしゃべっている。学校でのこと、好きなテレビ番組のこと、悩みなど、話題で困ったことはない。そして、楽しい。

そんなことをあれこれ考えている間に、姉が二階へ上がっていった。

姉はドアに向かって何かを話しているようだが、よく聞こえない。その後、二人はなかなか下に降りてこなかった。「まあ、はなこが閉じこもるきっかけをつくったのはお姉ちゃんだし。」わざと聞こえるように言った。そして、部屋にむなしくひびく自分の声を聞きながら、姉やはなこのようになれない自分に、あきれた。

【いずれの文章も、適性検査のための書き下ろし】

---

(1) あ、い、うの三つの文章を読み、三姉妹の構成の組み合わせで正しいものを一つ選び、番号で答えましょう。

1. 長女はなこ　次女けいこ　三女ようこ
2. 長女はなこ　次女ようこ　三女けいこ
3. 長女けいこ　次女はなこ　三女ようこ
4. 長女けいこ　次女ようこ　三女はなこ
5. 長女ようこ　次女けいこ　三女はなこ
6. 長女ようこ　次女はなこ　三女けいこ

(2) あ、い、うの三つの文章の内容として正しいものを一つ選び、番号で答えましょう。

1. 三姉妹が他の姉妹の事を批判し、仲が悪くなるという内容
2. 三姉妹がそれぞれ自分の意見の正しさを伝えるという内容
3. 三姉妹がそれぞれ自分の行動や性格を振り返るという内容
4. 三姉妹が解決に向けて協力し、信頼関係が増すという内容

(3) ――線①、――線②に対応する、「同じ時間に起こっていること」を、それぞれ文章いと文章うから十五字以内で書きぬきましょう。

(4) [あ]、[い]、[う]の文章を読んだたろうさんは、感想文を書くことにしました。次の文章は、たろうさんが書いた感想です。この感想を読み、次の（ア）から（ウ）の問いに答えましょう。

ぼくには兄弟や姉妹がいないので、実際の三姉妹がどんなものかはよくわかりません。そのため、それぞれ三姉妹のちがうところと似ているところを中心に考えました。

まず、ちがうところです。これは、[A]の視点で書かれている通り、三人の性格です。うれしい、悲しいなど感情をしっかり表現する[B]、よく考え、落ち着きのある[C]、そしてその二人をなげやりな態度で見ている[D]。このように、三人の性格は全くちがいます。でも、いつもは三人とも仲が良いのだろうと思います。そのように思う理由は、[い]と[う]の文章に「三人で[1]」という内容が書いてあるからです。

次に、似ているところです。これも三人の性格です。「あれ、さっきと言っていることがちがう。」と思うかもしれませんが、ぼくはちがうところもあり、似ているところもあると感じました。そう思ったのは、[あ]、[い]、[う]それぞれの文章をじっくりと読み比べたときです。はなこは、最初「自分を正当化するような言葉の数々」をくり返していますが、最後は「わたしが受け入れられなかっただけ」と言っていました。けいこは「自分の行動をあやまろう」としたのに、「あれ。わたしは自分が出来なかったことをあやまろうとしていたのに」と自分の行動をおかしいと感じていました。ようこは、「何かを言えば言うほど、『自分は悪くない』と強調しているようで嫌になる」や「姉やはなこのようになれない自分に、あきれた」と言っています。これらの言葉から、③三人は[2]の気持ちに[3]になれないところが似ていると感じました。

三姉妹の性格は、ちがうところも似ているところもありました。これは、友だち同士でも同じように言えることだと思います。クラスの友だちでも、性格が似ていると感じる人とちがうと感じる人がいます。いつも仲良しでいたいけれど、ケンカをしたり言い争いになったりすることもあります。自分のことをわかってほしくて、相手に強く自分の主張をしてしまうこともあります。④性格のちがう相手と人間関係を築くにはどうしたらよいか、そんなことを考えるきっかけになりました。

（ア） 空らん[A]から[D]に入る人物名をそれぞれ三字で書きぬきましょう。

（イ） 空らん[1]にあてはまる言葉を、[い]、[う]の文章の中から共通する内容を探し、十字以内で書きましょう。

(ウ) たろうさんは、三人の性格について ―― 線③のように結論づけました。たろうさんは、三人の行動や言葉から何が似ていると感じたのか、空らん[2]と[3]にあてはまる言葉を、書きましょう。

(5) ―― 線④「性格のちがう相手と人間関係を築くにはどうしたらよいか」について、あなたが自分とは性格のちがう相手と接することになった場合、どのように相手と接しますか。[あ]、[い]、[う]の文章から読み取れるはなこ、けいこ、ようこの中のだれかの行動や考え方について触《ふ》れ、あなたがどのような気持ちで相手と接するか書きましょう。また、相手に対して具体的にどのような行動をするかについても書きましょう。作文を書く時は、後ろの［注意事項《じこう》］に合うように考えや意見を書いてください。

［注意事項］

○ **解答用紙2**に三百字以上四百字以内で書きましょう。

○ 原稿用紙《げんこうようし》の正しい用法で書きましょう。また漢字を適切に使いましょう。

○ はじめに題名などは書かず、一行目、一マス下げたところから書きましょう。自分の名前は、氏名らんに書きましょう。

○ 三段落以上の構成で書きましょう。

○ 句読点［。、］やかっこなども一字に数え、一マスに一字ずつ書きましょう。また、段落を変えたときの残りのマス目も字数として数えます。

問題2は反対側から始まります。

このページには問題は印刷されていません。

このページより先には問題は印刷されていません。

たろうさん：他に正三角形を作る方法はないのかな。

はなこさん：正方形の折り紙を【図 10】のように折って、

③あと１回折ると、折り紙の内部に正三角形ができます。

【図 10】

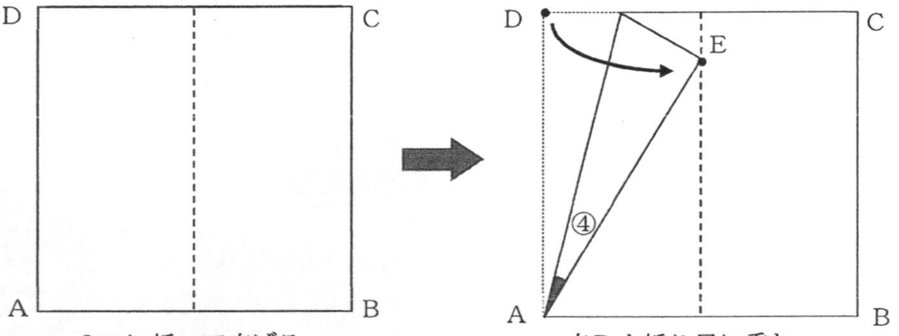

２つに折って広げる。

点Ｄを折り目に重ね、
点Ｅの印をつける。

じろうさん：折り紙を切らずに、正三角形を作りましたね。

たろうさん：なぜ正三角形ができたのですか。

じろうさん：

（お）

よって、辺ＡＥと辺ＢＥと辺ＡＢの長さは等しくなり、３辺の長さがすべて等しくなるから三角形ＡＢＥは正三角形となります。

たろうさん：なるほど、それで３つの辺が等しくなるのですね。

ちなみに、点Ｄを折り目に重ねたとき、どのくらいの角度で折り返したのだろうか。

はなこさん：そう言われると、難しいですね。

じろうさん：角④の部分を（か）度、折り返せば正三角形はできますよ。

（６）下線部③について、あと１回折ると、内部に正三角形ができることについて、解答用紙の図にあと１回折ったときの折り目の線を書きましょう。また、（お）にあてはまる理由を書き、（か）にあてはまる数を書きましょう。

問題３　たろうさんとはなこさんとひろし先生が教室で話をしています。次の会話文を読んで、あとの（１）～（７）の各問いに答えましょう。

たろうさん：今年も暑い日が続いていますが、昨日の夕方に降った大雨の後、涼《すず》しく感じて過ごしやすかったですね。

はなこさん：にわか雨でしたね。ところで、なぜ、雨が降ると涼しく感じるのですか。

たろうさん：厚い雲におおわれて、太陽の熱が届かないからではないですか。

ひろし先生：そうですね。それに加えて、打ち水と同じような仕組みがあるのですよ。

はなこさん：打ち水とはどのようなものですか。

〔資料１〕

（打ち水大作戦ウェブサイトより引用）

ひろし先生：打ち水は地面に水をまいて、涼しさを得ることができるもので、江《え》戸《ど》時代から日本人の知恵《ちえ》として行われてきました。川崎市では東京都などさまざまな都市と協力し、2021年にはこの写真〔資料１〕にあるように、打ち水大作戦というイベントを実施《じっし》していたのです。

たろうさん：打ち水には夏の暑さを和《やわ》らげるはたらきがあるのですね。

はなこさん：打ち水をしてみて、本当に温度が下がるのか、また、まく場所によって変わるのかどうかを確かめてみたいです。

ひろし先生：では、理科の授業と同じように、まずは、変える条件と変えない条件を考えてみましょう。

はなこさん：変えない条件は、まく水の量と水温、温度を計測する時間帯、計測の高さと時間にします。変える条件は、打ち水をする場所にします。グラウンドの土と、校舎のまわりにあるアスファルト、芝生《しばふ》、砂利《じゃり》の上の温度を比べてみるのはどうでしょうか。私は、地面の種類によってどのように温度が変わるのかどうかを確かめてみたいです。

たろうさん：なるほど。ただ、はなこさんが調べようとしている、地面の種類によって打ち水の効果がどれだけ変わるかどうかを調べるためには、温度や湿度《しつど》、風の影響《えいきょう》があまり変わらないことに加えて、［　　（あ）　　］が同じ条件の場所で実験を行ったほうがよいのではないでしょうか。

ひろし先生：その通りですね。条件をしっかりと考えて実験を行ってみましょう。はなこさんの予想はどうですか。

はなこさん：私は、校舎のまわりにある芝生の温度が最も低くなると思います。なぜなら、芝生にある草が水をより多く吸収してくれるからだと思います。

たろうさん：水の吸収は関係しているのだろうか。どのような仕組みで温度は下がるのだろう。

ひろし先生：はなこさんの予想やたろうさんの疑問を確かめていきましょう。

（1）（あ）にあてはまる、変えない条件を書きましょう。

実験後、先生と協力してグラフ〔資料2〕にまとめました

はなこさん：実験結果を〔**資料2**〕のようにグラフにまとめました。
たろうさん：グラフにすると温度の変化がわかりやすいです。
はなこさん：10 時に水をまいてから、10 分後に温度を計ったところ、地面の種類に関係なく、すべての場所で温度が下がっていることがわかりました。
たろうさん：芝生とアスファルトを比べるとアスファルトのほうが、より温度変化が大きかったです。
ひろし先生：①それ以外にわかることはありますか。

〔資料2〕

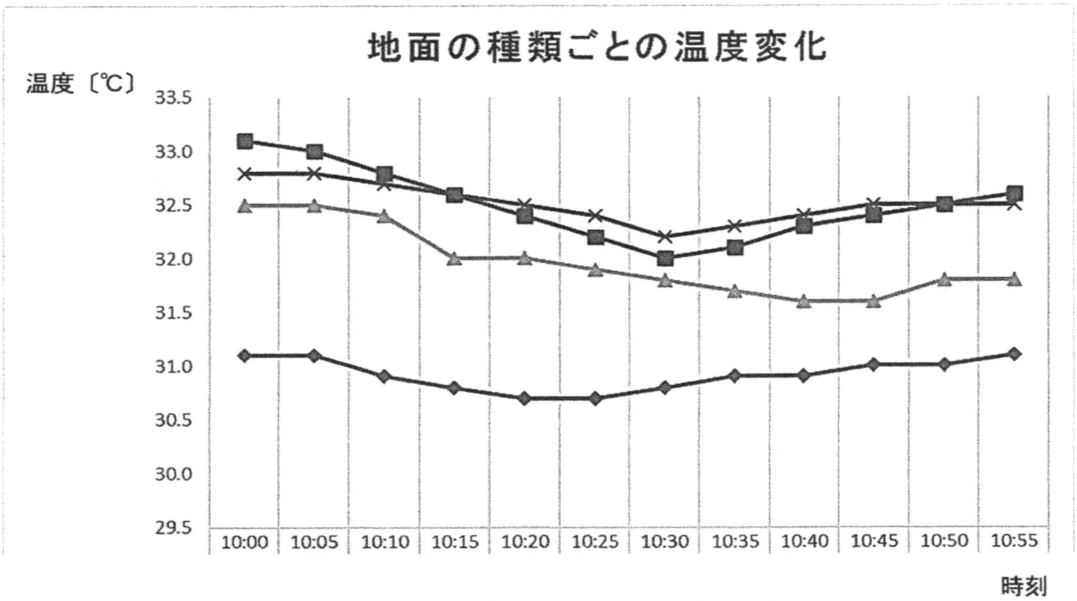

	10:00	10:05	10:10	10:15	10:20	10:25	10:30	10:35	10:40	10:45	10:50	10:55
―◆―土	31.1	31.1	30.9	30.8	30.7	30.7	30.8	30.9	30.9	31.0	31.0	31.1
―■―アスファルト	33.1	33.0	32.8	32.6	32.4	32.2	32.0	32.1	32.3	32.4	32.5	32.6
―▲―芝生	32.5	32.5	32.4	32.0	32.0	31.9	31.8	31.7	31.6	31.6	31.8	31.8
―×―砂利	32.8	32.8	32.7	32.6	32.5	32.4	32.2	32.3	32.4	32.5	32.5	32.5

（2）下線部①について、〔**資料2**〕の実験結果からわかることとしてあてはまらないものを、次のア～オの中からすべて選び、記号で答えましょう。

ア　打ち水を行って 30 分後には、すべての地面の上で最も低い温度を計測した

イ　芝生は砂利に比べて、打ち水をしてからの温度変化が大きかった

ウ　土は他に比べて、温度が最も下がるまでにかかる時間が短かった

エ　芝生はアスファルトに比べて、温度が最も下がるまでにかかる時間が長かった

オ　打ち水をしてから、最も温度が下がったのは土だった

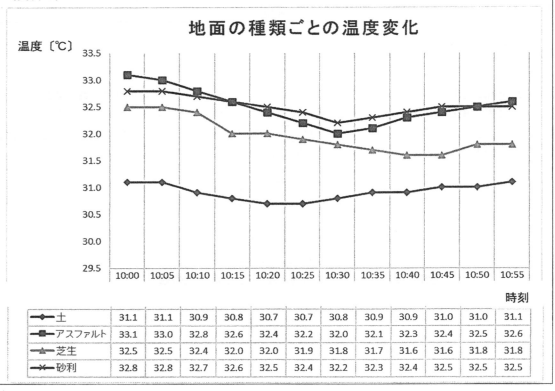

たろうさん：なぜ、打ち水によって温度が下がるのかどうかが疑問として残りました。

ひろし先生：打ち水では、まいた水が蒸発して（い）になるときに、周囲から熱を奪います。それによって、温度が下がるのです。これを気化熱といって、例えば、お風《ふ》呂《ろ》あがり、濡《ぬ》れたままでいると寒くなるのは、これが影響しているのです。

はなこさん：そもそも、水が蒸発すると、なぜ、熱を奪うのですか。

ひろし先生：水が蒸発して（い）になると体積が大きくなることを学習しました。この体積が大きくなるときに、水の粒《りゅう》子《し》が動き始めます。このときに、熱が必要となるので、周りから熱を奪うのです。

たろうさん：気化熱の仕組みを、水と（い）の違いがわかるように、②粒の絵で表してみました。

ひろし先生：そうだね。粒の数や大きさは変わりませんが、粒の動きが活発になり、体積が大きくなっていることがよくわかる表現になっています。

（3）（い）にあてはまる言葉を書きましょう。

（4）下線部②について、たろうさんは初めに水の状態を、粒を用いて下の図〔**資料3**〕のように表しました。次に（い）の粒のようすを、下の図〔**資料4**〕のようにかき始めました。このとき、たろうさんが表した（い）の粒のようすを、たろうさんとひろし先生の会話を参考にしながら、解答用紙の図にかきましょう。

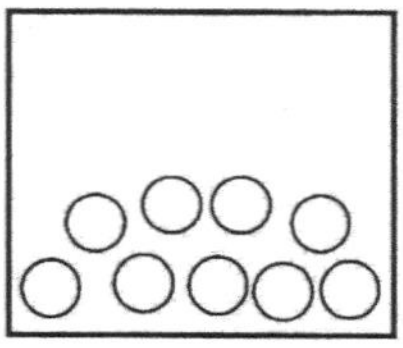

〔資料3〕 たろうさんが初めに表した水の粒の絵

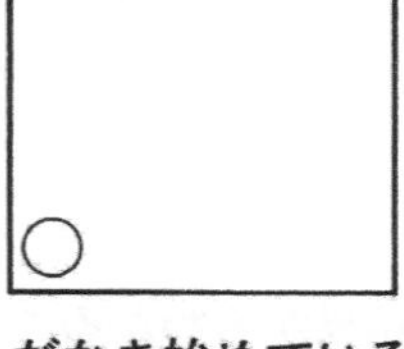

〔資料4〕 たろうさんがかき始めている（い）の粒の絵

はなこさん：先生、打ち水の効果は理解できました。しかし、夏の暑さの原因として、地球温暖化の影響で気温が上昇していると聞いています。解決方法はありますか。

ひろし先生：良いところに目をつけてくれました。地球温暖化を防ぐには、二酸化炭素の排出《はいしゅつ》を減らすことが必要です。人間の生活によって二酸化炭素をたくさん出してしまうと気温を上げてしまうのです。解決のヒントは太陽光発電装置です。この装置について2人で調べてみてはどうでしょうか。

――――――― はなこさんとたろうさんは調べ学習を始めました ―――――――

はなこさん：たろうさんと調べた結果、この装置は光電池だということが分かりました。光電池とは、（う）ことができる装置で、このとき、光が熱や風など他のエネルギーに変わることがないそうです。エネルギーとは物体や光や熱などが持つ能力のことを指します。また、電気をつくることを発電といい、太陽の光で発電することを太陽光発電といいます。学校も屋上にこの装置〔資料5〕を設置して発電を行っていました。

〔資料5〕　学校の屋上に設置されている太陽光発電装置

(5)　（う）にあてはまる言葉として、もっとも適切なものを次のア～カから1つ選び、記号で答えましょう。

ア　熱を加えると、その熱で直接電気をつくる
イ　熱を加えると風を発生させ、その風で電気をつくる
ウ　熱を加えると光を発生させ、その光で電気をつくる
エ　光を当てると熱を発生させ、その熱で電気をつくる
オ　光を当てると、その光で直接電気をつくる
カ　光を当てると風を発生させ、その風で電気をつくる

たろうさん：この太陽光発電の長所と短所についても報告します。まずは、長所から説明します。最大の長所は、CO_2を排出《はいしゅつ》せずに発電できることです。CO_2とは二酸化炭素のことを指します。地球温暖化の原因である CO_2は年々増え続けているのが現状です。日本におけるCO_2の排出量を、産業別でみると次のようなグラフ〔**資料6**〕になります。このグラフで分かる通り、エネルギー転換《てんかん》部門（主に発電など）が、CO_2排出量の約４割を占《し》めています。これは、主に石油や石炭などを燃やして発電することで、CO_2を排出しているためです。CO_2を排出しない太陽光発電が増えていけば、総排出量を減らしていけると考えられます。

〔資料６〕　日本における産業別 CO_2排出量

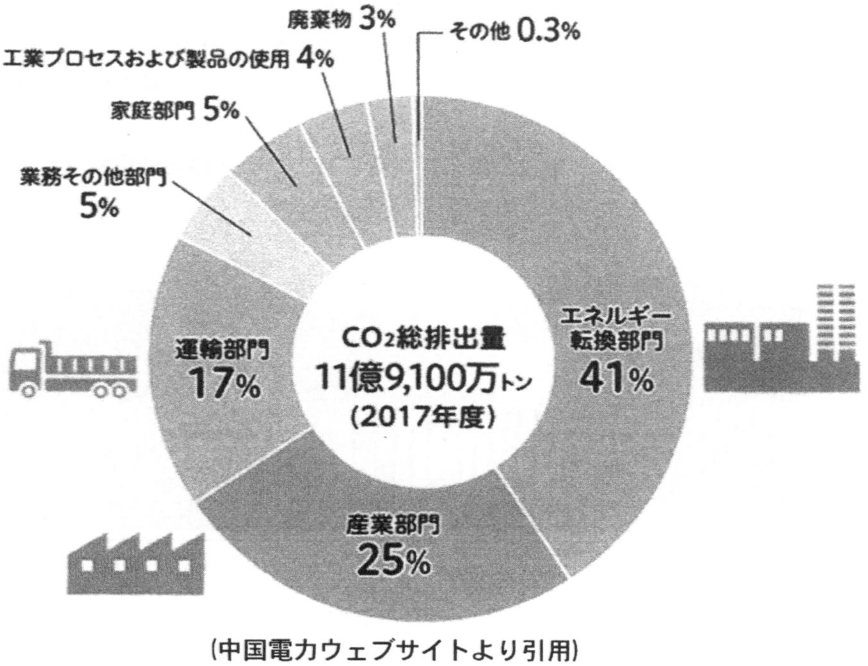

（中国電力ウェブサイトより引用）

はなこさん：次に各電源におけるCO_2排出量を比べたグラフ〔**資料７**〕を見てください。各電源とは、電気がどの発電から得られた電気であるかを指しています。グラフを見ると太陽光発電が発電時にCO_2が発生しないことが分かります。しかし、CO_2は、発電しているときだけに出るものではありません。発電の装置を設備・運用するときにもCO_2は排出されます。〔**資料７**〕は、発電燃料燃焼《ねんしょう》（発電するときに排出されるCO_2）と設備・運用（発電時以外で排出されるCO_2）の両方を表しています。発電燃料燃焼と設備・運用を合わせたCO_2排出量の総数を比べると、太陽光発電は石油を利用した火力発電の約［　（え）　］%にまで排出量を抑《おさ》えることができます。

〔資料７〕各電源における CO_2 排出量

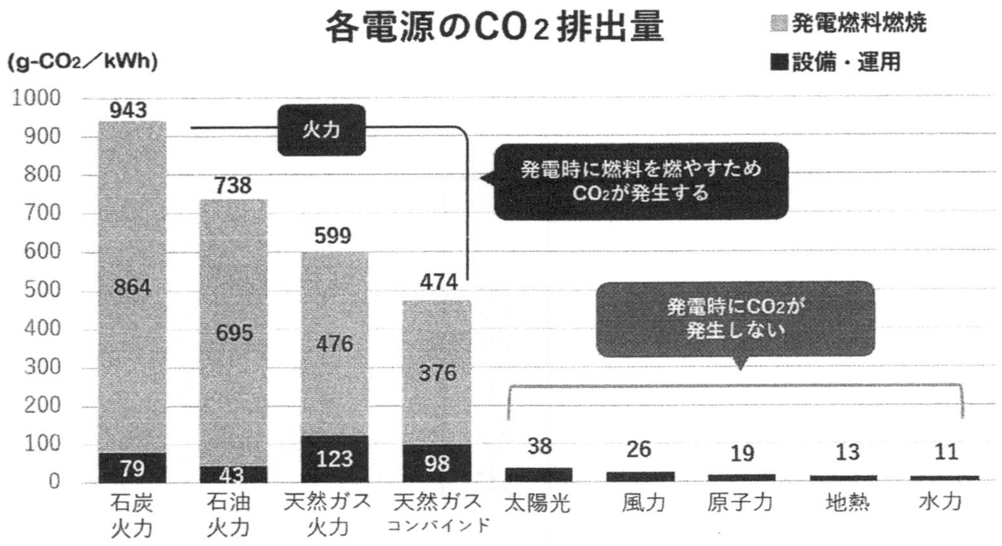

(中国電力ウェブサイトより作成)

（6）［（え）］にあてはまる数字を求めましょう。ただし、小数第一位を四捨五入し整数で書きましょう。

たろうさん：最後に太陽光発電の短所を３つ説明します。まず１つ目です。太陽光は天候によって左右されてしまいます。晴れの日と比べて雨やくもりの日はほとんど発電が行われません。２つ目は１年間の中で発電量が大きく異なってしまうことです。その理由は、［（お）］です。３つ目は、発電場所の確保です。発電量を確保するには、広大な設置場所が必要なようです。家庭で使用する程度であれば、屋根に設置できた分で十分だそうです。また、太陽光発電には改良の余地があり、太陽の光をより効率よく電気に変えられるしくみが研究されているそうです。

ひろし先生：２人とも素晴らしいです。よくここまで詳しく調べることができました。打ち水をきっかけにこれからの地球環境を考える良いきっかけとなりましたね。

（7）［（お）］にあてはまる言葉として適切な内容を書きましょう。

適性検査Ⅰ　解答用紙1

受検番号	
氏名	

※200点満点

問題1

(1)

(2)

(3)

——線①い

——線①う

——線②い

——線②う

(4)(ア)

A

B

C

D

(イ)

(ウ)

2

3

(5)の解答は解答用紙2に書きましょう。

(1) 4点
(2) 4点
(3)20点
(4)(ア)20点
(イ) 7点
(ウ)10点
(5)75点

下のらんには記入しない

合計	(1)	(2)	(3)	(4)-(ア)	(4)-(イ)	(4)-(ウ)

【解答

適性検査Ⅱ　解答用紙１

※200点満点

問題１

(1)５点
(2)15点
(3)10点
(4)５点
(5)10点
(6)10点

（１）

（２）

（３）

（４）

（５）

（６）

下のらんには

記入しない

（１）

（２）

（３）

（４）

（５）

（６）

受検番号	氏　　名

合　計

適性検査Ⅱ　解答用紙３

問題３

（１）

（あ）

（２）

①

（３）

（い）

（４）

（５）

（う）

（６）

（え）

（７）

（お）

(1)15点
(2)10点
(3)５点
(4)10点
(5)５点
(6)10点
(7)15点

下のらんには
記入しない

（１）

（２）

（３）

（４）

（５）

（６）

（７）

受検番号	氏　　名

合　計

適性検査Ⅱ　解答用紙２

下のらんには
記入しない

問題２

⑴10点
⑵10点
⑶10点
⑷い．５点
　う．10点
⑸10点
⑹図．５点
　お．10点
　か．５点

（１）

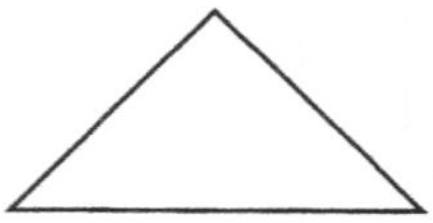

（２）

（３）

（４）

い

う

（５）

え

（６）

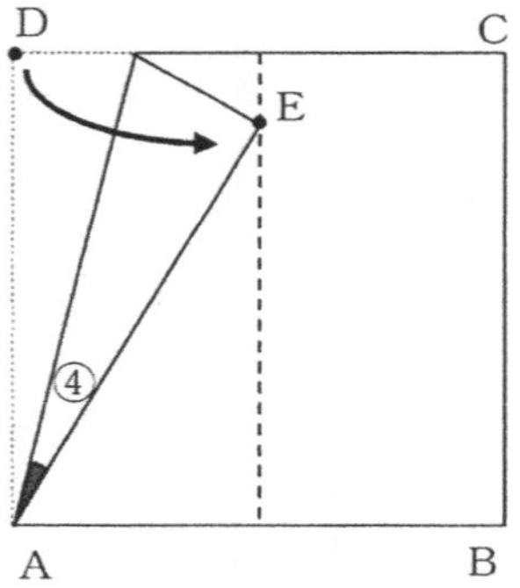

お

か

受検番号	氏　　　名

合　計

（１）

（２）

（３）

（４）

（５）

（６）

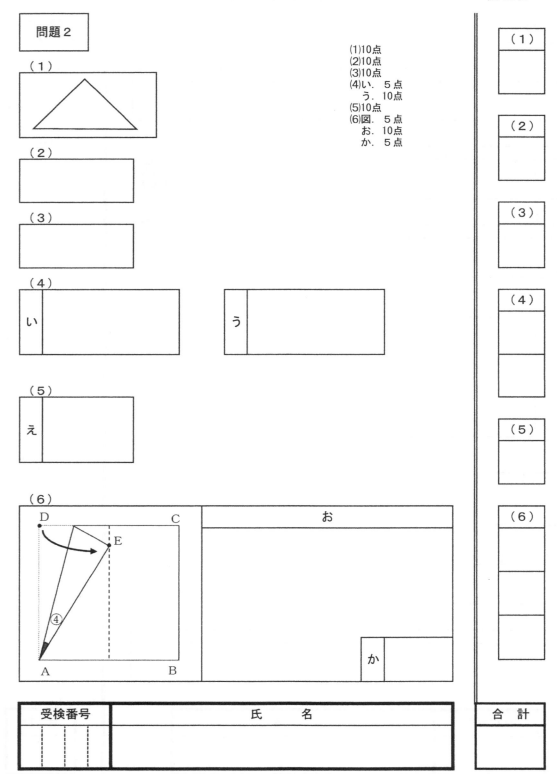

適性検査Ⅰ　解答用紙３

問題２

(1) ５点
(2) 15点
(3) ５点
(4) 10点
(5) ５点
(6) ５点
(7) ５点
(8) 10点

（１）
（あ）　　（い）

（２）

市	
会社	
市民	

（３）

（４）

（県）	（県）

（５）

（６）

（７）

（８）

受検番号	氏　　名

下のらんには記入しない

（１）
（２）
（３）
（４）
（５）
（６）
（７）
（８）

合　計

適性検査Ⅰ　解答用紙２

問題１

(5)

受検番号

氏　名

20　100　200　300　360　400

下のらんには記入しない

問題１　たろうさんとはなこさんがけいこ先生と教室で話をしています。次の会話文を読んで、あとの（１）～（６）の各問いに答えましょう。

たろうさん：この間テレビで、ある国の生活について見たのですが、ぼくの生活と全くちがっていて、おどろくことばかりでした。

はなこさん：それはどのような国だったのですか。

たろうさん：砂漠《さばく》の中にある国で、建物がレンガでできていて、窓が小さく作られていました。女性も男性も、すそが長くてゆったりとした服を着ていました。〔資料１〕

〔資料１〕

（Photo AC ウェブサイトより引用）

〔資料２〕中東の平均月例温度と雨の日数

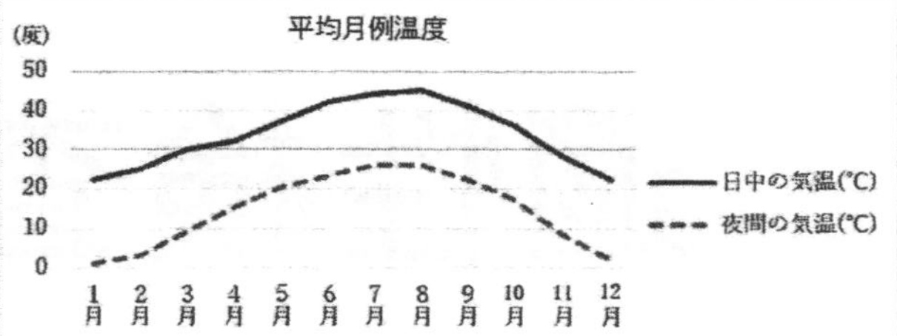

雨の日数

月	1月	2月	3月	4月	5月	6月	7月	8月	9月	10月	11月	12月
日数	0	0	0	0	0	0	0	0	0	0	2	1

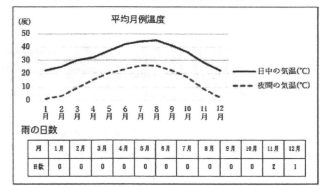

（hikersbay ウェブサイト資料より作成）

はなこさん：なぜ、すそが長い服装なのでしょう。砂漠だと暑いから、もう少しすずしい服のほうがよさそうなのに。

たろうさん：〔資料２〕から①いくつかの理由が考えられます。

けいこ先生：服装はその場所の環境《かんきょう》に合わせたものになっているのが分かりますね。

はなこさん：では、建物がレンガで作られていることにも理由があるのでしょうか。

けいこ先生：砂漠では木の材料が少ないので、土や砂で作れるレンガを使うことが多いのです。

たろうさん：地域の環境によって建物や服装などの文化が異なることがわかりました。やはりその地域の自然環境が一番影響《えいきょう》するのでしょうか。

けいこ先生：そうですね。他にも地域の環境によって異なる文化はありますか。

はなこさん：地域の自然環境によって食文化は異なると思います。
具体的な例として、［　（あ）　］ことが挙げられます。

たろうさん：なるほど。いろいろな文化についてもっと知りたいです。

はなこさん：さっそく、「文化」について、図書室やインターネットで調べてみましょう。

（１）　下線部①について、あてはまらない理由を、次のア～エの中から１つ選び、記号で答えましょう。

ア　日差しから身を守るため

イ　乾燥《かんそう》から肌を守るため

ウ　昼と夜の気温差に対応するため

エ　雨から身を守るため

（２）［　（あ）　］にあてはまる言葉を書きましょう。

たろうさん：建物について調べていたら、アジアには、このような家が多い地域があることが分かりました。〔**資料３**〕

はなこさん：なぜ地面よりもずいぶん高いところに部屋があるのでしょうか。

たろうさん：その理由はいろいろあるようだけれど、大きな理由はこの表〔**資料４**〕からも分かるように、アジアで起こる回数の多い自然災害である［　（い）　］に対応するためだそうです。

〔**資料３**〕

（Photo AC ウェブサイトより引用）

〔**資料４**〕災害別にみた災害と被害傾向《ひがいけいこう》（2006 年）

災害の種類	地域	災害数	被災者数	被害額（1,000米ドル）
干《かん》ばつ	アフリカ	6	10,807,000	
	アメリカ	1		
	アジア	2	19,900,000	817,000
	ヨーロッパ	1		225,573
	オセアニア	1		
合計		11	30,707,000	1,042,573
地震《じしん》	アフリカ	2	1,795	
	アメリカ	2	12,519	73,000
	アジア	17	3,788,935	3,171,453
	ヨーロッパ	2	12,567	55,000
合計		23	3,815,816	3,299,453
洪水《こうずい》	アフリカ	58	2,192,127	157,761
	アメリカ	37	818,247	1,938,300
	アジア	98	29,046,546	1,118,832
	ヨーロッパ	27	89,145	161,925
	オセアニア	6	15,224	3,500
合計		226	32,161,289	3,380,318

（アジア防災センター資料より作成）

（３）［　（い）　］にあてはまる言葉を書きましょう。

はなこさん：調べてみると、世界の人たちは環境に合わせていろいろと工夫して生活してきて今がある、ということが分かりますね。

たろうさん：このように考えたことはなかったから、新しい発見でした。世界のいろいろなところに目を向けなければいけないと感じました。

けいこ先生：そうですね。

実は、JICA（国際協力機構《きこう》）のウェブサイトには、このようなデータがあります。日本の人たちへの「次の国・地域・人についてどのように感じますか。」という質問に対する回答です。〔**資料５**〕

〔**資料５**〕

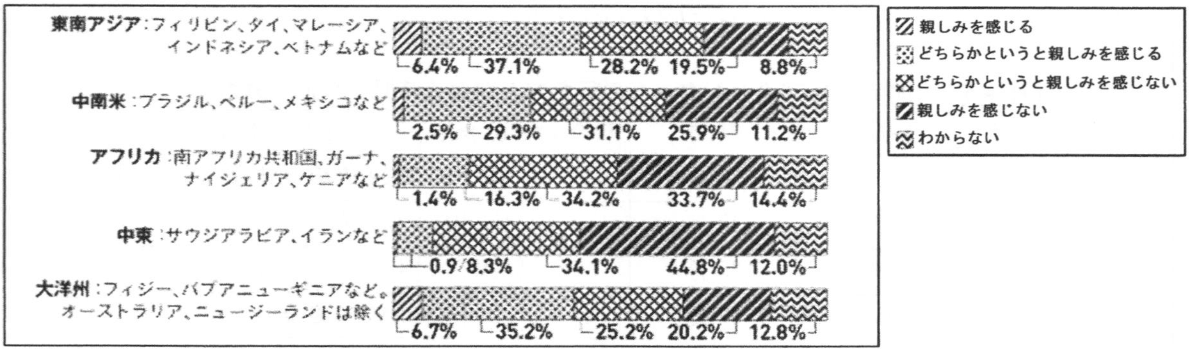

（JICA「日本・途《と》上《じょう》国《くに》相《そう》互《ご》依《い》存《そん》度調査」で実施した Web 調査に基づき JICA 調査団作成より引用）

はなこさん：この資料を見ると、［　　（う）　　］の国々に対して、「親しみを感じる」「どちらかというと親しみを感じる」と答えた人の割合が一番多いですね。なぜでしょうか。

けいこ先生：新しい問いが生まれましたね。なぜ、親しみを感じているのか、それも考える必要がありそうですね。

たろうさん：では、どうして親しみを感じるのか考えていきたいですね。

（4）［　　（う）　　］にあてはまる地域を、次のア～オの中から１つ選び、記号で答えましょう。

ア　東南アジア
イ　中南米
ウ　アフリカ
エ　中東
オ　大洋州

たろうさん：いろいろな国の文化を知りたくて調べていますが、調べるほど知りたいことが増えてきますね。できれば、実際にいろいろな国の人と交流してみたいです。

けいこ先生：川崎市には、川崎市国際交流センターという場所があります。そこでは、様々な文化をもつ人たちとの交流や協力をすすめています。交流するイベントもあるので行ってみるといいかもしれませんね。

はなこさん：ぜひ行ってみましょう、たろうさん。

―　３人は川崎市国際交流センターへの行き方について考えています　―

たろうさん：学校から川崎市国際交流センターへの一番よい行き方を考えましょう。どのような行き方があるでしょうか。

はなこさん：まず電車とバスという行き方がありますね。別の方法だと、電車で行って最《も》寄《よ》りの駅から徒歩という行き方もありますね。

けいこ先生：お金がかかってよければタクシーでも行けますよ。

たろうさん：結構疲れるかもしれないけど、自転車でも行けそうですね。

はなこさん：今の話を表にすると〔資料６〕になりますね。

〔資料６〕川崎市国際交流センターへの行き方とかかる時間・料金・労力

行き方	時間	料金（子ども・片道）	労力（体力）
電車とバス	30分	240円	ほとんど必要なし
電車と徒歩	45分	150円	少し必要
タクシー	25分	3800円	ほとんど必要なし
自転車	65分	0円	かなり必要

けいこ先生：はなこさんはどのような行き方がよいですか。
はなこさん：①私は、いくら時間がかかっても、いくら疲れてもよいので、できるだけ安く行きたいです。たろうさんはどうですか。
たろうさん：②私は、300 円以下ならお金がかかってもよいので、できるだけ疲れない方法で行きたいです。
けいこ先生：意見が分かれましたね。どうしましょうか。
はなこさん：はじめはいくら疲れてもよいと思いましたが、国際交流センターに行ってからもたくさん活動するので、別の行き方の方がよいと思いました。
たろうさん：それでは、電車と徒歩で行きましょう。
はなこさん：そうしましょう。国際交流センターへ行くのが楽しみになりました。

（5）下線部①と下線部②について、はなこさんとたろうさんの考えの組み合わせとしてあてはまるものを、次のア～カの中から１つ選び、記号で答えましょう。

ア　はなこさんは「タクシー」　たろうさんは「自転車」
イ　はなこさんは「電車とバス」　たろうさんは「電車と徒歩」
ウ　はなこさんは「自転車」　たろうさんは「電車と徒歩」
エ　はなこさんは「電車と徒歩」　たろうさんは「タクシー」
オ　はなこさんは「自転車」　たろうさんは「電車とバス」
カ　はなこさんは「電車と徒歩」　たろうさんは「電車とバス」

（6）川崎市国際交流センターへの行き方について考えた流れとしてあてはまるものを、次のア～オの中から１つ選び、記号で答えましょう。

ア　情報の収集　→　課題決め　→　整理　→　分析《ぶんせき》　→　まとめ
イ　課題決め　→　情報の収集　→　整理　→　分析　→　まとめ
ウ　情報の収集　→　課題決め　→　分析　→　整理　→　まとめ
エ　情報の収集　→　整理　→　分析　→　課題決め　→　まとめ
オ　課題決め　→　情報の収集　→　分析　→　整理　→　まとめ

問題2 たろうさん、はなこさん、じろうさんの三人が折り紙で遊んでいます。
次の会話文を読んで、あとの（1）～（6）の各問いに答えましょう。

じろうさん：折り紙を何回か折ってから切るときれいな形になります。
たろうさん：どのように作るのか、教えてください。
じろうさん：**【図1】**のように折ってから、黒い部分を切ると**【図2】**のようになります。
たろうさん：おもしろそうだね。やってみよう。

【図1】

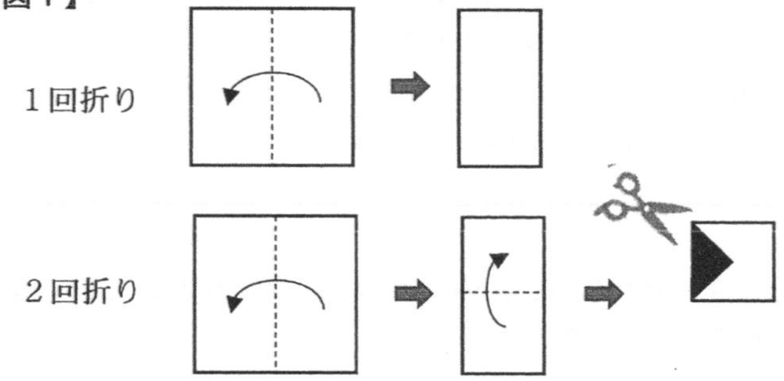

【図2】

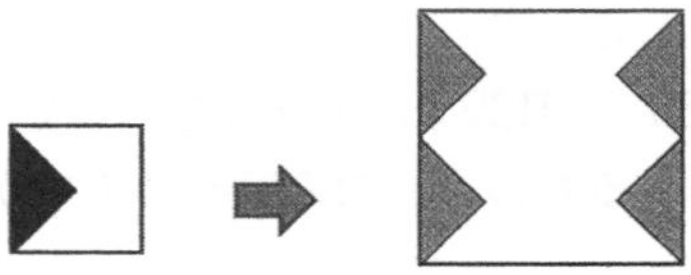

はなこさん：見てください。私は【図3】のようになりました。
どのように切ったか分かりますか。
じろうさん：それは折り方や折る回数によって異なります。
まずどのように折ったか教えてください。
はなこさん：**【図4】**のように折りました。

【図3】

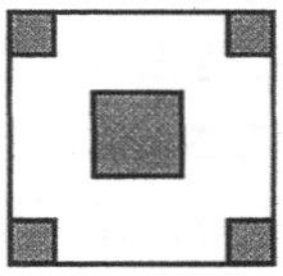

【図4】

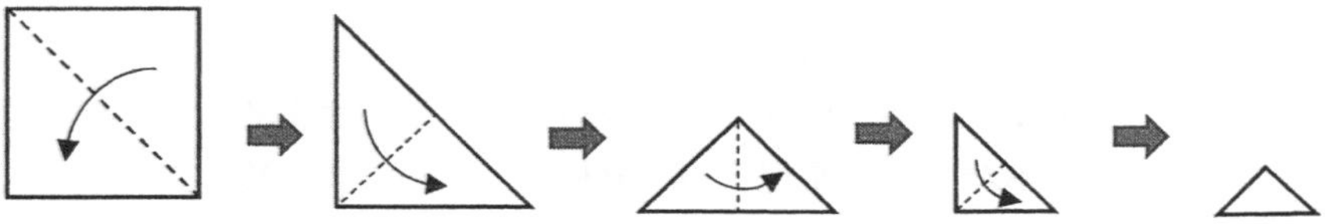

じろうさん：常に直角二等辺三角形になるように折ったのですね。
はなこさん：そうです。4回折って、直角二等辺三角形を
①このように切り取ると**【図3】**のようになりました。
たろうさん：きれいな形ですね。

（1）下線部①について、どのように切り取ったのでしょうか。
解答用紙の直角二等辺三角形に、切り取った部分を黒くぬりつぶしましょう。

たろうさん：私は【図５】のように折って、黒い部分を切り取ると
②このような形になりました。
はなこさん：この形もきれいですね。

【図５】

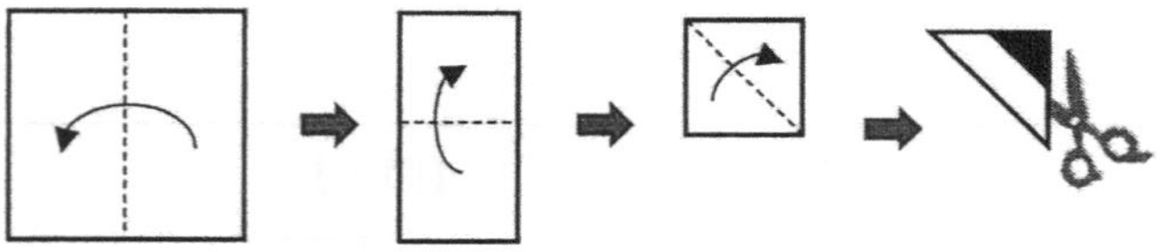

（２）下線部②について、正しいものを、次のア～カから１つ選び、記号で答えましょう。

ア

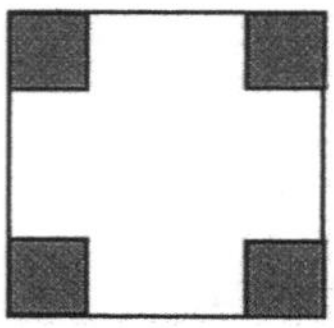

イ

ウ

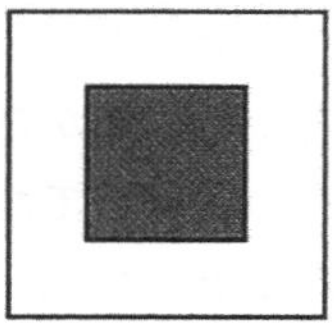

エ

オ

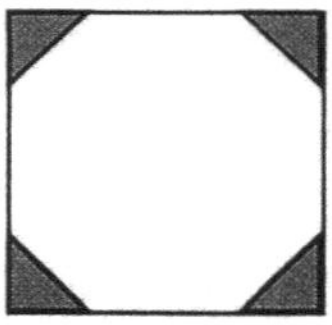

カ

けいこ先生：すてきな図形を作っていますね。切り紙遊びをしているところ悪いのですが、お楽しみ会で【図６】のような輪飾《かざ》りを作りたいので、協力してくれませんか。

【図６】

じろうさん：いいですよ。
たろうさん：はい、わかりました。
はなこさん：どれくらいの長さの【図６】を作ればよいのですか。
けいこ先生：２ｍの長さの【図６】を 10 本作ってほしいです。
たろうさん：大変そうですね。
じろうさん：正方形の折り紙の一辺は 15cm あります。
一枚の折り紙を【図７】のように４等分にして、
それを切ってつなげよう。

【図７】

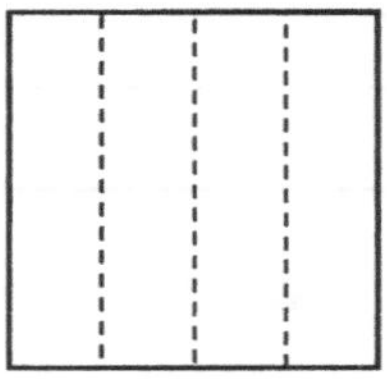

はなこさん：折り紙がむだにならないように、最低で何枚必要になるのかその枚数を計算しておきましょう。
たろうさん：そうだね。輪にするときののりしろはどれくらいの長さで考えますか。
はなこさん：のりしろは１cmです。
じろうさん：私が計算してみますね。2mちょうどにはならないと思うので、2mを少しでもこえればよいものと考えて、それを 10 本つくるために必要な折り紙の枚数を、円周率は 3.14 として求めてみます。
－計算中－
じろうさん：私の計算だと、およその数ですが、折り紙は （あ） 枚必要になります。
はなこさん：じろうさん、計算してくれてありがとう。
たろうさん：じろうさんの計算では輪と輪が重なる部分を考えなかったけど、誤差はないのかな。

（３）じろうさんはどのように計算して （あ） の枚数を求めたか、計算として正しい式を、次のア～カから１つ選び、記号で答えましょう。

ア 15÷3.14＝4.77… 200÷4.77＝41.92… 42÷4＝10.5 11 枚	イ 15÷3.14＝4.77… (200÷4.77)×10＝419.28… 420 枚	ウ 15÷3.14＝4.77… 200÷4.77＝41.92… 42×10÷4＝105 105 枚
エ (15－1)÷3.14＝4.45… 200÷4.45＝44.94… 45÷4＝11.25 12 枚	オ (15－1)÷3.14＝4.45… (200÷4.45)×10＝449.43… 450 枚	カ (15－1)÷3.14＝4.45… 200÷4.45＝44.94… 45×10÷4＝112.5 113 枚

じろうさん：誤差はあると思うけど、どれくらいの誤差の長さになるのかは分からないな。
はなこさん：実際に輪飾りを作ってみて、長さを計測しましょう。
－計測中－
たろうさん：つなげた輪の数と輪飾り全体の長さを【図８】にまとめました。

【図８】

輪の数（個）	10	11	12	13
全体の長さ（cm）	33	36	39	42

じろうさん：30 個の輪をつなげたときの全体の長さは 93 cmですか。
はなこさん：じろうさん、計測せずになぜわかったのですか。
じろうさん：【図８】の表をもとに全体の長さを求めました。
たろうさん：何かきまりがあるのですね。
はなこさん：わかりました。では、40 個だと［（い）］cmですね。
じろうさん：そうです。
たろうさん：では、２ｍの長さの輪飾りを 10 本作るためには、折り紙が何枚必要か計算しましょう。
－計算中－
じろうさん：折り紙の枚数は、［（う）］枚になりました。
はなこさん：輪と輪が重なる部分を考えると誤差はありましたね。
たろうさん：実際に計測して、求めることも大事ですね。

（４）［（い）］、［（う）］にあてはまる数を書きましょう。

たろうさん：じろうさんが計算してくれたおかげで、むだなく終わりましたね。
はなこさん：そうですね。
たろうさん：**【図７】**の図形は２回折ると折り目が３本できるから４等分されましたが、もし４回折ったら、折り目は 15 本できて 16 等分になります。
じろうさん：きれいに折ったらそうなるはずです。
たろうさん：もし８回折ると、折り目は何本できるのかな。
はなこさん：［（え）］本です。
じろうさん：でも８回も折れないと思いますよ。
たろうさん：たしかにそうですね。

【図７】

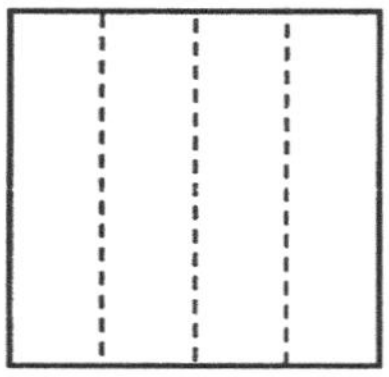

（５）［（え）］にあてはまる数を書きましょう。

―数分後―
たろうさん：はなこさん、見てください。正方形の折り紙を**【図９】**のように切ると正三角形を作ることができます。

【図９】

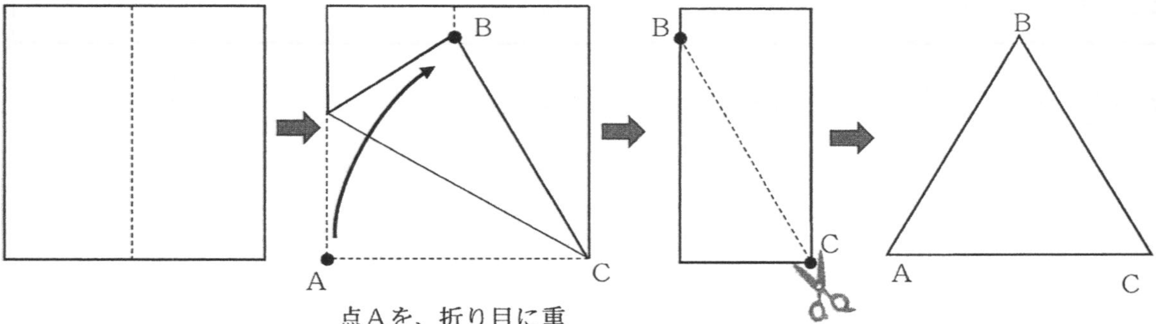

２つに折って広げる。

点Ａを、折り目に重ねて点Ｂに印をつけて、広げる。

２つに折って、直線ＢＣをかいて切る。

正三角形ＡＢＣができる。

はなこさん：そうですね。でもなぜこのように切ると正三角形になるのでしょうか。
じろうさん：点Ａを折り目に重ねて点Ｂの印をつけたので、辺ＡＣと辺ＢＣの長さは等しくなります。次に２つに折って切っているので、広げたときに辺ＢＣと辺ＡＢの長さは等しくなります。よって、辺ＡＣと辺ＢＣと辺ＡＢの長さは等しくなり、３辺の長さがすべて等しくなるから、三角形ＡＢＣは正三角形となります。
はなこさん：そういう理由で正三角形が作れるのですね。

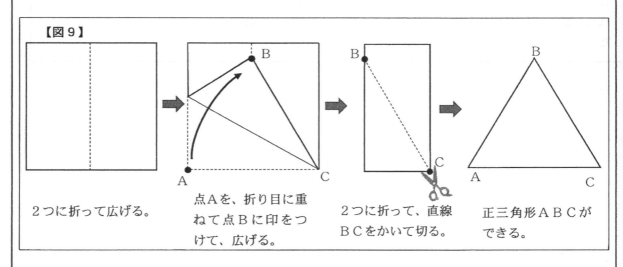

令和４年度

川崎市立川崎高等学校附属中学校入学者決定検査

適性検査Ⅱ

（45 分）

―― 注　意 ――

1　「はじめ」の合図があるまで、この問題用紙を開いてはいけません。

2　この問題用紙には**問題１**から**問題３**まで、全部で１６ページあります。

3　問題をよく読んで、答えはすべて解答用紙の決められたらんに、わかりやすくていねいな文字で書きましょう。解答らんの外に書かれていることは採点しません。

4　解答用紙は全部で**３枚**あります。

5　計算やメモが必要なときは、解答用紙には書かずに、この問題用紙の余白を利用しましょう。

6　問題用紙・解答用紙は、折り曲げたり、破ったりしてはいけません。

7　「やめ」の合図があったら、途《と》中《ちゅう》でも書くのをやめ、筆記用具を机の上に置きましょう。

問題１は反対側から始まります。

問題２　たろうさんとはなこさんがけいこ先生と教室で話しています。次の会話文を読んで、あとの（１）～（８）の各問いに答えましょう。

たろうさん：副読本「かわさき」から、〔資料１〕の写真を見つけました。

〔資料１〕副読本「かわさき」で見つけた写真

A

B

はなこさん：Aはすっきりしているけど、Bは煙《けむり》がかかっていてはっきり見えないですね。

けいこ先生：川崎市の臨海部の写真ですね。［　（あ）　］が1966年ごろで、［　（い）　］が2021年のものですね。

はなこさん：川崎は昔、公害の町と言われていたのを聞いたことがあります。

たろうさん：そうなんです。でも下の〔資料２〕の年表を見てください。

〔資料２〕公害防止に関する主なできごとについて

いつごろ	主なできごと
昭和30～40年ごろ	・大師地区住民が市議会に対し請願《せいがん》を行う。 ・市民による「ばい煙《えん》規制法制定運動」がおこる。 ・市内中小企業に公害除去施設の助成《じょせい》を開始する。
昭和40～50年ごろ	・石油化学30社が共同で、公害問題の解決を図るため「川崎地区コンビナート公害研究会」（現、川崎環境《かんきょう》技術研究所）を結成する。 ・「公害対策基本法」が公布される。 ・「川崎市公害防止条例」が公布される。
昭和50～60年ごろ	・公害の差止めと損害賠償《そんがいばいしょう》を求めた裁判がおこる。
昭和60～平成10年ごろ	・「川崎市環境基本条例」が施行《しこう》される。

（川崎市環境局『令和２年度環境事業概要《がいよう》－公害編－』より作成）

たろうさん：この年表を見ると川崎市の公害は、①市と会社と市民がそれぞれ改善に向けて取り組んできたことが分かります。

はなこさん：この年表を見て、具体的に川崎市の公害について、その変化を調べてみたくなりました。調べるにはどんな資料がありますか。

たろうさん：［　（う）　］の資料は変化についての手がかりになります。

（1）［（あ）］と［（い）］にあてはまるものを、〔資料１〕のA、Bから選び、それぞれ記号で答えましょう。

（2）下線部①について、公害が改善された理由について、市、会社、市民の３つの立場がそれぞれ行ったことを１つずつ書きましょう。

（3）［（う）］にあてはまるものを、次のア～エの中から１つ選び、記号で答えましょう。

ア　川崎市内工場・事業場硫黄《いおう》酸化物排出《はいしゅつ》量の経年推移《けいねんすいい》

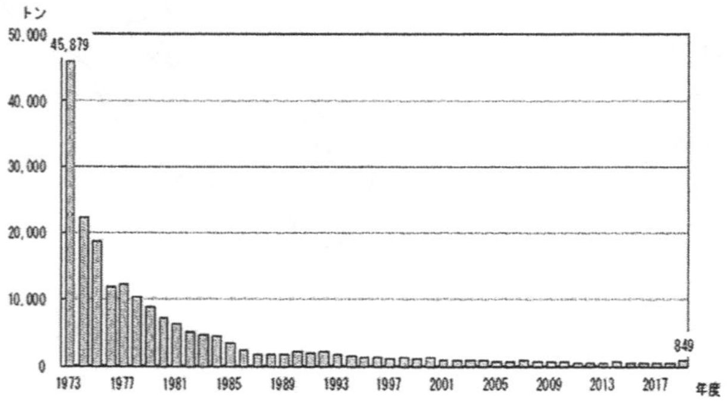

イ　世界の二酸化炭素排出量

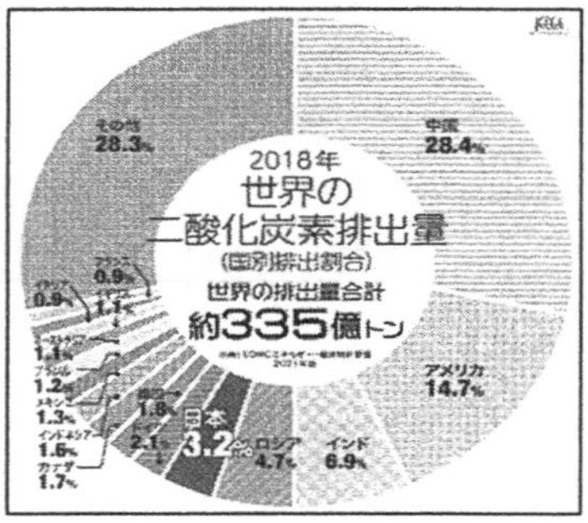

ウ　川崎市内主要道路

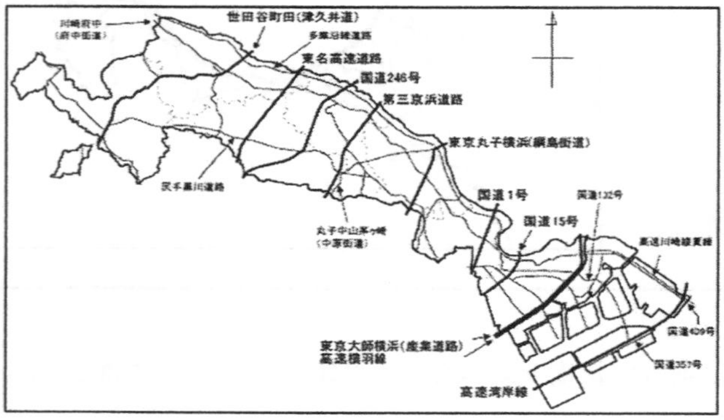

エ　四大公害病

公害病	どこで発生したか
水俣《みなまた》病 (熊本・鹿児島県)	水俣湾周辺で集団的に発生。
新潟水俣病 (新潟県)	阿賀野川《あがのがわ》の下流で発生。
四日市ぜんそく (三重県)	四日市で発生。
イタイイタイ病 (富山県)	神通川《じんずうがわ》の下流で発生したと推定。

けいこ先生：ところで、たろうさんは公害について川崎市と比較するために、先週末お父さんと一緒に県外の町に調べに行ったのよね。

たろうさん：はい、A町に調べに行きました。父の知り合いがA町の工場に勤めていて、A町の公害の歴史についてお話を聞いてきました。

はなこさん：どういう経路で行ったのですか。

たろうさん：②A町のA駅には〔資料3〕のとおり新横浜駅から名古屋駅まで東海道新幹線で行き、そこから乗り換えて行きました。

はなこさん：そうなんですね。実際に現地に行って調べるって素晴らしいですね。

たろうさん：初めてだったので、A駅を降りた時、その工場にどう行けばいいのか迷ったけれど、③駅前の地図を見たら分かりました。

〔資料3〕A町までの経路

（4）下線部②について、東海道新幹線に乗って新横浜駅から名古屋駅まで行く時に通る、神奈川県以外の県名を漢字で2つ書きましょう。

（5）下線部③について、〔資料4〕のA駅前の地図を見て、たろうさんが向かった方角と歩いた道のりについてあてはまるものを、次のア～カの中から1つ選び、記号で答えましょう。

ア　西へ約1km歩き、北へ約1km歩いた。

イ　西へ約2km歩き、北へ約2km歩いた。

ウ　西へ約1km歩き、南へ約1km歩いた。

エ　西へ約2km歩き、南へ約2km歩いた。

オ　東へ約1km歩き、北へ約1km歩いた。

カ　東へ約2km歩き、北へ約2km歩いた。

〔資料４〕 Ａ駅前の地図

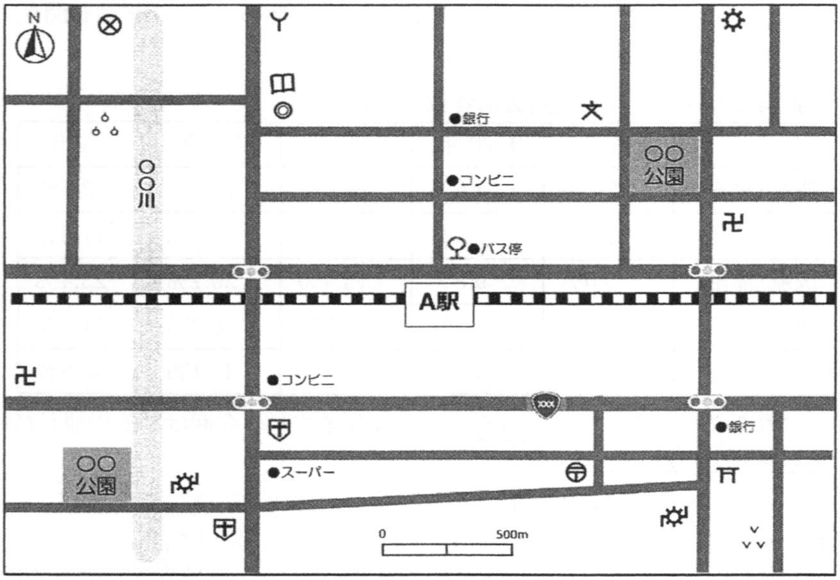

けいこ先生：工場ではどんなお話が聞けましたか。

たろうさん：まず、Ａ町で産業別に働く人数の移り変わりの割合についてお話を聞きました。
まとめたのが、〔資料５〕の表です。

〔資料５〕Ａ町　産業種別労働者数の変動

	1980 年	1990 年	2000 年	2010 年	2020 年
農業・林業	22.7%	14.6%	18.5%	13.2%	2.7%
製 造 業	12.5%	12.0%	11.2%	14.4%	17.0%
医療・福祉	5.0%	9.8%	13.4%	20.1%	23.4%
漁　　業	10.1%	18.5%	21.2%	8.2%	11.1%
そ の 他	49.7%	45.1%	35.7%	44.1%	45.8%

はなこさん：この表をグラフに表すと［（え）］になりますね。今回は「その他」は除きました。
先生どうですか。

けいこ先生：そうですね。合っていますよ。

たろうさん：ありがとうございます。他のことについてもたくさん話を聞いてきました。
〔資料６〕がその時にとったメモの一部です。

〔資料６〕たろうさんのメモ

2021・10・9
A町の工業と公害について（川崎との比較）
（聞いた人　A町　Bさん）
・工場の数　23（最盛期）
（川崎は？→後で調べよう）
・製造業で働く人の割合
2020 年→全体の 17.0%
（川崎市は 15%くらい）
・公害病患者→最も多い時期には 834 人
→川崎では 1972 年に 1000 人を超えていた
・主な公害病
ぜんそく、カドミウム中毒、ヒ素中毒
（川崎でもぜんそくが流行）

はなこさん：すごいですね。たくさんメモしましたね。

けいこ先生：素晴らしいですね。このメモにある情報を他の人に分かりやすく伝えるとしたらどうしたらいいでしょうか、たろうさん。

たろうさん：［（お）］の図表を使ってみたらいいと思います。

はなこさん：確かにその図表を使うと一番分かりやすいですね。

たろうさん：ありがとう。分かりやすいまとめをつくってみるので、完成したらぜひ見てくださいね。

けいこ先生：川崎市とＡ町について調べてみて、分かったことはありましたか。

はなこさん：２つの市と町には、共通点もありました。〔資料７〕の写真を見てください。工場がライトで照らされていますね。どちらの市と町も、［（か）］として活用しています。

〔資料７〕川崎市とＡ町の写真

川崎市の写真

Ａ町の写真

たろうさん：そうなんですね。どちらの市と町も、公害をなくす努力を積み重ね、新たな取組を行っているのですね。他の取組についても調べてみたいと思います。

2022(R4) 市立川崎高附属中
教英出版

（6）［（え）］にあてはまるものを、次のア〜エの中から１つ選び、記号で答えましょう。

ア

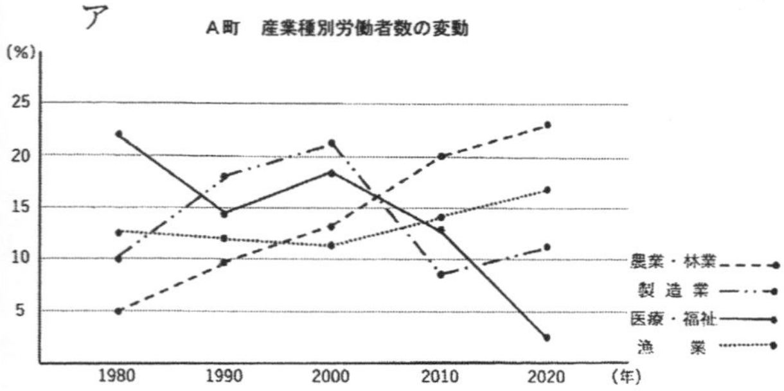

イ

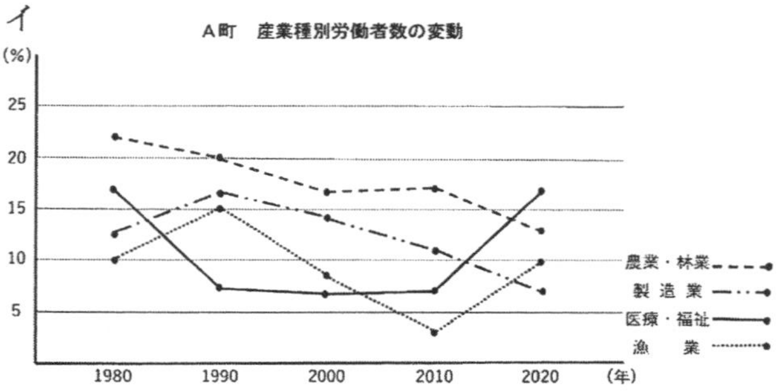

ウ

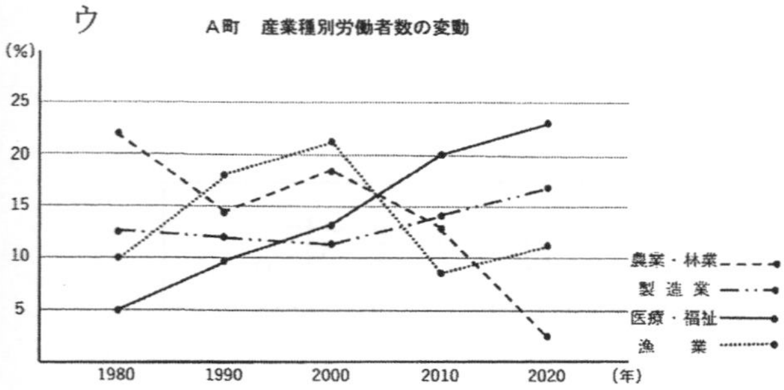

エ

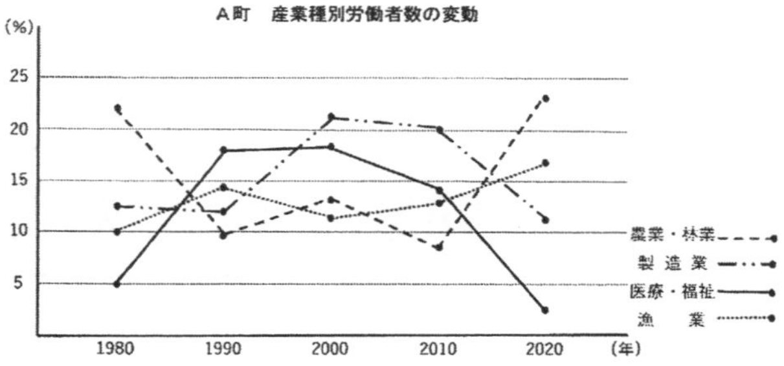

（7）［（お）］にあてはまるものを、次のア〜エの中から１つ選び、記号で答えましょう。

ア

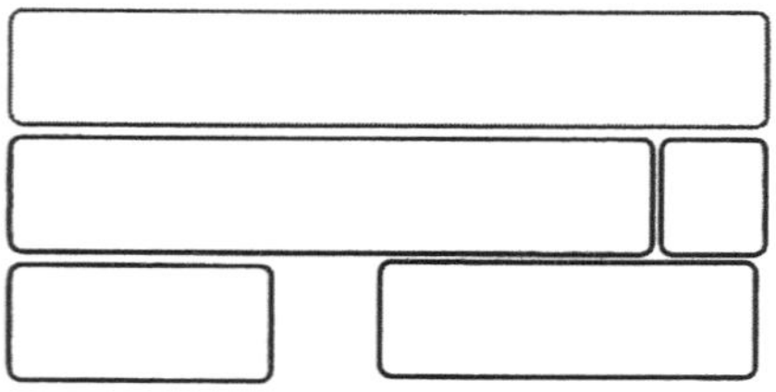

イ

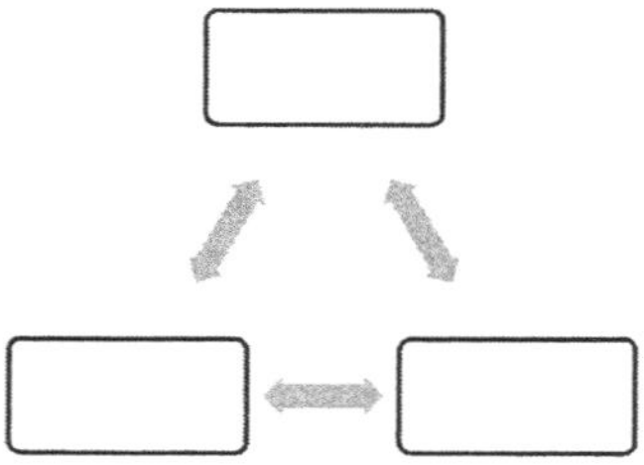

ウ

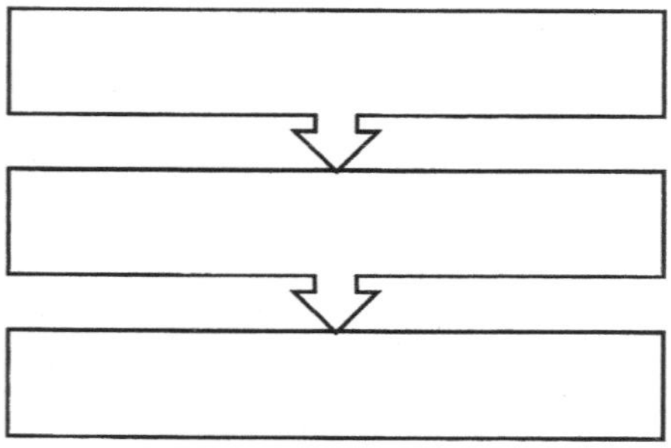

エ

（8）［（か）］にあてはまることばを、10字以内で答えましょう。

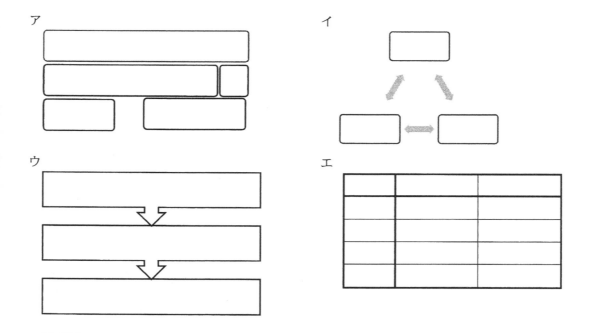

こちらから開くと**問題2**になります。

令和３年度

川崎市立川崎高等学校附属中学校入学者決定検査

適性検査Ⅰ（45分）

―― 注　意 ――

1 「はじめ」の合図があるまで、この問題用紙を開いてはいけません。

2 問題は全部で２つあります。こちらから開くと**問題1**（全８ページ）になります。**問題2**（全５ページ）は**反対面から**始まります。

3 問題をよく読んで、答えはすべて解答用紙の決められたらんに、わかりやすくていねいな文字で書きましょう。解答らんの外に書かれていることは採点しません。

4 解答用紙は全部で**３枚**あります。

5 計算やメモが必要なときは、解答用紙には書かずに、この問題用紙の余白を利用しましょう。

6 字数の指定のある問題は、指定された条件を守り、**問題1**はたて書きで、**問題2**は横書きで書きましょう。最初のマスから書き始め、文字や数字は一マスに一字ずつ書き、句読点〔。、〕やかっこなども一字に数え、一マスに一字ずつ書きます。ただし、**問題1**の(5)は、その問題の［注意事項《じこう》］の指示にしたがいましょう。

7 「やめ」の合図があったら、途中《とちゅう》でも書くのをやめ、筆記用具を机の上に置きましょう。

問題1 次の**あ**、**い**の文章と新聞記事、たろうさんとはなこさんの会話文を読んで、あとの(1)～(5)の各問いに答えましょう。なお、問題作成のため、一部文章を省略《しょうりゃく》しています。

あ

みなさんの家では新聞を取っていますか？取っていない家庭が多いと思います。今はインターネットが普及《ふきゅう》＊1しているので、わざわざ新聞を取らなくても、ネットで無料の情報が好きなだけ検索《けんさく》できるようになっています。

「新聞なんて、必要なの？」そんな声も聞こえてきそうですね。でも新聞はやはり必要だと私は思います。ネットにメリット＊2があるように、新聞にもメリットがあるんです。

そのメリットは何かというと、ひとつにはネットの画面で見るより、紙に印刷された文字で読むほうが記憶《きおく》が定着することです。

ネットの情報はどうしても①画面をサーッと流してしまいがちです。感覚的に文字が頭にひっかからないので、記憶にあまり残らない。ネットの良いところでもあるのですが、記憶に定着するかという点で見たら、紙に印刷されたもののほうが、圧倒的《あっとうてき》に有効なのではないでしょうか。

なぜかというと、紙に印刷されたものは、文章が書いてあった場所や形を記憶にとどめやすいからです。

みなさんも新聞の紙面を思いだしてみてください。見出しの位置や大きさがみな違《ちが》いますし、記事が縦長だったり、横長だったり、レイアウト＊3がいろいろですね。みな違うので、記憶＊4にひっかかるフックがたくさんあるのです。（中略）

ひとつひとつの記事には、それを書いた記者がいます。同じ事件をとりあげていても、記者によって強調する部分が違います。その違いが顕著《けんちょ》＊5にあらわれるのが見出しです。

読み手は最初に見出しに注目するわけですが、記者やデスク〈社内にいて記者が書いた記事を直したり、整理する人〉によって強調する点が全く違います。

現象に注目する人もいれば、原因に注目する人もいる。あるいは肯定《こうてい》＊6的《てき》にとらえる人もいれば、否定的にとらえる人もいる。見出しにはデスクや記者の解釈《かいしゃく》や価値観、考えが如実《にょじつ》＊7にあらわれます。

また本文の文章にも、いろいろな強調点や重みづけがあります。本文を読んでいると、記者の意図《いと》＊8が徐々《じょじょ》にわかってきます。読者をこちら側に導きたいという意図が見え隠《かく》れするのです。

この記者はどういうところに読み手を導きたいのかということを意識しながら記事を読んでいくと、「見抜《みぬ》く力」が養われます。

【齋藤孝『新聞力　できる人はこう読んでいる』〈ちくまプリマー新書〉】

い

著作権に関係する弊社の都合により
本文は省略いたします。

教英出版編集部

著作権に関係する弊社の都合により
本文は省略いたします。

教英出版編集部

【深光富士男『毎日新聞社　記事づくりの現場』〈佼成出版社〉】

【注】

＊1　普及…広く行きわたること。

＊2　メリット…よいところ。

＊3　レイアウト…新聞・雑誌などで、写真、さし絵、見出しなどを効果的に配置すること。

＊4　記憶にひっかかるフック…興味を引かせるもの。

＊5　顕著…きわだっていること。はっきり目立つ様子。

＊6　肯定…そうだとみとめること。

＊7　如実…そのまま。ありのまま。

＊8　意図…何かをしようとする考え。

＊9　一県一紙体制…一つの県で一種類の新聞のみ発行する体制。

＊10　統合…いくつかのものを一つにまとめること。

＊11　日常茶飯事…いつものこと。ありふれたこと。

＊12　購読者…新聞や雑誌などを買って読んでいる人。

⑴　[あ]の――線①「画面をサーッと流してしまいがち」とは、どのような行動のことですか。「流す」と「音や様子を表す言葉」を使わずに、空らんに当てはまるように書きましょう。

⑵　[い]の[②]に入る言葉を、[い]の文章から五字で書きぬきましょう。

⑶　[あ]と[い]の文章を読んだたろうさんとはなこさんは、同じ日の全国紙を二紙と地方紙を二紙用意し、朝刊の一面記事の読み比べをしています。次のページ以降の新聞の図面と会話文を読み、問いに答えましょう。

全国紙「1」【二〇二〇年六月二十三日（火）朝日新聞朝刊一面】

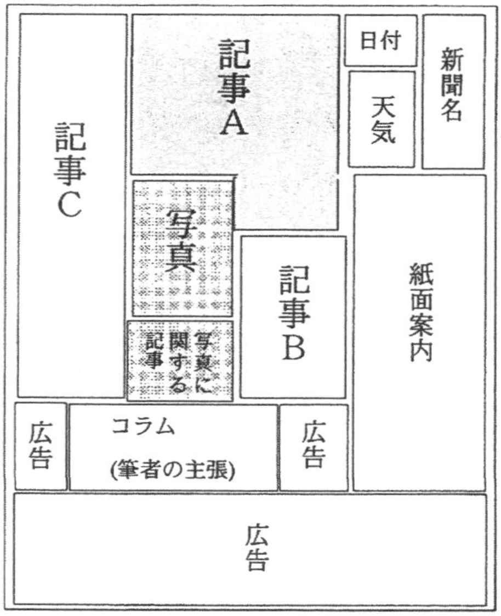

全国紙「2」【二〇二〇年六月二十三日（火）読売新聞朝刊一面】

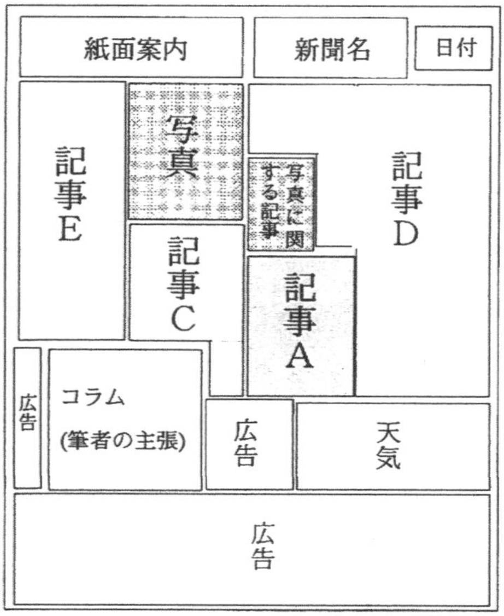

神奈川県の地方紙「3」【二〇二〇年六月二十三日（火）神奈川新聞朝刊一面】

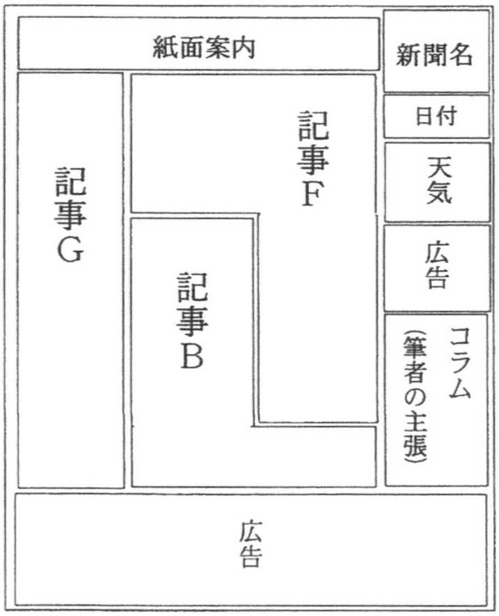

兵庫県の地方紙「4」【二〇二〇年六月二十三日（火）神戸新聞朝刊一面】

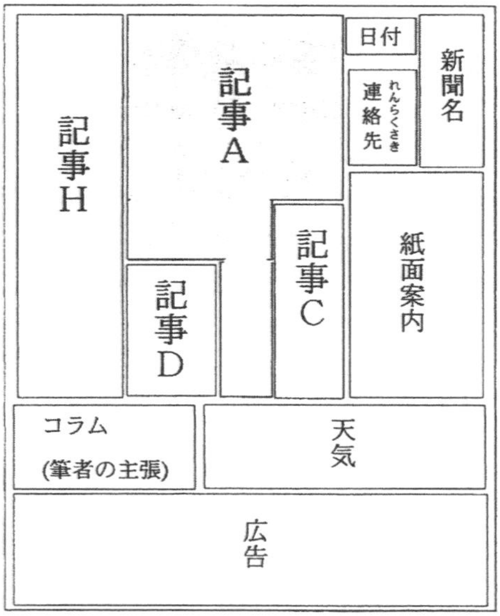

たろうさん　同じ日の朝刊なのに、レイアウトや内容が異なるね。

はなこさん　そうだね。でも図面を見るだけでわかることもあるよ。共通している記事を見てみましょう。

たろうさん　記事AとCは三つの新聞で、また記事BとDは二つの新聞で書かれているね。

はなこさん　これらは、[い]の文章に書いてある[③]であると言えるのではないかな。

たろうさん　なるほど。では反対に、地方紙だけにのっている記事F・G・Hは[④]と言えるね。

はなこさん　全国紙「1」「2」にのっている写真と写真に関する記事は、地方紙「3」「4」の一面にはのっていないけれどなぜかな。

たろうさん　内容はどちらも「沖縄と戦争に関すること」だよ。沖縄の地上戦が終わったのが七十五年前。日付はこの新聞が発行された日の翌日だね。

はなこさん　そうか。この記事は全国紙では[⑤]というあつかいなのかもしれないね。

---

(3)-ⅰ　会話文の中の[③]と[④]に入る言葉を、[い]の文章の中からそれぞれ十一字で書きぬきましょう。

(3)-ⅱ　会話文の中の[⑤]に入る言葉として適切でないものを、次の1～4の中から一つ選び、番号で答えましょう。

1．沖縄での出来事だが、写真を使用して全国に知らせるべき内容

2．沖縄での出来事だが、日本各地の人々に広く知らせるべき内容

3．一面記事として、沖縄の人だけに知らせるべき内容

4．一面記事として、全国の人に知らせるべき内容

(4)　たろうさんとはなこさんは、三つの新聞に掲載《けいさい》されている「記事A」に注目しました。次に示す全国紙「1」の記事A、兵庫県の地方紙「4」の記事A、あとに続く会話文を読み、問いに答えましょう。

全国紙「1」の記事Ａ

【二〇二〇年六月二十三日（火）朝日新聞朝刊一面】

a

開発リーダーの松岡聡・理研計算科学研究センター長は「覇権争いは続く。今後も使いやすさと速さを両立する研究を進めていきたい」と語った。

＊覇権《はけん》 競技などで得る立派な評価

ａを拡大したもの

スパコン「富岳《ふがく》」世界一
「京」以来９年ぶり、計算速度ランク
使いやすさ優先 対コロナにも活用

スパコン世界ランキング 2020年6月

			計算速度（京回/秒）
1位	日本	富岳	41.6
2	米国	サミット	14.9
3	米国	シエラ	9.5
4	中国	神威・太湖之光	9.3
5	中国	天河2A	6.1
12	日本	ABCI	2.0
19	日本	オークフォレスト・パックス	1.4
-	日本	京（撤去済み＝23位相当）	1.1
28	日本	ツバメ3.0	0.8

兵庫県の地方紙「4」の記事Ａ

【二〇二〇年六月二十三日（火）神戸新聞朝刊一面】

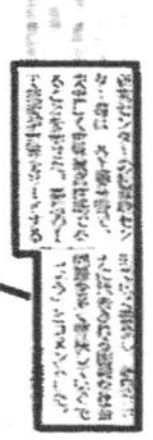

スパコン「富岳」世界一
計算速度、処理能力 史上初「4冠」
「京」以来 日本勢9年ぶり奪還
神戸・理研

理化学研究所（理研）は22日、神戸・ポートアイランドに整備中のスーパーコンピューター「富岳」が、計算速度ランキング「トップ500」をはじめ、スパコンの計算性能を示す主要4部門で世界1位になったと発表した。トップ500で日本勢が1位となるのは、2011年に2期連続1位になった先代の「京」以来9年ぶり。初採用の1部門を加え、「4冠」を達成するのは世界のスパコンで初の快挙という。（3面に関連記事）

＊奪還《だっかん》 うばいかえすこと。

＊4冠《かん》 4つの点でトップにたつこと。

スパコンの計算性能で世界４冠を達成した「富岳」＝神戸市中央区港島南町７、県科学研究所計算科学研究センター

研究センターの松岡聡センター長は「各主要分野で、突出して世界最高性能であることを示せた。富岳のIT技術が世界をリードする形で広く普及し、新型コロナに代表される困難な社会問題を多く解決していくでしょう」とコメントした。

＊突出《とっしゅつ》 ある部分だけが高くつきでること。

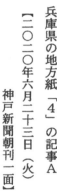

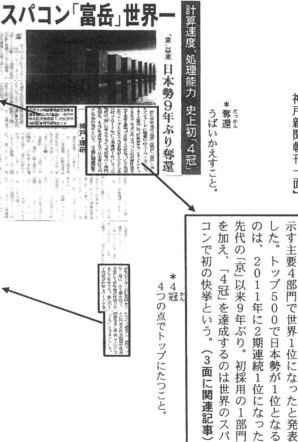

たろうさん　記事Aは、全国紙でも取り上げられているけれど、兵庫県の地方紙「4」ではとても大きく取り上げられているね。一方で神奈川県の地方紙「3」では取り上げられていないのはなぜだろう。

はなこさん　記事を読んだらわかるのではないかな。読み比べてみよう。

たろうさん　なるほど、兵庫県の地方紙だからこそ書いてある内容があるね。⑥兵庫県の地方紙「4」がこれだけ大きく取り上げた理由がわかったよ。

はなこさん　同じ事柄《ことがら》をあつかっている記事でも、内容は少し違うね。

たろうさん　全国紙「1」の記事Aと、兵庫県の地方紙「4」は、伝えたいことが少し違う気がするよ。

はなこさん　確かに、全国紙「1」は、「a」のように、主に計算速度のことをまとめて表にしているけれど、兵庫県の地方紙「4」は、世界一位であるくわしい内容、例えば ⑦ などが文字で説明されているね。

たろうさん　他にもあるよ。全国紙「1」と兵庫県の地方紙「4」は、インタビューされている人が同じなのにコメントの内容が違うんだ。

はなこさん　全国紙「1」では、「覇権《はけん》争いは続く。今後も使いやすさと速さを両立する研究を進めていきたい。」という言葉を取り上げているね。兵庫県の地方紙「4」のコメントでは、主に ⑧ であることと、 ⑨ 可能性があることの二つの内容が書かれているよ。

たろうさん　コメントが違うと、記事全体の印象も変わるね。兵庫県の地方紙「4」を書いた人は⑩読者に何を感じてもらいたくてこの記事を書いたのだろう。

はなこさん　わたしが兵庫県に住んでいたら、自分の住む街に世界一があるのはうれしいな。

たろうさん　確かに、ぼくもそう思うよ。しかも、世界一だけでなくて、史上初「4冠《かん》」という言葉が見出しにあることで、スーパーコンピューターがいかにすごいかを伝えているよね。

はなこさん　見出しを見ると、記者の思いが見えてきそうだね。

けいこ先生：花びらの数と一輪車のバルブの動きとの関係がわかってきたようですね。では、歯数 120 のわくと歯数 36 の歯車の場合も調べてみましょう。

たろうさん：スタートのところから回転させて**ア**のところで１つ目の花びらができます。これは歯車が約１回転したところです。次に**イ**のところで２つ目の花びらができます。これは歯車が約２回転したところです。これをくり返して歯車がわくを１周まわると【**図９**】のようになります。
……あれっ、かき始めとつながりません。

【図９】

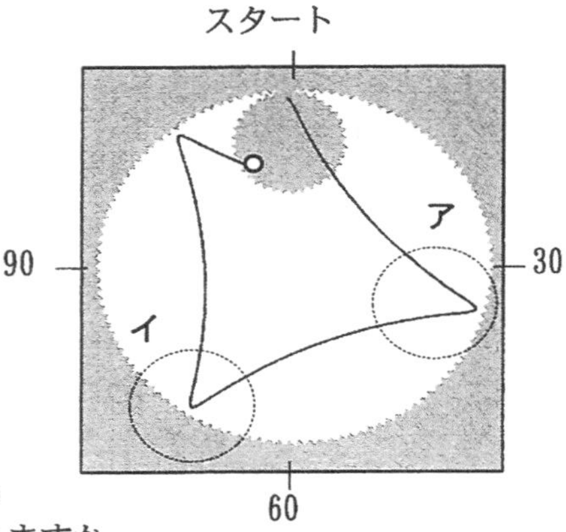

けいこ先生：そうですね。歯車の穴がかき始めた位置にまだ戻《もど》っていませんが花びらが３枚できている理由はわかりますか。

たろうさん：（う）がわかれば、その数が花びらの枚数だと思います。

けいこ先生：そうですね、【**図９**】は歯車がわくを１周まわったところだといえますね。実際に計算してみましょう。

たろうさん：歯数 36 の歯車が、歯数 120 のわくを１周まわったとき、（う）を考えればよいから……

えっと $120 \div 36 = \frac{120}{36} = \frac{10}{3} = 3\frac{1}{3}$ だから、$3\frac{1}{3}$ 回転ですね。

だから【**図９**】では、花びらが３枚できているのですね。

（4）（う）には同じ言葉があてはまります。あてはまる言葉を書きましょう。

けいこ先生：そうです。【図９】は、わくを１周まわる間に歯車が$3\frac{1}{3}$回転した状態と言えますね。数が整数になっていないから、歯車の穴の位置がかき始めた位置に戻っていないと考えられます。

たろうさん：そうか。ということは、わくを何周かまわって、そのときの歯車の回転数が整数になっていれば、かき始めた位置にちょうど戻って模様が完成するということですね。よし、このまま何周かまわしてみます。

けいこ先生：……どうですか。模様は完成しましたか。

たろうさん：【図５】のような模様が完成しました。歯車がわくを３周まわったところで完成して、花びらは 10 枚できました。

【図５】

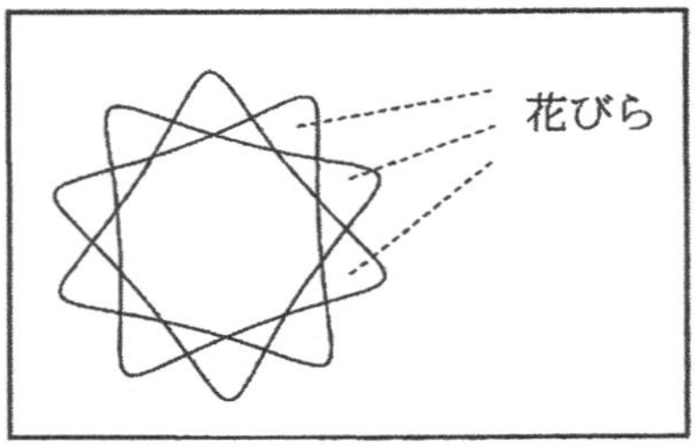

けいこ先生：はい、そうですね。

たろうさん：あれっ、けいこ先生は、３周で完成して花びらが 10 枚になることが初めからわかっていたのですか。

けいこ先生：実はわくと歯車の歯数がわかれば、何周で完成するのか、花びらが何枚になるのかも求められるのです。

たろうさん：そうだったのですか。

けいこ先生：たろうさんも考えてみてください。説明できますか。

たろうさん：歯車の穴がかき始めた位置に戻ると完成するのだから、まずはわくを何周で完成するかというと

（え）

次に、歯車が何回転したかというと、

（お）

（５）（え）には、わくを３周まわると完成する理由の説明が、（お）には、歯車が 10 回転する理由の説明が入ります。算数で学習した用語を用いて、あてはまる説明を書きましょう。

けいこ先生：理由までしっかり説明できましたね。
では、これまでは、【図 10】の歯車の外側 a にペンを入れて模様をかきましたが、もし、歯車の中心 b にペンを入れてかいたら、どのような模様ができるかわかりますか。
たろうさん：あっ、円になりますね。
けいこ先生：その通り。どのように考えたのですか。
たろうさん：一輪車で考えました。歯車の中心にある穴を使うということは、バルブが通った位置ではなく、［（か）］の位置を線でかき残した場合を考えればよいと思いました。そのときのかき残した線は［（き）］になり、それを丸めるのだから円になると思いました。
けいこ先生：一輪車と関連付けて考えるとわかりやすいですね。
たろうさん：同じものでも見方を変えるといろいろなことがわかってくるのですね。

【図 10】

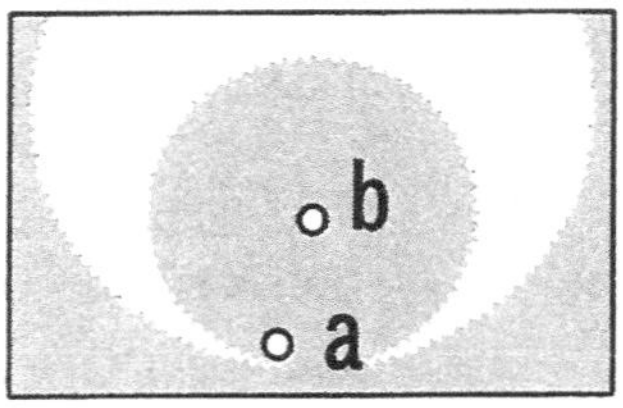

（6）　たろうさんは、歯車の中心にある穴を使ってかいた模様が円になる理由を説明しています。
［（か）］と［（き）］にあてはまる言葉を書きましょう。

問題３ たろうさんとはなこさんがけいこ先生と教室で話をしています。次の会話文を読んであとの（１）～（６）の各問いに答えましょう。

けいこ先生：２人は、まだ食べられるのに捨ててしまう「食品ロス」について知っていますか。このグラフ〔資料１〕にはまだ食べられるのに捨てた理由が書かれています。これを見て、どう思いますか。

たろうさん：「食べ残した」が一番多い理由で、全体の半分以上もあるなんて、もったいないですね。

けいこ先生：そうですね。他にも食べ物が傷《いた》んでいたためや、おいしく食べることができる「賞味《しょうみ》期限《きげん》」や期限を過ぎたら食べない方が良い「消費期限《しょうひきげん》」が過ぎたため捨ててしまったりもしています。
①みなさんの家で食べ残しを減らすためにできることはないか、考えてみましょう。

〔資料１〕まだ食べられるのに捨てた理由

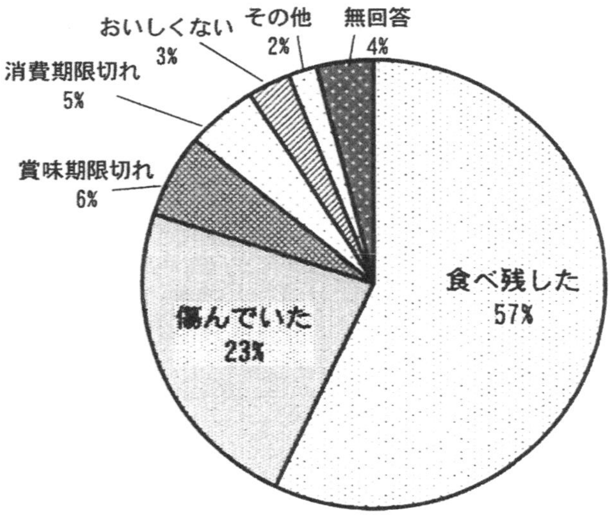

（消費者庁ウェブサイトより引用）

（１）下線部①について、家での「食べ残し」を減らすための工夫として適切でないものを次のア～エの中から１つ選び、記号で答えましょう。

ア　必要な分だけ食材を買うようにする
イ　体調や健康、家族の予定も考えて、食べきれる量を作る
ウ　作り過ぎて残った料理は、別の料理に作り直して食べきる
エ　食材が安い時に多めに買っておく

たろうさん：食品ロスを減らすため、レストランなどで何か取り組まれていることはあるのかな。

はなこさん：そういえば、この前、家族で行ったレストランの入り口にステッカー〔資料２〕が貼られていました。先生、これも食品ロスを減らすための工夫の一つですね。

けいこ先生：そうです。このステッカーが貼《は》られているお店では食品ロスを減らすための②さまざまな取組が行われています。みなさんも、調べてみてください。

はなこさん：川崎市のロゴマークがかかれているということは、家庭だけではなくお店や川崎市が協力して食品ロスを減らすことに取り組もうとしているということですね。

けいこ先生：そうです。みんなで協力して取り組むことが大切です。

〔資料２〕

（川崎市ウェブサイトより引用）

（２）下線部②について、あなたが飲食店の店長だとしたら、食べ残しを減らすためにどのようなことに取り組みますか。取り組む内容を２つ書きましょう。

たろうさん：そういえば、この前の授業で、自分の国で食べられる量の食物を国内で生産できていないことを教わりました。

けいこ先生：そうでしたね。ではこのグラフ〔資料３〕を見てください。これは、日本と他の国々の食《しょく》糧《りょう》自給率についてのグラフです。

はなこさん：食糧自給率って何ですか。

けいこ先生：国内で消費される食料のうち、どれだけ国内で生産できるかを表したものです。たとえば、カナダの255％というのは、カナダ国内で消費される食料の２倍以上を生産していることになります。

たろうさん：ということは、日本では、私たちが食べるのに必要な食料の約62％を［（あ）］ということですか。

けいこ先生：その通りです。

〔資料３〕2017年度の世界の食糧自給率

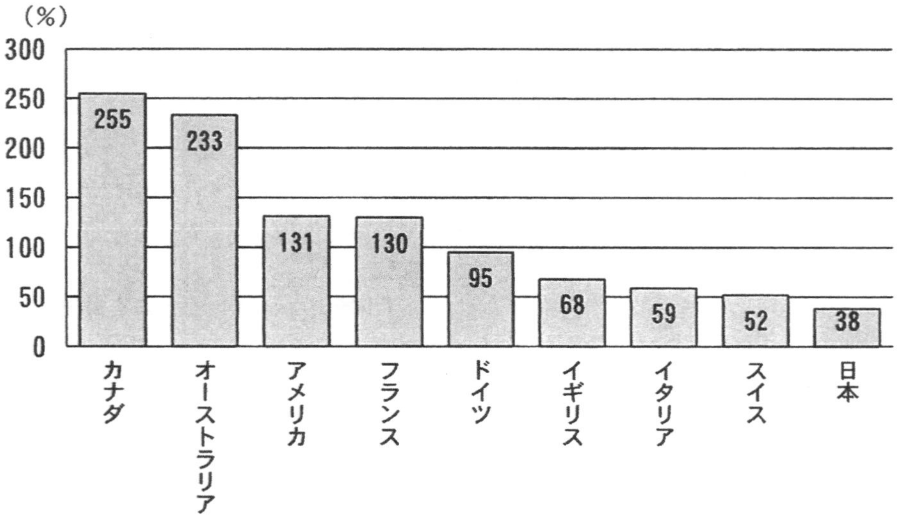

（農林水産省ウェブサイトより作成）

（３）［（あ）］にあてはまる言葉を書きましょう。

たろうさん：食品ロスの問題は、先進国と開発途上《とじょう》国では何か違《ちが》うところがあるのかな。

けいこ先生：そうですね。例えば野菜について考えてみると、日本では、台風などの悪天候による被害《ひがい》のことも考えて、必要な量よりも多くの野菜を作っています。そのため、被害がなかったときには大量に作物を余らせてしまい、それらは捨てられてしまうこともあるそうです。

また、食品を販売《はんばい》するまでには、多くの基準があり、その基準を満たしていない食品は販売することができないので、それらも捨てられてしまうことが多いのです。

たとえば、スーパーで販売しているキュウリがどれもまっすぐで、ほとんど同じ長さにそろっているのはそういった理由があるからです。

はなこさん：そういえば、近所の八百屋さんで「曲がったキュウリ」を売っていました。お母さんが「こっちの方が安いし、味は変わらないから」と言って買っていました。

たろうさん：なぜ曲がったキュウリは基準を満たさない場合があるのですか。

けいこ先生：見た目の問題や箱詰《はこづ》めして運ぶときに不便だからです。

たろうさん：それでは、開発途上国では、どのような食品ロスが起こっているのですか。

けいこ先生：開発途上国でも、野菜を腐《くさ》らせてしまい大量に捨てられてしまうことがあります。

たとえば、素早く大量に収穫《しゅうかく》することができる（い）がないために人手が足りなかったり、せっかく収穫しても、それを腐らせないように（う）する設備がなかったりして腐らせてしまうこともあるようです。

さらに、収穫した野菜を運ぶ車が足りなかったり、道路が整備されていなかったりして、（え）する途中《とちゅう》に腐らせてしまうこともあります。

（4）（い）、（う）、（え）にあてはまる正しい言葉の組合せを、次のア～エの中から選び、記号で答えましょう。

ア　（い）販売店　（う）保存　（え）輸送
イ　（い）販売店　（う）輸送　（え）保存
ウ　（い）機械　（う）保存　（え）輸送
エ　（い）機械　（う）輸送　（え）保存

〔資料4〕

FAIRTRADE

（フェアトレードジャパン
ウェブサイトより引用）

はなこさん：この前、チョコレートを買いにスーパーに行ったら、このようなマーク〔資料4〕を発見しました。これは何ですか。

けいこ先生：これはフェアトレードといって、開発途上国の原料や製品を適切な値段で続けて買うことで、立場の弱い開発途上国の人々の生活を改善し、自立を目指す「貿易の仕組み」をきちんと守っている製品につけられているマークです。たとえばチョコレートについて、材料となるカカオ豆を収《しゅう》穫《かく》するときに、さまざまな問題が起こっていることを知っていますか。

はなこさん：テレビ番組で見たことがあります。小さい子どもたちが生活のためにカカオ農園で働いていました。

たろうさん：働いてお金がもらえるなら家族も助かるね。

はなこさん：でも、働いてもらえるお金が少ないとテレビ番組で言っていました。それに働くことに時間をとられて、③勉強する時間がないと悲しんでいました。

たろうさん：安い賃金だから、チョコレート会社はチョコレートを安く作ることができ、私たちは安い値段でチョコレートを食べることができているのですね。

（5）下線部③について、勉強をする時間が少なくなることで、子どもたちが将来、何をするときどのように困りますか。考えられることを2つ書きましょう。

けいこ先生：この図〔資料5〕を見てください。これは SDGs（エスディージーズ）といって、2030 年までに持続可能でよりよい世界を目指す国際目標です。17 の目標からできていて、途上国だけでなく、先進国も取り組む目標です。日本はもちろん、川崎市も積極的に取り組んでいます。

たろうさん：カカオ豆のことと SDGs には関係があるのですか。

けいこ先生：そうですね、たとえばチョコレートを買うときに値段が安ければどんなものでも良いと考えるのではなく、適切な値段で取引されたチョコレートを買うことで、カカオ農園で働く人は適切な賃金が受け取れるし、それが品質の良いカカオ作りにもつながります。その結果、私たちも安心して美味しいチョコレートを買うことができます。

たろうさん：安心して食べられるチョコレートなら誰《だれ》でも買いたくなりますね。

けいこ先生：そうですね。誰かだけが得をするのではなく、みんなが同じ目標の達成のために何ができるかを考え、行動していくことが SDGs では大切なのです。

はなこさん：フェアトレードのチョコレートを買うことで、図の 10 番の「人や国の不平等をなくそう」の目標が達成できますね。

けいこ先生：そうですね。10 番以外にも達成できそうな目標はないか考えてみましょう。

〔資料５〕　SDGs（持続可能な開発目標）

※イラスト省略

（国際連合広報センターウェブサイトより引用）

【注】

2　飢餓《きが》・・・充分な食べ物をたべられないこと

3　福祉《ふくし》・・・公的な支えやサービスによる生活の安定

5　ジェンダー平等・・・男性も女性も社会的に平等であること

9　基盤《きばん》・・・ものごとの土台

16　公正《こうせい》・・・公平で正しいこと

17　パートナーシップ・・・協力関係

（６）フェアトレードのチョコレートを買うことで、10番以外にどのカードの目標を達成できそうだと考えますか。カードを１つ選び、その番号と理由を書きましょう。

※200点満点

適性検査Ⅰ　解答用紙1

受検番号	氏名

問題1

(1) 画面の文字を、［　　　　］に［　　　　］こと。

(2) ［□□□□□］

(3)－ⅰ ③［□□□□□□□□□□□］
④［□□□□□□□□□□□］

(3)－ⅱ ［□］

(4)－ⅰ ［　　　　］から。

(4)－ⅱ ［□□□□□□□□□□□□□□□］

(4)－ⅲ ⑧ 富岳は、［　　　　］であることと、
⑨［　　　　］可能性があること

(4)－ⅳ ［　　　　］

(5)の解答は解答用紙2に書きましょう。

(1) 8点
(2) 4点
(3) ⅰ 10点
ⅱ 4点
(4) ⅰ 10点
ⅱ 10点
ⅲ ⑧ 7点
⑨ 7点
ⅳ 10点
(5) 75点

下のらんには記入しない

合計	(1)	(2)	(3)－ⅰ	(3)－ⅱ	(4)－ⅰ	(4)－ⅱ	(4)－ⅲ	(4)－ⅳ

【解答用

適性検査Ⅱ　解答用紙１

問題１

※200点満点

下のらんには
記入しない

(1)５点
(2)15点
(3)15点
(4)10点
(5)10点
(6)10点

（１）

①

（２）

（あ）
（軽い）　→　→　→　→　→　（重い）

（３）

（い）

（４）

（う）	（え）

（５）

（お）	（か）

（６）

（き）	（く）

（１）

（２）

（３）

（４）

（５）

（６）

受検番号	氏　　名

合　計

適性検査Ⅱ　解答用紙３

問題３

下のらんには記入しない

（１）５点
（２）10点
（３）10点
（４）10点
（５）10点
（６）15点

（１）

（２）

・
・

（３）

あ

（４）

（５）

・
・

（６）

選んだカード	その理由

（１）	（２）	（３）	（４）	（５）	（６）

受検番号	氏　　名

合　計

適性検査Ⅱ　解答用紙２

下のらんには
記入しない

問題２

(1)10点
(2)10点
(3)20点
(4)10点
(5)15点
(6)10点

（１）

（あ）	cm

（１）

（２）

（い）	

（２）

（３）

【図７】

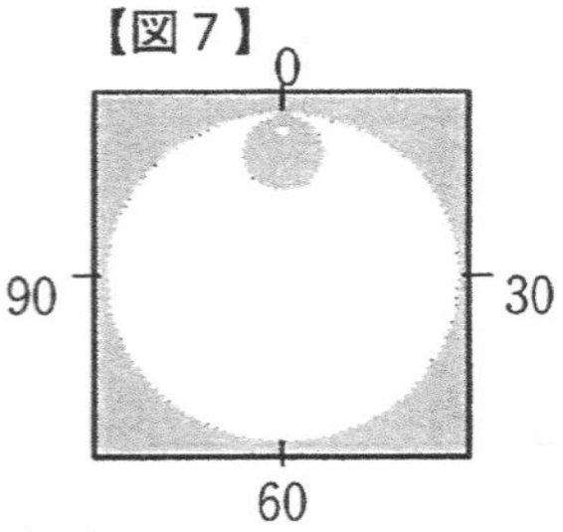

【図８】

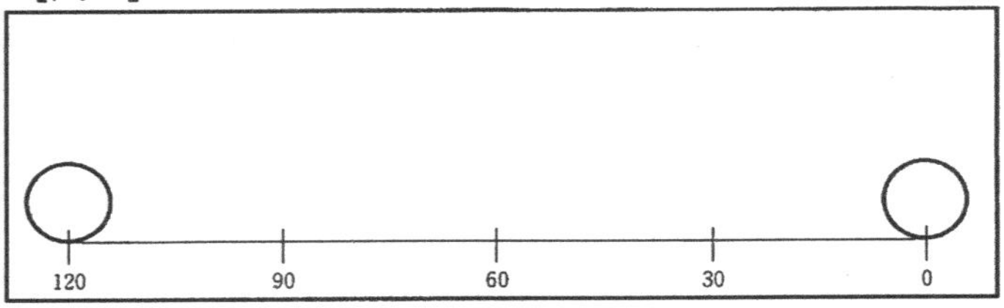

（３）

（４）

（う）	

（４）

（５）

（え）	

（お）	

（５）

（６）

（か）		（き）	

（６）

受検番号	氏　　名

合　計

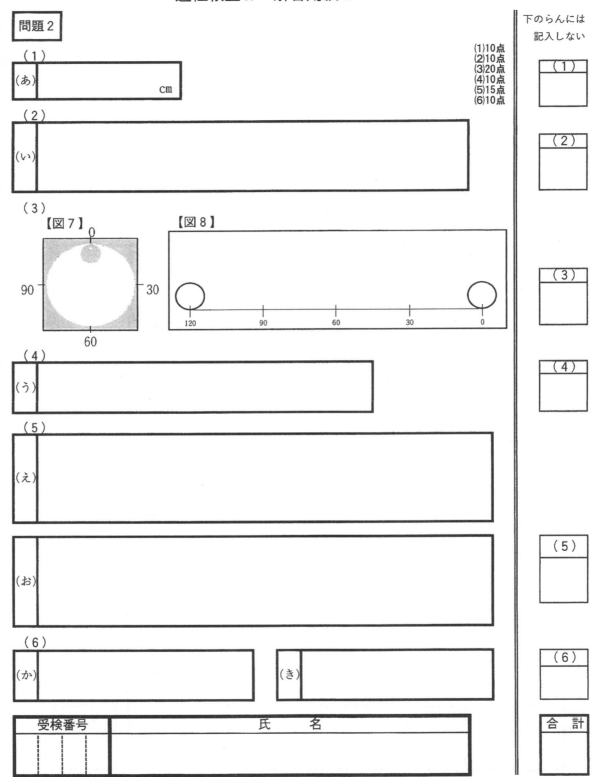

適性検査Ⅰ　解答用紙３

問題２

⑴８点
⑵８点
⑶８点
⑷９点
⑸８点
⑹14点

下のらんには
記入しない

（１）

（２）

（３）

（４）

（５）

（６）

（か）	（き）

（１）	（２）	（３）	（４）	（５）	（６）

受検番号	氏　　名

合　計

問題1　適性検査Ⅰ　(5)　解答用紙2

受検番号	氏名

下のらんには記入しない

問題１ たろうさんとはなこさんが教室で話をしています。次の会話文を読んで、あとの（１）～（６）の各問いに答えましょう。

たろうさん：昨日のテレビ番組で、かんたんに人が浮《う》くことのできる湖を紹介《しょうかい》していました。人が本を読みながら浮いている写真〔資料１〕が印象的でした。

はなこさん：私も以前行った海水浴で同じように少し浮くような経験をしたことがあります。でも、このように浮くことはなかったです。

たろうさん：写真の湖には、塩化マグネシウムという物質が多くとけていることがわかっていて、海には似た成分の塩化ナトリウム、つまり、食塩が多くとけているから、同じような感覚だったのかもしれないですね。

はなこさん：なるほど。他にもその湖と日本の海とのちがいがあるのかな。

たろうさん：それはとけているものの量だということを学習したよ。その湖にはとけているものがとても多くて、それに比べると日本の海にとけているものの量が少ないということです。①<u>その湖と日本の海の水について、それぞれ100ml ずつビーカーに取ったときの、とけているもののようすを図で表してみました。</u>

はなこさん：図で表すととけているもののようすがよくわかります。
ところで、どこの海もとけている食塩の量は同じなのですか。日本の海にはどれくらいの量の塩がとけているのか調べてみたいです。

〔資料１〕

（JTB ウェブサイトより引用）

（１）下線部①について、水にとけているものを○で表したとき、最も正しいものを次のア～カの中から１つ選び、記号で答えましょう。（１つの○は同じ量を表しています）

	湖	海
ア	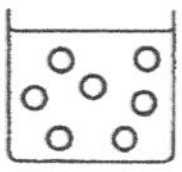	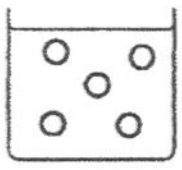
イ	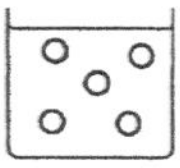	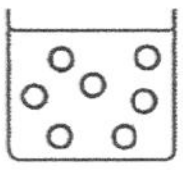
ウ	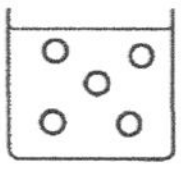	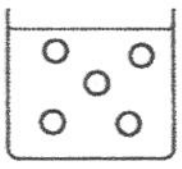
エ		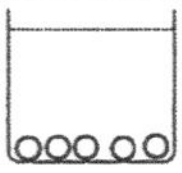
オ	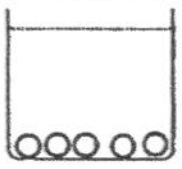	
カ		

数日後

はなこさん：今度は食塩の量を増やしていくと浮く力が強くなることを確かめる実験をしたいと思います。

たろうさん：食塩は計量スプーンで１杯《ばい》ずつ増やしていくとちがいがわかると思います。浮かせるものは何がいいでしょう。

はなこさん：色々な野菜で比べてみるのはどうでしょうか。

たろうさん：野菜は手に入りやすいし、同じ体積や同じ重さに切ると条件を合わせることができます。ニンジン、ジャガイモ、ダイコン、サツマイモを使って、実験をしてみましょう。

はなこさん：水も同じ量を用意して実験をすれば、食塩の量で浮き沈《しず》みのちがいがわかりますね。

たろうさん：では、準備をして実験をしてみましょう。

実験後

たろうさん：実験結果を〔資料２〕、〔資料３〕にまとめました。

はなこさん：１つ目の実験の結果〔資料２〕から水に食塩をとかせばとかすほど、野菜は浮きやすくなるということが分かります。そして、浮きやすい野菜と浮きにくい野菜があることもわかります。野菜の重さが関係しているのでしょうか。

たろうさん：それはどうだろう。２つ目の実験の結果〔資料３〕を見て下さい。

はなこさん：すべての野菜の重さを同じにしたのに、〔資料２〕と同じ結果になっています。

たろうさん：つまり、ものが水に浮くか沈むかは重さだけでなく、重さと体積の両方が関係しているようです。

はなこさん：でも、なぜ食塩をとかす量を増やすと浮かびやすくなるのでしょうか。

たろうさん：２つ目の実験をするときに気が付いたのだけど、同じ重さだと浮かびやすい野菜ほど、体積が大きかったと思います。また、水にとかす食塩の量を増やしても、水の体積はほとんど変わりませんでした。

はなこさん：それならば、「水」、「水１Ｌに対して食塩大さじ３杯《ばい》をとかした水」、「ニンジン」、「ジャガイモ」、「ダイコン」、「サツマイモ」の同じ体積あたりの重さを軽い順に並べると（あ）となるのではないでしょうか。

たろうさん：並べてみると、水や食塩水に浮かぶかどうかがよくわかるね。ジャガイモを浮かすためには、水１Ｌに対して食塩を200ｇぐらい入れる必要があるそうです。

はなこさん：もし、その食塩水の中で泳いだら楽しそうですね。

〔資料２〕同じ体積に野菜を切ったときの実験結果

	ニンジン	ジャガイモ	ダイコン	サツマイモ
水 1L のみ	沈んだ	沈んだ	沈んだ	浮いた
水 1L＋食塩大さじ１杯《はい》	沈んだ	沈んだ	浮いた	浮いた
水 1L＋食塩大さじ２杯《はい》	浮いた	沈んだ	浮いた	浮いた
水 1L＋食塩大さじ３杯《はい》	浮いた	沈んだ	浮いた	浮いた

〔資料３〕同じ重さに野菜を切ったときの実験結果

	ニンジン	ジャガイモ	ダイコン	サツマイモ
水 1L のみ	沈んだ	沈んだ	沈んだ	浮いた
水 1L＋食塩大さじ１杯	沈んだ	沈んだ	浮いた	浮いた
水 1L＋食塩大さじ２杯	浮いた	沈んだ	浮いた	浮いた
水 1L＋食塩大さじ３杯	浮いた	沈んだ	浮いた	浮いた

（２）［（あ）］にあてはまる正しい順番を、次のＡ～Ｆの記号を使って答えましょう。

Ａ　水　　Ｂ　水 1L に対して食塩大さじ３杯をとかした水

Ｃ　ニンジン　　Ｄ　ジャガイモ　　Ｅ　ダイコン　　Ｆ　サツマイモ

たろうさん：ところで、身の回りにあるさまざまな液体は、水にさまざまなものがとけこんでできているのは知っていますか。

はなこさん：お店で売られているスポーツドリンクやジュースにはたくさんの砂糖がとけていると聞いたことがあります。

たろうさん：そうですね、あまくておいしい飲み物にはたくさんの砂糖がとけているから、飲み過ぎに気をつけなければいけないと教わりました。

はなこさん：炭酸飲料のシュワシュワは何がとけてできているのでしょうか。

たろうさん：それは二酸化炭素という気体が水にとけているそうです。

はなこさん：炭酸飲料をふると中身が勢いよくふき出すのは、とけていた二酸化炭素がとけきれなくなって、一気に液体から出ることが原因なのですね。

たろうさん：その通りです。その原理を利用して、「ラムネ」という飲み物ではふたを閉じているのを知っていますか。

〔資料４〕ラムネのびん

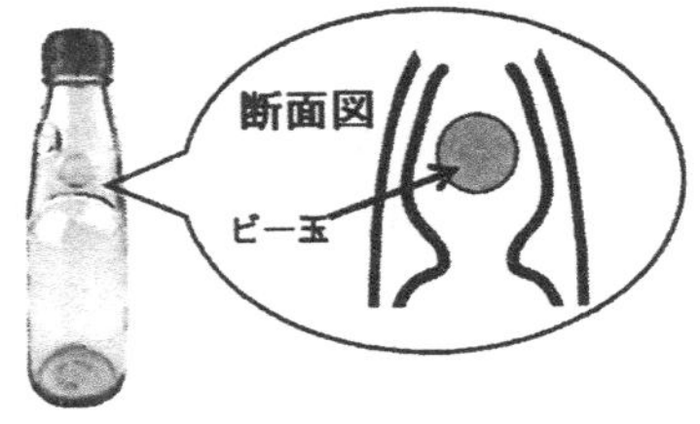

（トンボ飲料ウェブサイトより引用）

はなこさん：ラムネはよく銭湯やお祭りで売られていますね。確か、容器の中にビー玉が入っていたと思います。

たろうさん：ラムネは〔資料４〕のようにぎりぎり外には出ない大きさのビー玉で中からふたをしているのです。

はなこさん：外に出ないのは分かりますが、どうして、ビー玉でふたができるのですか。

たろうさん：ラムネにとけている二酸化炭素を利用しているのです。

はなこさん：あの炭酸のシュワシュワの力を利用するのですね。
ということは［　　　　（い）　　　　］のではないですか。

たろうさん：その通りです。

（３）［（い）］にあてはまる、ラムネのびんがビー玉でふたをしているしくみを答えましょう。

はなこさん：夏の暑い日に炭酸飲料を外に出していると、すぐにシュワシュワがなくなってしまうのは気のせいでしょうか。

たろうさん：気のせいではありません。二酸化炭素も水の温度によって、水にとける量が変わる性質があります。

はなこさん：砂糖のように、温度が高ければ高いほど水にとけやすくなるのとはちがって、二酸化炭素は、温度が高ければ高いほど、水にとけにくくなるということなのですね。

たろうさん：そうですね、温度を高くすると、炭酸飲料の中から出るあわの量が増えていきます。

はなこさん：そういえば、液体の中からあわが出るといえば、水がふっとうするときも同じですね。あれも同じ二酸化炭素なのでしょうか。

たろうさん：〔資料５〕のように、水を加熱して、あわをふくろに集める実験をしたことを覚えていますか。

〔資料５〕

はなこさん：加熱した水から発生するあわをろうとで集めて、その先に取り付けてあるふくろにためてから冷やすという実験ですね。覚えています。でも、どんな結果だったかは忘れてしまいました。

たろうさん：もし、はなこさんの言うようにあのあわが二酸化炭素ならば、火を消してふくろを冷やすと、ポリエチレンのふくろはどうなるでしょうか。

はなこさん：ふくろは［　　（う）　　］はずです。

たろうさん：でも、実際は、ふくろは［　　（え）　　］のです。

はなこさん：つまり、水の中のあわの正体は、水が気体になった水蒸気ということですね。

（４）［　（う）　］、［　（え）　］にあてはまる言葉を次のア～カの中からそれぞれ１つずつ選び、記号で答えましょう。

ア　あまりしぼまず、液体は出てこない

イ　あまりしぼまず、液体が出てくる

ウ　ほとんどしぼんでしまい、液体は出てこない

エ　ほとんどしぼんでしまい、液体が出てくる

オ　さらにふくらみ、液体は出てこない

カ　さらにふくらみ、液体が出てくる

はなこさん：この実験を水ではなく炭酸飲料で行ったらどうなるのですか。
たろうさん：温度によって、異なるのではないでしょうか。
はなこさん：どうしてそう考えられるのですか。
たろうさん：加熱をして温度がそこまで高くならないときに気体を集めた場合は、火を消すとふくろは［　(お)　］です。
次に十分に加熱をして、とても温度が高くなったときに気体を集めて、火を消すと［　(か)　］と思います。
はなこさん：でも、どうしてそのようなちがいになるのですか。
たろうさん：炭酸飲料の温度が低いときに発生する気体には［　(き)　］がふくまれていますが、温度が高いときに発生する気体には、［　(く)　］がふくまれているので、このようなちがいがおこるのです。
はなこさん：見ただけでは、同じような液体なのに、色々とちがっておもしろいですね。中学生になったらたくさん実験したいですね。

（5）［(お)］、［(か)］にあてはまる言葉を次のア～カの中からそれぞれ１つずつ選び、記号で答えましょう。
ア　あまりしぼまず、液体は出てこない
イ　あまりしぼまず、液体が出てくる
ウ　ほとんどしぼんでしまい、液体は出てこない
エ　ほとんどしぼんでしまい、液体が出てくる
オ　さらにふくらみ、液体は出てこない
カ　さらにふくらみ、液体が出てくる

（6）［(き)］、［(く)］にあてはまる気体を次のア～エの中からそれぞれすべて選び、記号で答えましょう。
ア　水蒸気
イ　水素
ウ　酸素
エ　二酸化炭素

問題２ たろうさんとけいこ先生が話をしています。次の会話文を読んで、あとの（１）～（６）の各問いに答えましょう。

けいこ先生：もうすぐ誕生日ですね。たろうさんは何か欲しいものはありますか。
たろうさん：新しい一輪車が欲しいです。身長が伸《の》びたので、もう少し大きいものが欲しいです。
けいこ先生：あるメーカーでは、タイヤのサイズが 14 インチから 24 インチまであり、身長 140 cmのたろうさんには 20 インチか 22 インチの大きさが良いみたいですね。
たろうさん：20 インチはどれくらいの大きさですか。
けいこ先生：インチ数はタイヤの直径を表していて、１インチが約 2.5 cmだから、20 インチならタイヤの直径は約 50cm ですね。
たろうさん：では、20 インチのタイヤなら、１回転で、（あ）cm進むことができますね。
けいこ先生：そうですね。1周の長さは、直径から求められますね。

（１）（あ）にあてはまる数を答えましょう。円周率は 3.14 とします。

けいこ先生：では、大きさのちがう一輪車のタイヤが 1 回転で進む道のりを比べてみましょう。22 インチのタイヤは 20 インチのタイヤに比べて何倍長く進めるのか、求められますか。
たろうさん：そうですね。何倍長く進めるのかを計算すると、
（い）
となるから、結局 22÷20=1.1 だけでよいということですね。
けいこ先生：すばらしいです。よくわかっていますね。

（２）（い）には、22 インチの一輪車が 20 インチの一輪車よりも 1 回転あたり 1.1 倍長く進むことが 22÷20 で求められる理由がわかるような式やそれを計算する途《と》中《ちゅう》の式が入ります。あてはまる式やその計算の仕方がわかるような途中の式を書きましょう。

―――――― 数日後 ――――――

けいこ先生：一輪車の練習は順調ですか。

たろうさん：はい。上達しています。ただ、練習中に気になることがありました。

けいこ先生：どんなことですか。

たろうさん：友達の一輪車の様子を横から見ていたとき、タイヤに空気を入れるバルブの動きが目について、バルブの位置だけずっと見ていました。

けいこ先生：おもしろいところに目を付けましたね。タイヤが３回転したときに、バルブが通った位置を線でかき残すと【図１】のようになります。

【図１】

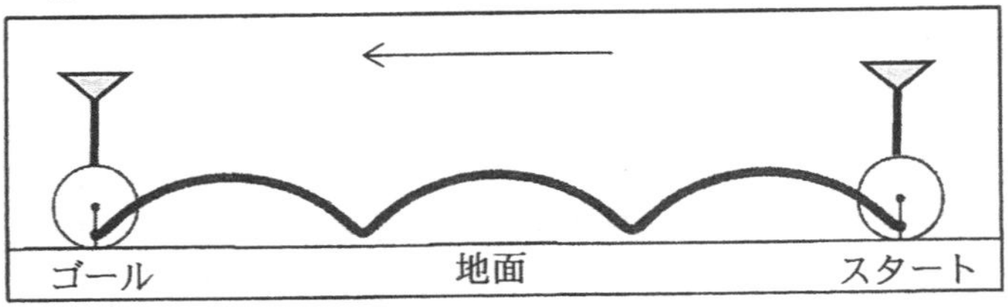

たろうさん：不思議な曲線ですね。

けいこ先生：この曲線を利用した定規があるのを知っていますか。

たろうさん：どんな定規ですか。

けいこ先生：【図２】のような定規です。
（説明書）を読んでみてください。

【図２】

（説明書）

・この定規は、模様をかくためのものです。定規には円形のわくと歯車があり、歯車の歯とかみ合うような歯がわくの内側にもついていて、歯車はわくの内側をすべらずに動かすことができます。

・歯車にあいている穴の１つにペン先を差しこみ、歯をかみ合わせながら、歯車を回転させ、わくの内側にそって進めると、模様をかくことができます。【図３】【図４】

【図３】

【図４】

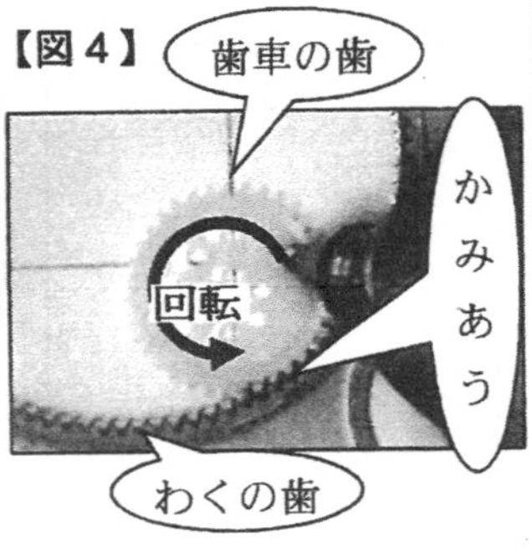

【注】

この問題では、わくの内側についている歯の数が 120 の場合「歯数 120 のわく」といい、歯車の歯の数が 40 の場合「歯数 40 の歯車」ということにします。

また歯車が回転しながら「わくにそって進む」ことを「わくをまわる」ということにします。

【図３】【図４】

たろうさん：実際にかいてみますね。
花のような模様【図５】になって、花びらが10枚できました。

けいこ先生：わくと歯車の組み合わせによって、できる模様や花びらの数が変わりますね。

たろうさん：不思議ですね。どんな仕組みがあるのだろう。

けいこ先生：いろいろとかいてみましょう。例えば、歯数120のわくで、歯数40の歯車だと【図６】のようになります。

たろうさん：形は花に見えないですが、【図５】と同じように考えると花びらが３枚ですね。

けいこ先生：この【図６】は【図１】の地面を外側にして、バルブの通った線を含《ふく》めて丸めて輪にしたものだとわかりますか。つまり、わくの歯数の数は一輪車が進む道のりを表し、歯車の歯数は一輪車のタイヤの円周の長さを表しているといえます。それでは、歯数120のわくと歯数30の歯車ではどうなるでしょう。

たろうさん：【図７】のような模様になります。

けいこ先生：この【図７】を【図１】の動きと同じように考えてみると、模様の線はどのようになるかわかりますか。

たろうさん：【図８】のようになります。

けいこ先生：その通りですね。

【図５】

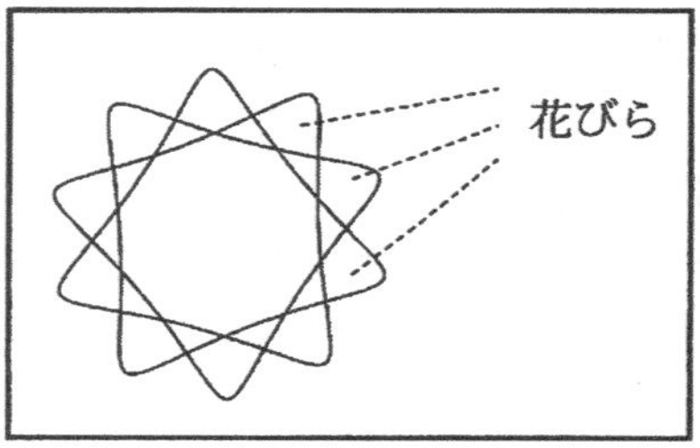

【図６】

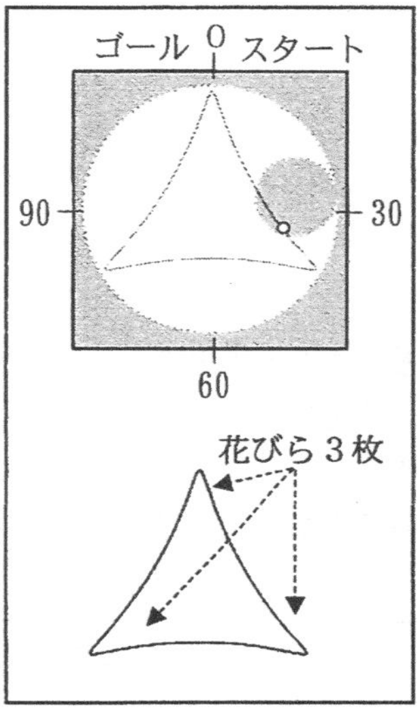

【図７】

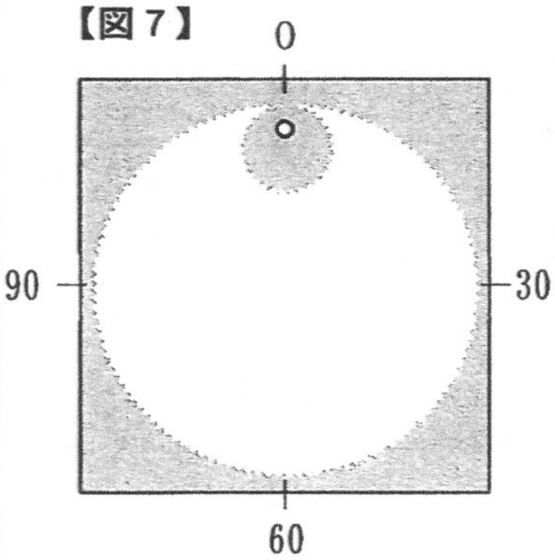

【図８】

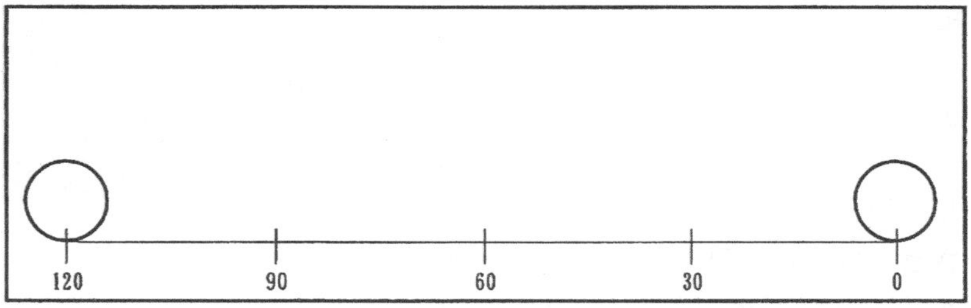

（3）【図７】と【図８】の模様を解答用紙にかきましょう。

令和３年度

川崎市立川崎高等学校附属中学校入学者決定検査

適性検査Ⅱ

（45 分）

―― 注　意 ――

1　「はじめ」の合図があるまで、この問題用紙を開いてはいけません。

2　この問題用紙には**問題１**から**問題３**まで、全部で１８ページあります。

3　問題をよく読んで、答えはすべて解答用紙の決められたらんに、わかりやすくていねいな文字で書きましょう。解答らんの外に書かれていることは採点しません。

4　解答用紙は全部で**３枚**あります。

5　計算やメモが必要なときは、解答用紙には書かずに、この問題用紙の余白を利用しましょう。

6　「やめ」の合図があったら、途《と》中《ちゅう》でも書くのをやめ、筆記用具を机の上に置きましょう。

(4)-ⅰ たろうさんは、――線⑥「兵庫県の地方紙「4」がこれだけ大きく取り上げた理由がわかったよ」と言っていますが、記事Aが兵庫県の地方紙「4」で大きく取り上げられたのはなぜか、解答用紙に合うように書きましょう。

(4)-ⅱ ⑦に入る言葉を、「～こと。」という形にして十五字以内で書きましょう。

(4)-ⅲ ⑧と⑨に入る言葉を、解答用紙に合うように書きましょう。

(4)-ⅳ ――線⑩「読者に何を感じてもらいたくてこの記事を書いたのだろう」について、あなたは、記者が何を感じてもらいたくてこの記事を書いたと考えますか。――線⑩以降のたろうさんとはなこさんの会話を参考にして、書きましょう。

(5) あなたは、自分の小学校を紹介《しょうかい》する新聞を書くことになりました。あなたはどのような内容を一番大きな記事にしたいですか。あの文章を参考にして、「誰《だれ》に読んでほしいのか」、「読んだ人にどう感じてほしいのか」、「記事にするときに工夫したいことや注意したいこと」にふれながら、次の［注意事項《じこう》］に合うように考えや意見を書きましょう。

［注意事項］

○ **解答用紙2**に三百字以上四百字以内で書きましょう。
○ 原稿用紙の正しい用法で書きましょう。また漢字を適切に使いましょう。
○ 題名や自分の名前は書かずに、一行目、一マス下げたところから書きましょう。
○ 三段落以上の構成で書きましょう。
○ 句読点［。、］やかっこなども一字に数え、一マスに一字ずつ書きましょう。また、段落を変えたときの残りのマス目も字数として数えます。

問題2は反対側から始まります。

問題２　たろうさんとはなこさんが一緒《いっしょ》に調べ学習で図書館に来ています。次の会話文を読んで、あとの（１）～（６）の各問いに答えましょう。

たろうさん：最近、川崎市の街中を歩いていて、外国人が増えている気がしたから、川崎市の公式ウェブサイトで調べてみたら 2020 年の３月末には、46408 人の外国人が川崎市に住んでいるそうだよ。下のグラフ〔資料１〕を見てみると、住民として登録されている外国人の数がそれぞれの区で年々増加してることがわかるね。

はなこさん：同じ時期の川崎市の人口は、1535415 人だから、外国人は川崎市全体の人口のうちの約［　（あ）　］%ということになりますね。

たろうさん：他にも〔資料１〕からいろいろなことがわかるね。

〔資料１〕　川崎市 区別外国人住民登録者数の移り変わり

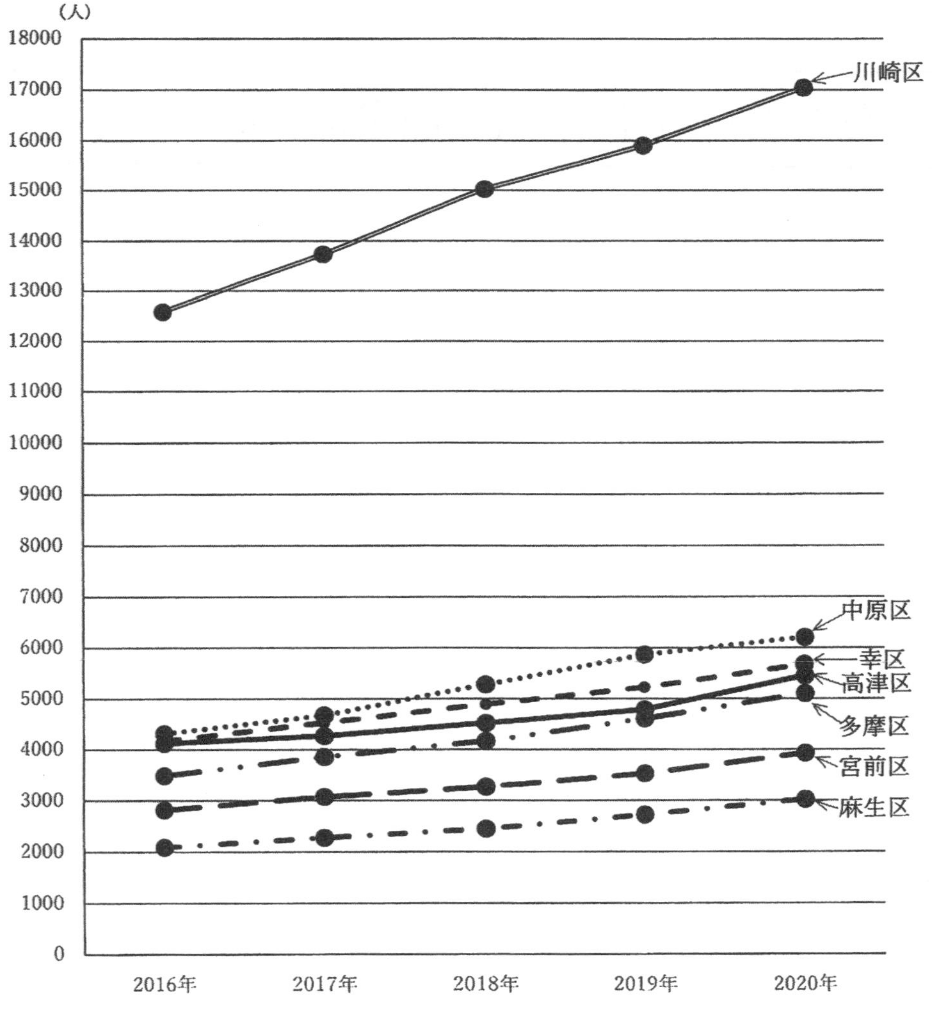

（川崎市国際交流センターのデータより作成）

（1）（あ）に当てはまる数字として適切なものを、次のア～オの中から１つ選び、記号で答えましょう。

ア　1

イ　3

ウ　5

エ　9

オ　11

（2）会話文中の下線部について、〔資料１〕からよみとれることとして当てはまらないものを次のア～オの中から１つ選び、記号で答えましょう。

ア　2020 年の外国人住民登録者数は、どの区も 2000 人を超《こ》えている

イ　2020 年で外国人住民登録者数が 6000 人を超えているのは、川崎区と中原区である

ウ　2016 年から 2020 年の川崎市の外国人住民登録者数は、川崎区が一番増加している

エ　2020 年の川崎区の外国人住民登録者数は、川崎市の外国人住民登録者全体の３分の１以下である

オ　2020 年の高津区・宮前区・多摩区の外国人住民登録者数の合計は、2016 年の川崎区の外国人住民登録者数より多い

たろうさん：この〔**資料２**〕は2016年と2020年の国・地域別の川崎市外国人住民登録者数です。

はなこさん：日本に近い国・地域が上位に入っていますね。川崎市外国人住民登録者数で、一番増加したのはどこの国・地域だろう。

たろうさん：割合で調べてみよう。「2020年÷2016年」で求められるから、例えば、中国は、16606÷11527を計算することで、約1.44倍となることがわかるね。

はなこさん：そうすると、川崎市外国人住民登録者数で人口の増加の割合が一番大きい国・地域は、（い）ですね。

たろうさん：同じアジアの国・地域だからかな。

〔**資料２**〕国・地域別　川崎市外国人住民登録者数

2016年統計

1位	中国	11527人
2位	韓国又は朝鮮	7842人
3位	フィリピン	3898人
4位	ベトナム	1868人
5位	台湾	841人
6位	インド	826人
7位	米国	779人
8位	ネパール	740人
9位	ブラジル	733人
10位	タイ	579人

2020年統計

1位	中国	16606人
2位	韓国又は朝鮮	8138人
3位	フィリピン	4700人
4位	ベトナム	4398人
5位	ネパール	1541人
6位	インド	1431人
7位	台湾	1237人
8位	米国	1078人
9位	ブラジル	877人
10位	タイ	682人

（川崎市統計データブックより作成）

（３）（い）にあてはまる国・地域を次のア～オの中から１つ選び、記号で答えましょう。

ア　中国
イ　台湾
ウ　ベトナム
エ　インド
オ　ネパール

－ 次 の 日 －

はなこさん：先生、昨日図書館で外国人のデータについて調べてきました。

けいこ先生：そうですか。ほかにも図書館のデータの中におもしろいデータはありましたか。

たろうさん：はい。〔資料４〕にあるように、川崎市は図書館の人口１人当たりの図書貸出回数が 21 の大都市の中で、第３位です。

はなこさん：人口１人あたりの図書貸出回数とは、どんな数なのですか。

けいこ先生：ヒントは〔資料５〕の貸出者数（貸出回数）というところです。
川崎市の１人あたりの図書貸出回数の計算方法がわかりますか。

はなこさん：［　（う）　］を計算すると・・・、約 1.88 になりました。

はなこさん：そうすると川崎市の図書館の数や図書冊数は多いのですか。

たろうさん：〔資料５〕によれば、１位のさいたま市は図書館数が 26 で図書冊数は約 354 万冊で４位の新潟市は図書館数が 20 で図書冊数は約 276 万冊です。

はなこさん：では、川崎市はさいたま市のちょうど半分の図書館数で新潟市の約 0.8 倍の図書冊数ですね。

〔資料３〕各都市の人口

都市	人口(人)
さいたま市	1286082
静岡市	699087
川崎市	1503690
新潟市	804152
京都市	1472027

（2017 年 大都市比較統計年表より作成）

〔資料４〕人口１人あたり図書貸出回数

順位	都市	１人あたり図書貸出回数
1	さいたま市	1.99
2	静岡市	1.90
3	川崎市	1.88
4	新潟市	1.75
5	京都市	1.65

（2017 年 カワサキをカイセキより作成）

〔資料５〕公立図書館数及び閲覧《えつらん》人員等

都市	図書館総数	図書冊数	貸出者数（貸出回数）	貸出冊数
さいたま市	26	3539351	2563944	9469604
静岡市	13	3091411	1326259	4204642
川崎市	(え)	(お)	2822456	6622417
新潟市	20	2761736	1407675	4849270
京都市	22	3300395	2425024	7594951

（2017 年 大都市比較統計年表より作成）

（４）［　（う）　］にあてはまる式を書きましょう。

（５）〔資料５〕の空らん（え）、（お）について、図書館数と図書冊数の組み合わせとして正しいものを次のア～エの中から１つ選び、記号で答えましょう。

ア　（え）13　（お）2193775
イ　（え）13　（お）3193775
ウ　（え）13　（お）2693775
エ　（え）14　（お）1693775

たろうさん：ところで、どんな年代の人が多く本を借りているのかな。

はなこさん：年代ごとの貸出者数の推移〔**資料６**〕を見つけました。

たろうさん：年代別で比較すると面白いね。40 代の貸出者数は 2008 年と 2011 年を比較《ひかく》すると、とても増えていることがわかります

けいこ先生：2009 年からは、貸出カードの事前申《もう》し込《こ》みや予約受付メールなどをウェブサイトから行えるようになったことで便利になりました。また、サッカーチームの川崎フロンターレとの共同事業なども理由かもしれませんね。

はなこさん：便利になると気軽に利用しやすくなりますね。

たろうさん：この〔**資料６**〕の、2008 年に 20 代だった人たちのほとんどは 2017 年には 30 代になっていることになるのかな。

はなこさん：もし同じ人がずっと川崎市に住んでいるとすれば、2008 年に 60 代だった人は 2017 年に 70 代になると考えて、貸出者数は、54000 人増えて、その割合は 2008 年の約 130％になりますね。

たろうさん：そうすると、貸出者数が最も増えたのは［（か）］の年代の人で、増えた割合が最も大きいのは［（き）］の年代の人となるね。

けいこ先生：面白いことに気付きましたね。

はなこさん：では、さっそく発表用のデータをまとめてみます。

〔**資料６**〕年代別貸出者数[単位：人]

	10 代	20 代	30 代	40 代	50 代	60 代	70 代
2008 年	134912	119464	356459	324351	186866	187996	93455
2011 年	205939	157976	471905	558669	279022	314944	149337
2014 年	236715	162886	469687	663380	369488	366242	193267
2017 年	232641	141505	416416	690119	428069	366715	241996

（2008～2017 年 川崎市立図書館での貸出データより作成）

（６）［（か）］、［（き）］にあてはまる年代を、次のア～エの中からそれぞれ１つずつ選び、記号で答えましょう。

ア　2008 年に 10 代で 2017 年に 20 代
イ　2008 年に 20 代で 2017 年に 30 代
ウ　2008 年に 30 代で 2017 年に 40 代
エ　2008 年に 40 代で 2017 年に 50 代

こちらから開くと**問題2**になります。

令和２年度

川崎市立川崎高等学校附属中学校入学者決定検査

適性検査Ⅰ（45分）

―注　意―

1 「はじめ」の合図があるまで、この問題用紙を開いてはいけません。

2 問題は全部で2つあります。こちらから開くと**問題1**（全6ページ）になります。**問題2**（全7ページ）は**反対面から**始まります。

3 問題をよく読んで、答えはすべて解答用紙の決められたらんに、わかりやすくていねいな文字で書きましょう。解答らんの外に書かれていることは採点しません。

4 解答用紙は全部で**3枚**あります。

5 計算やメモが必要なときは、解答用紙には書かずに、この問題用紙の余白を利用しましょう。

6 字数の指定のある問題は、指定された条件を守り、**問題1**はたて書きで、**問題2**は横書きで書きましょう。最初のマスから書き始め、文字や数字は一マスに一字ずつ書き、句読点〔。、〕やかっこなども一字に数え、一マスに一字ずつ書きます。ただし、**問題1**の(6)は、その問題の［注意事項《じこう》］の指示にしたがいましょう。

7 「やめ」の合図があったら、途中《とちゅう》でも書くのをやめ、筆記用具を机の上に置きましょう。

問題1 次のA、B、Cの文章を読んで、あとの(1)～(6)の各問いに答えましょう。なお、問題作成のため、一部文章を変更《へんこう》しています。

A

著作権に関係する弊社の都合により
本文は省略いたします。

教英出版編集部

著作権に関係する弊社の都合により
本文は省略いたします。

教英出版編集部

【後藤芳文・伊藤史織・登本洋子『学びの技　14歳からの探究・論文・プレゼンテーション』〈玉川大学出版部〉】

B

論理の型や技術についてはよく議論されるが、論理はなぜ必要か、と問われることは多くない。けれども、この後者[＊注3]の問いの中には、最も基本的な問題が隠《かく》されている。

では、この問いに対して、思いつく答えはどのようなことか。一つは、自分の考えを明確にするために論理は必要だ、ということだろう。曖昧《あいまい》[＊注4]な考えのままでは正しい判断はできないし、適切な行動もとれない。しかし、②これは事の一面ではあっても、そのすべてではない。

日常生活を振《ふ》り返ってみよう。私たちは、必ずしも明確な論理構築[＊注5]を行って、判断したり、行動したりしているわけではない。にもかかわらず、それほど間違《まちが》った行動ばかりもしていない。また、論理的には正しいように見えても、結果として判断を誤ることはしばしばある。論理とは頼《たよ》りないものなのだ。

だがそれでも、論理はやはり必要だ、と感じるときがある。それはどういうときか。私たちは、しばしば自分の考えや主張を、他者に分かりやすく伝え、そして納得《なっとく》してもらおうと努力する。そういう時、私たちは論理的であろうとする。つまり、論理は、円滑《えんかつ》[＊注6]で効果的な伝達を行おうとするとき、必要になる。その意味で、論理とはその根底において対話的なのだ。

このことを考える上で、日本語でいう「論理的な」表現と英語でいう「ロジカルな」[＊注7]表現とは必ずしも一致《いっち》しない、と指摘《してき》するシステム工学の専門家である西村肇の論考[＊注8]は示唆《しさ》[＊注9]に富む。氏は次のように言う。

日本語において「論理的」とは、「抜《ぬ》け」[＊注10]や「あいまいさ」がない「完全で正確な表現を指している」。これに対し、英語で「ロジカル」というとき、問題とされるのは、「わかりやすく」、賛否は別にして「主張そのものは十分に納得できる」ということである。

論理の本家では、日本とは違《ちが》って、その原理として「他者」との対話性が重視される、という。今日、論理の必要性が説《と》かれるのは、そういう論理を尊ぶ欧米《おうべい》社会との円滑な、あるいは効果的なコミュニケーションが不可欠になってきた、という背景がある。そのような意味においても、対話性ということは、論理について考える場合、見落としてはならない視点と言えるのではないだろうか。

【髙木まさき『「他者」を発見する国語の授業』〈大修館書店〉】

C

プレゼンテーション[＊注11]に限らず、通常のスピーチにおいても、何かものを見せながら話すことは多くあります。ある講演会で「縄文《じょうもん》時代人」というテーマで話している考古学[＊注12]の先生が、話の途中《とちゅう》で、③縄文時代人の大《だい》腿骨《たいこつ》[＊注13]を皆《みな》に見せながら話したことがありました。彼《かれ》は、それを手に持ったまま話をしたので、聴衆《ちょうしゅう》[＊注14]は気になって、その骨ばかり見ていました。

展示物、図表、実物、模型などを見せる時には、次のポイントを守ってください。

(ア) 視覚物は十分大きな見やすいものでなければならない。

　字も図も大きく書いて、聴衆みんなに見えるようにしましょう。

(イ) 視覚物は必要な時だけ見せるようにする。

　必要ない時は見えないところに隠《かく》しておきます。

(ウ) スクリーン、*注15フリップチャート、あるいは現物を見せる場合でも、できるだけ高く揚《あ》げて、後ろの人が見えるようにすること。

(エ) スクリーン、展示物、視覚物の方を見て話さない。

　常に客の方を見て話すこと。

　これからのプレゼンテーションにおいては、視覚物の使用はますます増えると思われます。ラジオよりもテレビがおもしろいように、視覚に訴《うった》えるプレゼンテーションは、説得効果が高くなります。

　プレゼンテーションの原稿《げんこう》をいくら詳《くわ》しく長々と書いても、それを棒《ぼう》読《よ》みするわけにはいきません。できるだけ*注16スライドやフリップチャートを活用して、活発なプレゼンテーションにせねばなりません。

　百聞は一見にしかず、といいます。なんとかたくさんのスライドや*注17チャートを見せて、興味深いものにすれば話し手自身も話しやすくなるし、話す内容を忘れることもありません。また聴衆《ちょうしゅう》にとって楽しくわかりやすいので、まさに④一石二鳥というべきです。

【箱田忠昭『あたりまえだけどなかなかできない　プレゼンのルール』〈明日香出版社〉】

【注】

*1　筋道…物事を行う順序、手続き。
*2　短絡的…筋道を立てて考えずに物事を結びつけて論ずるさま。
*3　後者…二つならべて言ったもののうち、あとの方のもの。
*4　曖昧…はっきりしないこと。
*5　構築…構えきずくこと。
*6　円滑…物事がさしさわりなく行われること。
*7　ロジカル…論理的。
*8　論考…論じ考察を加えること。
*9　示唆…それとなく気づかせること。
*10.　抜け…抜けること、もれること。
*11.　プレゼンテーション…提示、発表。
*12.　考古学…遺跡《いせき》や遺物によって人類史を研究する学問。
*13.　大腿骨…両足のひざから、またの間にある長く大きい骨。
*14.　聴衆…聞き手。
*15.　フリップチャート…白い模造紙を束ねて、一枚ずつめくりながら話を進めていく道具。
*16.　スライド…発表用ソフトのそれぞれのページのこと。
*17.　チャート…図表、一覧表。

(1) [A]の――線①「この結論は、正しいでしょうか」について、筆者はどのような意見をもっていますか。次の1～4の中から適切なものを一つ選び、番号で答えましょう。

1 戦闘力や生命力など、比べる観点によって結果は変わってくるが、やはりクワガタのアゴの力は強いので、クワガタの方が強い。

2 スズメバチとの戦いでは、クワガタよりカブトムシの方が脚力が強く、木から落ちないのでカブトムシの方が強い。

3 そもそもオスとメスで力の差や体格の差があるので、実際に戦わせてみないとわからないから論理的に話すことはできない。

4 観点や実験の条件をそろえることによって、初めてクワガタとカブトムシを比べることができ、説得力のある根拠が生まれる。

(2) [B]の――線②「これは事の一面ではあっても、そのすべてではない」について、「事」と「その」が示しているものを[B]の本文中の言葉を使って書きましょう。

(3) [C]の――線③「それを手に持ったまま話をしたので、聴衆は気になって、その骨ばかり見ていました」とはどのような意味ですか。次の1～4の中から適切なものを一つ選び、番号で答えましょう。

1 聴衆が骨に集中してしまい、教授の話を聞かなくなった。

2 実物を見せたおかげで、教授の話が分かりやすくなった。

3 教授が骨を高く掲《かか》げたので、骨が聴衆に見えやすくなった。

4 教授が骨に集中してしまい、大切な話がおろそかになった。

(4) [C]の――線④「一石二鳥」について、「石」に当てはまる内容を[C]の本文中から六字でぬきだして書きましょう。また、「鳥」に当てはまる内容を二つの立場から考えてそれぞれ書きましょう。

(5) [A]、[B]、[C]を読んだはなこさんは、**川崎市外に住む人に向けて川崎を宣伝する**ために、発表用原稿《げんこう》[D]を作りました。次ページの発表用原稿[D]について、各問いに答えましょう。

D

　川崎市の人口は、二〇一九年六月の時点で百五十三万人を目前としています。これは、十年前と比べると約十万人も増えています。⑤川崎市の人口が増えたということは、川崎市に人が住みやすくなったということです。

　川崎市には七つの区があり、それぞれの区で市外からも観光客を呼ぼうと工夫をしています。例えば、川崎区は臨海部の夜景が有名です。「工場夜景」という言葉が生まれ、今ではバスツアーが組まれるほどになりました。

　⑥中原区では、ももが有名です。それは、中原区民がもっと中原区を好きになれるよう、二〇一五年に「モモ」の木が中原区の木として選ばれたからです。大正から昭和の時代に「モモ」の木が数多く育てられていました。

　多摩区には、藤子《ふじこ》・F・不二雄《ふじお》ミュージアムがあります。二〇一一年にオープンし、二〇一八年三月には、来場者数が三百万人を超えました。川崎市内にはこれら三つの区の他に、幸区、高津区、宮前区、麻生区があり、計七つの区がそれぞれの良さを生かして街づくりを行っています。

(5)-ⅰ　けいこ先生は、Dの――線⑤に関して、「論理的ではない」と言いました。論理的にするにはどのような工夫が必要ですか。A**の文章を参考にして、**次の1～4の中から適切なものを一つ選び、番号で答えましょう。

1　クラスメイトとその保護者に「川崎市の良いところは何か」というアンケートをとり、その結果を川崎市の観光案内と照らし合わせ、内容が合うものを説明する。

2　インターネットにのっていた「住みやすい街ランキング」を利用して、全国的に見ても川崎市がランキング上位であることを話し、住みやすさを強調する。

3　「住みやすさとは何か」の条件を分かりやすく示し、その条件に合う資料をインターネットや本で探し、調べた内容を引用しながら説明する。

4　川崎市以外の都市で、十年間で人口が十万人以上増えた理由を資料集で調べ、川崎市と似ているところを紹介して、川崎市の人口増加を強調する。

(5)-ⅱ はなこさんが[D]をたろうさんに見せたところ、あるアドバイスをもらい、はなこさんは――線⑥を次の［　］のように書きかえました。はなこさんはたろうさんからどのようなアドバイスをもらいましたか。二十字以上三十字以内で書きましょう。

> 中原区では、ももが有名です。二ヶ領用水には、十四種類のももの花が植えられています。桜とは違う美しさで、一足早く春を楽しめ、多くの人がおとずれています。また、中原区内には、ももをイメージした和菓子《わがし》である「桃《もも》の彩《いろどり》」を売るお店が七つあります。ももを原料に用いたり、もものデザインを参考にしたりするなど、どのお店の和菓子も、とても個性的でおいしく、人気があります。

(5)-ⅲ はなこさんは、発表をより説得力のあるものにするために、藤《ふじ》子《こ》・F・不二雄《ふじお》ミュージアムの写真を拡大して、黒板のよく見える所にはることにしました。発表を始める前に黒板にはろうとしたところ、たろうさんから、「今、はるべきではない。」と言われました。たろうさんが言ったことは、[C]の文章の(ア)～(エ)のポイントのどれに関係するか、適切なものを一つ選び、記号で答えましょう。また、はなこさんは具体的にどのようにすればよいのか、書きましょう。

(6) 中学校であなたがクラスメイトの前で論理的な発表を行う時に、どのような事に気を付けて発表を行いたいですか。[B]から参考にしたところを一つあげ、これまでの経験にふれながら後ろの［注意事項》］に合うように考えや意見を書きましょう。

［注意事項］

○ **解答用紙2**に三百字以上四百字以内で書きましょう。
○ 原稿用紙の正しい用法で書きましょう。また漢字を適切に使いましょう。
○ 題名や自分の名前は書かずに、一行目、一マス下げたところから書きましょう。
○ 三段落以上の構成で書きましょう。
○ 句読点［。、］やかっこなども一字に数え、一マスに一字ずつ書きましょう。また、段落を変えたときの残りのマス目も字数として数えます。

問題2は反対側から始まります。

はなこさん：５月には、その友だちが川崎に遊びに来ることになったのだけれど、移動手段や経路については、今回の私と同じように戸惑いを感じる場面もあるのでしょうね。行き慣れていない場所の地図を読み取るのは、とても難しいから。

たろうさん：電車やバスで移動するなら、特にそう感じるかもしれないね。そう考えると、カーナビゲーションシステムやスマートフォンを使用した経路検索《けんさく》は、とても便利だよ。複雑に見えるものから必要な情報を取り出して簡略化するという視点は、いろいろと役に立つね。この地図【 図１ 】は、シドニー市内の観光地となっている場所と場所とのつながりを地図上に点と線で表したものだよ。

はなこさん：すごいわ。複雑に感じる地図が、わかりやすくなるのね。

たろうさん：<u>③場所のつながり方だけに注目した場合、さらに簡単に表せる</u>よ。

【 図１ 】

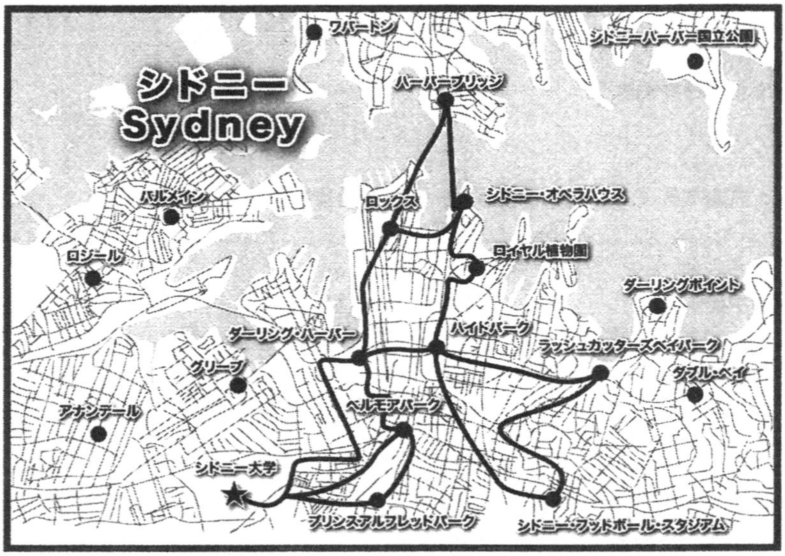

（４）下線部③について、【 図１ 】をさらに簡略化して表現している図を次のア～カの中から１つ選び、記号で答えましょう。（シドニー大学★を出発点とする。）

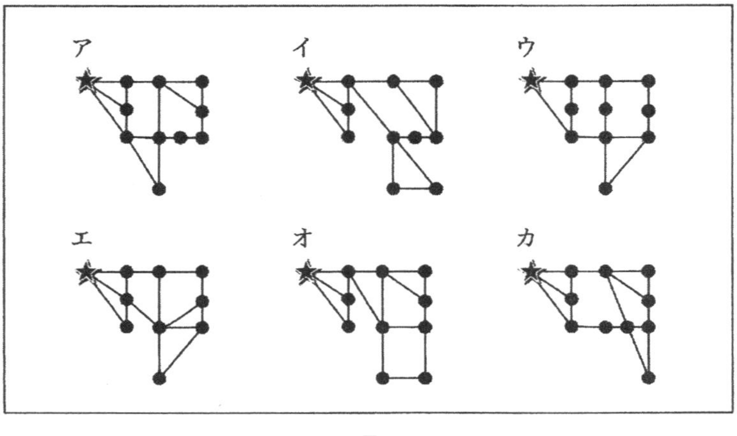

はなこさん：ここまで簡略化できれば、必要な情報に注目してさまざまなことに応用できそうだわ。
たろうさん：そうだね。例えば、各地点間の所要時間がわかっている場合、最も時間のかからない経路を選ぶことなども考えられるね。
はなこさん：ほかにも、すべての道を通ることができるのか検討することや、分岐点《ぶんきてん》をすべてまわることができるのか、それは何通りあるのかなども考えることができるわ。友だちのためにも事前に調べておきたいわ。
たろうさん：この図【 図2 】は、川崎駅周辺のバス路線図を簡略化したものだよ。バス停とバス停をつなぐ線にかかれている数字は、移動にかかる時間で、単位は「分」だよ。

【 図2 】

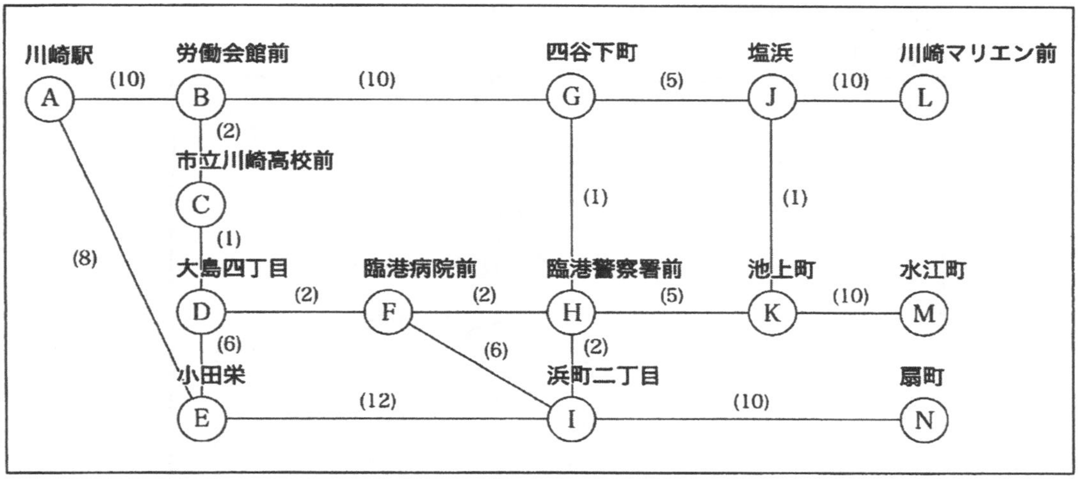

はなこさん：ありがとう。友だちをいろんな場所に連れていってあげたいわ。
たろうさん：はなこさんの家は扇町《おうぎまち》でしょう。まずは、地点Aから地点Nまでの移動でもっとも短い時間で移動できる経路を考えてみるのはどうかな。
はなこさん：そうね。地点Nに行くためには、
必ず［　　　　（い）　　　　］ことがわかるわ。
だから、地点Aから地点Iまでの経路だけを考えればよいね。その中でもっとも短い時間で移動できる経路を見つければいいことになるわ。

（5）［　（い）　］にあてはまる、はなこさんが気づいたことを書きましょう。

たろうさん：いいことに気づいたね。では地点Aを出発したらまず、地点Bまたは地点Eに必ず行くから、地点Bから地点Iに行くのと、地点Eから地点Iまで行くのではどちらが短時間で移動できるのかを考えればよいね。

はなこさん：それは地点Eから地点Iが真っすぐに結ばれているから、この２つを結んでいるバスが一番短時間だと思うわ。

たろうさん：それはどうかな。まず、地点Eから地点Iに移動できる経路は何通りあるかな。図をかいて確かめてごらん。ただし、短い時間で移動できる経路を考えているので、**同じバス停を２度通過することは考えない**ようにしよう。

はなこさん：わかったわ。図【 図３ 】をかいてみるね。

【 図３ 】

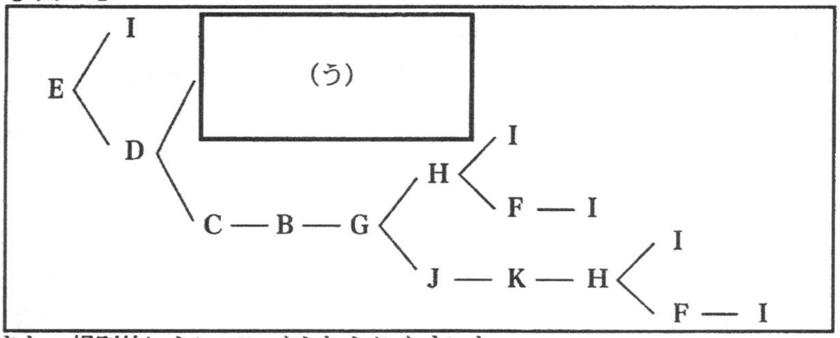

はなこさん：できた。規則的にかいていくとわかりやすいわ。

（６）はなこさんがかいた図【 図３ 】は、地点Eから地点Iまでのすべての経路をかいたものです。
［ (う) ］にあてはまる図をかきましょう。

はなこさん：この中でもっとも短時間で移動できる経路を見つければいいのね。

たろうさん：そういうこと。その中で、地点Eから地点Bを通る経路についてはA−E−D−C−Bとたどると17分で、A−Bとたどる場合の10分より長いので考える必要はないね。

はなこさん：そうなると、まず地点Aの次に地点Eを通って地点Iへ行く経路の中でもっとも短い時間で移動できる経路を探せばいいのね。
わかったわ、２通りあって、どちらも地点Iまで20分だわ。

たろうさん：次は地点Aの次に地点Bを通って地点Iへ行く経路の中からも、もっとも短い時間で移動できる経路を見つけて、その時間と20分とでどちらが短い時間で移動できるかを比べないといけないね。

はなこさん：あら、地点Aの次に地点Bを通って地点Iへ行く経路の方が20分より短い時間で行ける経路があるわ。それは、A−［ (え) ］−Iの順に通る経路で、これが最短の時間で移動できる経路ということになるわ。

たろうさん：そうだね。でも、本当ならバスを乗り降りする時間や道路の混雑も考える必要があるね。

はなこさん：そう考えると、目的地までの行き方を案内してくれるようなナビゲーションシステムは、なんてすばらしいのかしら。

（７）［ (え) ］にあてはまるアルファベットを、正しい順に並べて書きましょう。

問題3 たろうさんとはなこさんが教室で話をしています。次の会話文を読んで、あとの（1）～（6）の各問いに答えましょう。

はなこさん：この前、近所のお寺に行って、お寺の縁《えん》の下をのぞいたら、この写真〔資料1〕のようなくぼんでいるところがたくさんあったわ。これは何かしら。

たろうさん：それはアリジゴクの巣だよ。

はなこさん：そうだったのね。アリジゴクの名前は聞いたことがあるけど、実際にその巣を見たのは初めてだわ。ところでアリジゴクはどんな生き物なの。

たろうさん：アリジゴクは巣にやってきたアリなどの小さなこん虫を巣の底に落としてつかまえてエサとしているよ。ウスバカゲロウというこん虫の幼虫でこのイラスト〔資料2〕のような姿をしているよ。

はなこさん：ずいぶんと不思議な姿ね。

たろうさん：大きなあごがあって、平べったい頭をしていて、こん虫の体のつくりと同じで、
［　　　　（あ）　　　　］よ。
こんなあしをしているので、アリジゴクは前には進めず後ろにしか進むことができないらしいよ。

〔資料1〕

（京都教育大学松良俊明氏ウェブサイトより引用）

〔資料2〕

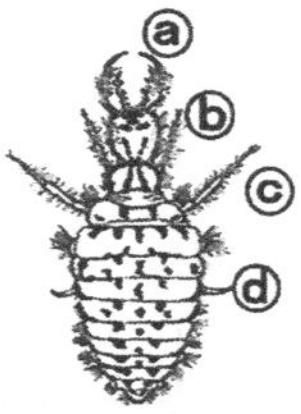

（京都教育大学松良俊明氏ウェブサイトより引用）

（1）［（あ）］にあてはまる説明を次のア～カの中から1つ選び、記号で答えましょう。

ア　あしは少し短くて小さなⓑが2本と左右にのびきったようなⓒが2本の合計4本ある

イ　あしは少し短くて小さなⓑが2本と左右にのびきったようなⓒが2本、そしてかろうじて見えるくらいのⓓが2本の合計6本ある

ウ　あしは太くて大きなとげのついたⓐが2本と少し短くて小さなⓑが2本、そして左右にのびきったようなⓒが2本の合計6本ある

エ　あしは太くて大きなとげのついたⓐが2本と、少し短くて小さなⓑが2本と左右にのびきったⓒが2本、そしてかろうじて見えるくらいのⓓが2本の合計8本ある

オ　細かな毛のようなあしがたくさん生えている

カ　あしは太くて大きなとげのついたⓐが2本と、少し短くて小さなⓑが2本と左右にのびきったⓒが2本、かろうじて見えるくらいのⓓが2本、そして、細かな毛のようなあしがたくさん生えている

はなこさん：そういえば、アリジゴクの巣って、どれも同じ形をしているように見えるわ。

たろうさん：そうだね、大きさはさまざまだけど、くぼみの角度はほとんど同じだよ。

はなこさん：それは不思議ね。どうしてかしら。

たろうさん：実はアリジゴクの巣の坂の角度は「安息角《あんそくかく》」といって、その砂がすべり落ちるかどうかのギリギリの角度でできているそうだよ。だから、アリがアリジゴクの巣に入ると、足元の砂がくずれて、巣の底に落ちていってしまうらしい。

はなこさん：よくできているわね。でも、どうして、巣の坂を「安息角」にすることができるのかしら。もしかして、アリジゴク同士で秘密の設計図を持っているのかしら。

たろうさん：設計図はなくても、「安息角」の坂はつくることができるよ。

はなこさん：どういうことかしら。

たろうさん：深く穴をほっていけば、そのうち、周りの砂がすべり落ちて、自然に坂が「安息角」になるみたいだよ。

はなこさん：つまり、巣の坂の角度はアリジゴクのつくり方で決まるのではなくて（い）の状態で決まるということなのね。

たろうさん：その通りだよ。アリジゴクが縁の下などのかげになるところに巣をつくるのも、それが理由だよ。

はなこさん：雨などで巣がぬれたら、砂がくずれなくなったり、逆にこわれてしまったりしてしまうものね。

（2）（い）にあてはまる言葉を書きましょう。

たろうさん：巣の写真〔**資料1**〕をよく見たら、おもしろいことに気が付いたよ。

はなこさん：何かしら。

〔資料3〕「はなこさんの予想図」

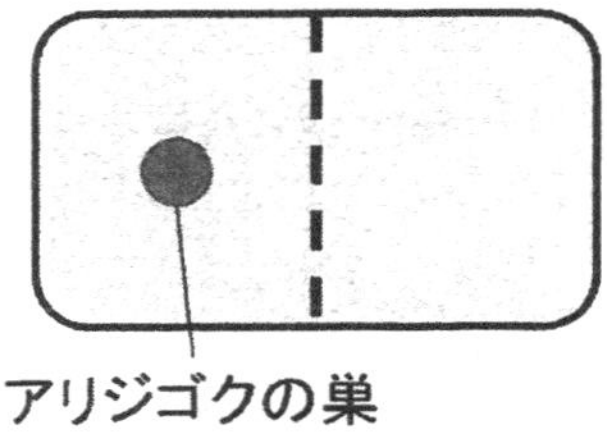

たろうさん：周囲の砂と巣の砂を比べてみると分かるよ。

はなこさん：わかったわ。砂のつぶの大きさね。巣の砂の方がつぶが細かいわ。

たろうさん：その通りだよ。どの巣も細かい砂だけでできているけど、どうしてだろう。

はなこさん：きっと細かい砂の方がアリをつかまえやすくなるからだと思うわ。

たろうさん：確かに砂つぶが細かい方がくずれやすい気がするね。でも、どうして巣は細かい砂だけでできているのかな。

はなこさん：アリジゴクは砂つぶが細かいところを探して、巣をつくっているのではないかしら。

たろうさん：なるほど、では、どのような実験をしたら、それを確かめられるかな。

はなこさん：つぶの大きさがちがう２種類の砂を用意して実験をするのはどうかしら。

たろうさん：そうだね、その①実験を何回かくり返して、どこでアリジゴクが巣をつくるかを観察すればよいのだね。

はなこさん：予想図〔**資料３**〕のように、真ん中の境目から**左側にのみ**、アリジゴクが巣をつくれば、私の予想が正しいということになるわね。

たろうさん：さっそく確かめてみよう。

（3）下線部①について、はなこさんの予想が正しいことを確かめるために、たろうさんたちはどのような実験をしたのでしょうか。実験の結果が「はなこさんの予想図」〔**資料３**〕のようになる具体的な実験の方法を書きましょう。

―――― 1週間後 ――――

〔資料4〕

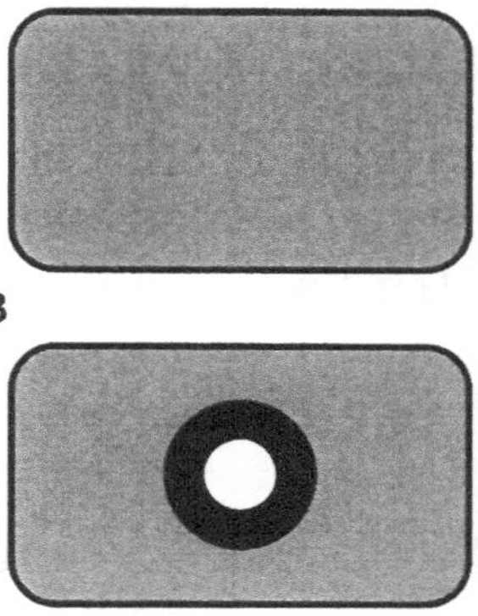

はなこさん：予想通りの結果になったね。

たろうさん：さすが、はなこさん。でも、つぶが細かい砂とつぶが大きな砂の２種類が均等に混ざっていたとき、どうなるのだろう。

はなこさん：何か良い実験はないかしら。

たろうさん：いいことを思いついたよ。放課後、家で実験してくるね。

―――― 次の日 ――――

はなこさん：昨日はどんな実験したの。

たろうさん：まず、色ごとにつぶの大きさがちがう白と黒の砂を用意してそれを混ぜ合せて容器にしきつめたんだ。これが実験を真上から見た図〔資料4〕だよ。はじめはAのように容器全体で砂が灰色っぽく見えたけど、巣ができあがるとBのようになったよ。

はなこさん：これは［　　　（う）　　　］ということかしら。

たろうさん：さすがだね、その通りだよ、はなこさん。

はなこさん：アリジゴクは砂のつぶの大きさをふりわけながら、巣をつくっているのね。

（4）［（う）］にあてはまる〔資料4〕Bの巣のようすの説明を、次のア～エの中から１つ選び、記号で答えましょう。

ア　巣のくぼみはつぶの小さな白い砂で、くぼみの周辺はつぶの大きな黒い砂でできている

イ　巣のくぼみはつぶの大きな白い砂で、くぼみの周辺はつぶの小さな黒い砂でできている

ウ　巣のくぼみはつぶの小さな黒い砂で、くぼみの周辺はつぶの大きな白い砂でできている

エ　巣のくぼみはつぶの大きな黒い砂で、くぼみの周辺はつぶの小さな白い砂でできている

〔資料2〕

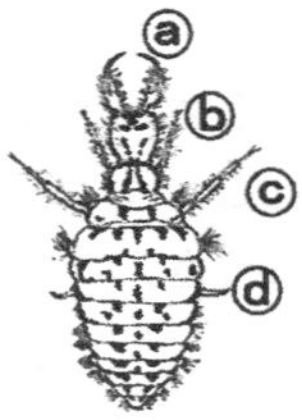

たろうさん：さらにアリジゴクのことを本で調べたら、イラスト〔資料2〕のⓐを上手に使って巣をつくることがわかったよ。

はなこさん：アリジゴクはどのようにして巣をつくっているのか教えてよ。

たろうさん：まず、ⓐを使って、砂をほって、次に、ほった砂をⓐの上で左右にふるわせるそうだよ。これはⓐのギザギザを使って、小さなつぶの砂をその場で捨てて、大きなつぶの砂だけを選ぶことができるみたいだよ。そして、外に向かって、その大きなつぶの砂だけを投げるのだって。

はなこさん：つまり、ⓐはアリジゴクにとって、わたしたちの身の回りの器具でいうと［（え）］と［（お）］の役割をしているのね。

（5）［（え）］と［（お）］にあてはまる言葉を次のア～カの中からそれぞれ１つ選び、記号で答えましょう。

ア　かなづち　　イ　のこぎり　　ウ　はさみ　　エ　スコップ　　オ　ふるい

カ　のり

たろうさん：アリジゴクはくぼみの底の砂の中でアリが巣にやってくるのをじっと待っているのだよ。

はなこさん：アリが来るまで待つなんて、アリジゴクはがまん強いのね。でも、せっかくアリが巣にやってきても、アリがすべり落ちている間にもがいたりしたら、なかなか落ちてこないし、にげられそうな気がするわ。

たろうさん：だから、アリジゴクはアリが落ちてくるのをただ待つだけではないよ。アリジゴクは坂でもがいているアリに砂つぶをぶつけることでアリの足元をすくって、ずるずると落下させて、つかまえるらしいよ。

はなこさん：小さいアリに砂を当てるなんて、アリジゴクはコントロールが良いのね。 でも、どうしてアリジゴクは砂の中にもぐっているのに、アリが巣の中に入ってきたことやアリがどこにいるのかを知ることができるのかしら。

たろうさん：それは、アリが巣に中に入ると、［　　　（か）　　　］から、それを元にアリジゴクはアリが入ってきたことや、どこにいるのかを知ることができるそうだよ。

はなこさん：アリジゴクは生きるためにいろいろな工夫をしているのね。小さい体をしているのにすごいわ。もっと他の動物のことも知りたくなったわ。

（6）［　（か）　］にあてはまる言葉を書きましょう。

適性検査Ⅰ　解答用紙１

受検番号	
氏名	

※200点満点

問題１

(1)

(2)

(3)

(4)
石
鳥

(5)－ⅰ

(5)－ⅱ

(5)－ⅲ
記号
どうすればよいか。

(6)の解答は解答用紙２に書きましょう。

(1) 5点
(2)10点
(3) 5点
(4)20点
(5)30点
(6)75点

下のらんには記入しない

合計	(1)	(2)	(3)	(4)	(5)－ⅰ	(5)－ⅱ	(5)－ⅲ

【解答】

適性検査Ⅱ　解答用紙１

※200点満点

問題１

（１）

（２）

（１）８点
（２）７点
（３）16点
（４）16点
（５）８点

（３）

（４）
え
お

（５）

受検番号	氏　　名

下のらんには
記入しない

（１）
（２）
（３）
（４）
（５）

合　計

適性検査Ⅱ　解答用紙３

問題３

（１）

（あ）

(1) ５点
(2)10点
(3)24点
(4) ６点
(5)10点
(6)15点

（２）

（い）

（３）

（４）

（う）

（５）

（え）	（お）

（６）

（か）

受検番号	氏　　名

下のらんには記入しない

（１）	（２）	（３）	（４）	（５）	（６）	合　計

適性検査Ⅱ　解答用紙２

問題２

(1)10点
(2)10点
(3)８点
(4)10点
(5)７点
(6)15点
(7)15点

（１）

（あ）
時速約　　　　　ｋｍ

（２）

円

（３）

（４）

（５）

（い）

（６）

（う）

（７）

（え）
Ａ ―　　　　　　　　　― Ｉ

受検番号	氏　　名

下のらんには記入しない

（１）

（２）

（３）

（４）

（５）

（６）

（７）

合　計

適性検査Ⅰ　解答用紙３

問題２

（１）

（１）５点
（２）15点
（３）５点
（４）５点
（５）10点
（６）15点

（２）

（３）

（４）

（５）

(い)	(う)

（６）

受検番号	氏　名

下のらんには記入しない

（１）

（２）

（３）

（４）

（５）

（６）

合　計

適性検査Ⅰ　解答用紙２

問題１

(6)

受検番号	
氏　名	

20　100　200　300　360　400

下のらんには記入しない

問題2 はなこさんとたろうさんが教室で冬休みのことについて話をしています。次の会話文を読んで、あとの（1）～（7）の各問いに答えましょう。

はなこさん：冬休みに、オーストラリアのシドニーに住んでいる友だちに会いに行ったの。飛行機に乗っていた時間は9時間24分だったわ。

たろうさん：羽田空港からシドニー国際空港までの距離《きょり》は7812 ㎞だから、利用した飛行機の平均の速さは、時速 約 \[（あ） \] ㎞だったと言えるね。

（1）\[（あ） \] にあてはまる数字を書きましょう。小数第一位を四捨五入し、一の位までのがい数で答えましょう。

はなこさん：初めての海外旅行だったから、戸惑《とまど》うこともたくさんあったわ。日本円をオーストラリアのお金であるオーストラリア・ドルに両替《りょうがえ》する必要があったの。

たろうさん：そうだね。１ドルを両替するとき80円の日もあれば、82円の日もあって、複雑に感じるよね。はなこさんはどのような方法で両替したの。

はなこさん：銀行で両替したわ。その日は78円で１ドルに両替できたの。両替には１ドルにつき２円の手数料がかかったから、50000円分をオーストラリア・ドルに両替したら、50000÷(78+2)=625なので625ドルになったわ。①<u>旅行から帰って、残った22ドルを銀行で日本円に両替したの。そのときは、１ドルを80円で両替して、手数料が１ドルにつき１円かかったわ。</u>

（2）下線部①について、両替して受け取ったのは、日本円でいくらであったのか書きましょう。

はなこさん：お金の単位もドルとセントの２つあって、１ドルが100セントなの。

たろうさん：コインも２ドル、１ドル、50セント、20セント、10セント、５セントの６種類あるよね。

はなこさん：現地でジュースを買った時には、びっくりしたわ。ジュース１本の金額表示が１ドル99セントとなっていたので、２ドルコインで払《はら》ったのに、おつりがもらえなかったの。「１セントコインはもう存在しないんだ。」と店員さんに言われたの。

たろうさん：金額の最後の１ケタが１セントか２セントの場合は切り捨てて０セントに、３セントか４セントの場合は切り上げて５セントに、６セントか７セントの場合は切り捨てて５セントに、８セントか９セントの場合は切り上げて10セントにしているんだよね。

はなこさん：そうなの。だから、②<u>同じジュースを３本買った友だちは６ドル払っておつりをもらっていたの。</u>この仕組みは、後から友だちに聞いたのだけれど、とても不思議だったわ。

（3）下線部②について、友だちがもらったおつりの金額を書きましょう。単位も書きましょう。

このページには問題は印刷されていません。

けいこ先生：はなこさん、たろうさん、このステッカー〔**資料５**〕を見たことがありますか。
はなこさん：あ、どこかで見かけたことがあるわ。
けいこ先生：これは「かわさきパラムーブメントロゴステッカー」といいます。お店などで店員さんが自分たちで考えた気づかいやおもてなしなどによる「やさしさ」を表示して、いろいろなお客さんに喜んで来てもらうために貼《は》るステッカーです。
このステッカーには「赤ちゃんを連れた人も遠慮《えんりょ》しないで入ってください。」という気持ちが込《こ》められています。
たろうさん：おもしろい考えですね。
けいこ先生：先生の家の近くの「そば屋」には、このようなステッカー〔**資料６**〕が貼ってありました。お店の人は③<u>どういう気持ち</u>を込めたのかわかりますか。
たろうさん：「フォークあります。」ってことは…
はなこさん：あっ、わかりました。
たろうさん：ぼくたちも学校でできる「おもてなし」を考えてステッカーを作ってみようよ。
けいこ先生：それはすばらしい考えですね。

〔**資料５**〕

〔**資料６**〕

（川崎市市民文化局オリンピック・
パラリンピック推進室より作成）

＊かわさきパラムーブメント：東京 2020 オリンピック・パラリンピック競技大会をきっかけに「誰《だれ》もが暮らしやすいまちづくり」などに取り組む運動

（５）下線部③の表す、お店の人の気持ちを書きましょう。

けいこ先生：川崎駅にはまだまだ工夫があります。今度はバスの案内板〔**資料３**〕を見てください。

〔**資料３**〕川崎駅バス案内板

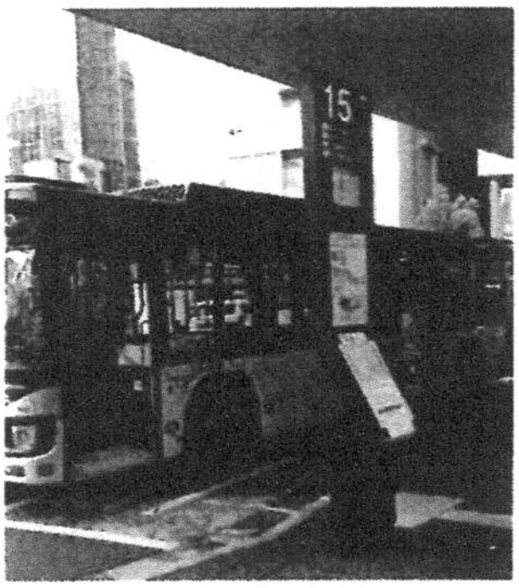

たろうさん：これがユニバーサルデザインの案内板なの。何か変な形をしているね。

はなこさん：たしかに変な形ね。普通《ふつう》の案内板より場所をとっていて邪魔《じゃま》な気がするわ。

けいこ先生：もっとよく見てください。これも使う人のことを考えて設計されているのです。

たろうさん：これは車イスを利用している人に配慮《はいりょ》したデザインですか。

けいこ先生：その通りです。でも、このデザインは②車イスを利用している人のことだけを考えて作られているわけではないのです。この案内板のイラスト〔**資料４**〕を見てください。

この案内板の時刻表は、車イスを利用している人には（え）ので見やすく、また、一般《いっぱん》の人には角度がついているので（お）で見ることができるようにデザインされているのです。

はなこさん：なるほど、ユニバーサルデザインはみんなが使いやすいようになっているのですね。

〔**資料４**〕案内板のイラスト

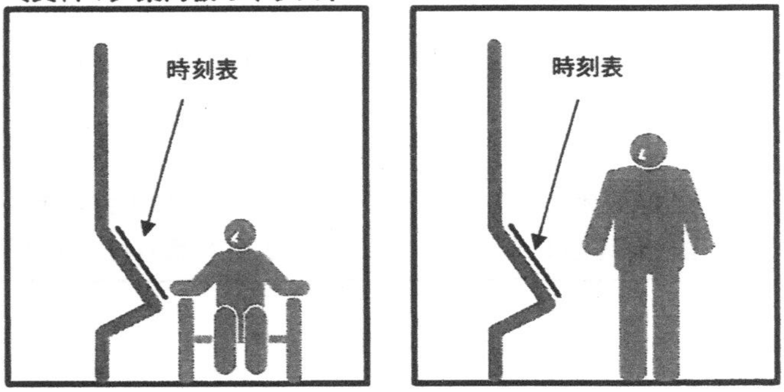

（４）下線部②について、このデザインが車イスを利用している人にも、一般の人にも使いやすく作られている理由をイラスト〔**資料４**〕を見て、（え）、（お）にあてはまる言葉をそれぞれ書きましょう。

はなこさん：オリンピックやパラリンピックが日本で開かれるということは、いろいろな人がやってくるわ。
たろうさん：受け入れの準備はできているのかな。
けいこ先生：少しずつ進んでいるそうです。あなたたちはユニバーサルデザインという言葉を知っていますか。
はなこさん：初めて聞きました。それは何ですか。
けいこ先生：ユニバーサルデザインとは大人も子どもも、障がいのある人もない人も、さまざまな人がいつでもどこでも安心して使えるようにデザインするという考え方です。

〔資料２〕川崎駅のタクシー乗り場

（Ｂ）　　（Ａ）

（国土交通省ウェブサイトより引用）

たろうさん：私たちの身近にもそういったものはあるのですか。
けいこ先生：川崎駅には2013年に全国初となるユニバーサルデザインタクシー対応乗り場ができました。これがその写真〔**資料２**〕です。
タクシーには、スロープと呼ばれる段差をなくすための板（Ａ）がついています。
また、①乗り場にも段差をなくすためのスロープ（Ｂ）がついています。
はなこさん：いつも見ていた駅の設備にそんなことがあったなんておどろきだわ。ユニバーサルデザインは、いろいろな人に優しいのですね。

（３）下線部①について、段差をなくすためのスロープのおかげで安心してタクシーを利用できるのは特にどのような人ですか。**２つ書きましょう。**

（2） （い） と （う） にあてはまる文章の組合わせとして適切なものを、次の１～４の中から１つ選び、番号で答えましょう。

1
（い）選手が会場までの道のりを間違《まちが》えないで着く
（う）オリンピック専用レーンで渋滞《じゅうたい》が起こりやすくなる

2
（い）その国の言葉が分からない外国人でも交通ルールを理解する
（う）オリンピック専用レーン以外で渋滞が起こりやすくなる

3
（い）渋滞が起きにくい構造のため車の排出《はいしゅつ》ガスを少なくする
（う）オリンピック専用レーンで渋滞が起こりやすくなる

4
（い）予定通りに会場に着く
（う）オリンピック専用レーン以外で渋滞が起こりやすくなる

問題１ たろうさんとはなこさんとけいこ先生が教室で話をしています。次の会話文を読んで、あとの（１）～（５）の各問いに答えましょう。

はなこさん：たろうさん、もうすぐ東京オリンピックだね。
たろうさん：そういえば、ニュースでオリンピックの開催《かいさい》期間中、高速道路の一部の料金を1000円値上げすると言っていたよ。車を使えば便利なのになぜ値上げをするのだろう。
けいこ先生：実は値上げをするだけではなく、夜間の料金は半額になるのですよ。
はなこさん：なぜ、昼間の料金は値上げをして、夜間の料金は値下げをするのかしら。
けいこ先生：それは高速道路の［　　（あ）　　］を目的としているからです。
たろうさん：だからオリンピック期間に値上げをするんだ。

（１）昼間は値上げをして、夜間は値下げをする目的として、［（あ）］にあてはまる言葉を書きましょう。

けいこ先生：それではオリンピックについて考えてみましょう。この2012年のロンドンの車道の写真〔資料１〕を見てください。何か気が付くことはありますか。
たろうさん：車が１台も走っていない道があるね。
はなこさん：しかもその道には何かかいてあるわ。
たろうさん：オリンピックのマークだ。
はなこさん：そうよ、2012年といったらロンドンでオリンピックがあった年ね。
けいこ先生：正解です。それではこのオリンピックのマークのかかれた道は何かわかりますか。
たろうさん：オリンピックの雰囲気《ふんいき》を盛り上げるための工夫かな。
はなこさん：そうかしら、私は違《ちが》う気がするわ。１台も車が走っていないことからすると、何かの専用の道路ではないかしら。
けいこ先生：はなこさん、その通りです。これはオリンピック専用レーンと言って、選手や、大会関係者、会場スタッフ、観客などがこのレーンを使って移動するのです。
たろうさん：そうか、これがあれば［　　（い）　　］ことができるね。
はなこさん：たしかに、そう考えると便利ね。でも、これがあるせいで［　　（う）　　］という問題が起きそうだわ。
けいこ先生：そうですね。

〔資料１〕2012年ロンドンの車道

※五輪のマークが入った道の写真

（朝日新聞ウェブサイトより引用）

令和２年度

川崎市立川崎高等学校附属中学校入学者決定検査

適性検査Ⅱ

（45分）

―― 注　意 ――

1　「はじめ」の合図があるまで、この問題用紙を開いてはいけません。

2　この問題用紙には**問題１**から**問題３**まで、全部で１３ページあります。

3　問題をよく読んで、答えはすべて解答用紙の決められたらんに、わかりやすくていねいな文字で書きましょう。解答らんの外に書かれていることは採点しません。

4　解答用紙は全部で**３枚**あります。

5　計算やメモが必要なときは、解答用紙には書かずに、この問題用紙の余白を利用しましょう。

6　「やめ」の合図があったら、途中《とちゅう》でも書くのをやめ、筆記用具を机の上に置きましょう。

問題２　たろうさんとはなこさんが教室で話をしています。次の会話文を読んで、あとの（１）～（６）の各問いに答えましょう。

たろうさん：副読本「かわさき」を使って川崎港のことを学習したことを覚えているかな。

はなこさん：ええ、大正時代に東京湾を埋め立ててつくった人工の港だったわね。

たろうさん：うん、今では東京港、横浜港、大阪港、神戸港とともに国から国際戦略港湾《こうわん》に指定されていて、日本で最も重要な５つの港の１つになっているんだ。

はなこさん：国際戦略港湾って何かしら。

たろうさん：日本の港の国際競争力を高めるために、大型船が入れるようにしたり、24時間港で業務ができるように国が中心となって重点的に整備を進めている港のことだよ。

はなこさん：ほかにも川崎港の特色はないのかしら。

たろうさん：川崎市の公式ウェブサイトにいろいろな資料がのっていたよ。①川崎港の貨物量の移り変わり〔資料１〕は、2014年から2018年までの５年間に川崎港で取りあつかった貨物量をまとめたものだよ。

〔資料１〕川崎港の貨物量の移り変わり

単位：万トン

入出区分	2014年	2015年	2016年	2017年	2018年
輸出	1,062	1,075	901	864	749
輸入	4,763	4,604	4,404	4,727	4,324
移出	1,548	1,686	1,499	1,601	1,475
移入	1,209	1,302	1,393	1,305	1,560
総計	8,581	8,668	8,197	8,498	8,108

（注：統計の数字は千トンの単位を四捨五入している）

（川崎市公式ウェブサイトより作成）

はなこさん：移出・移入って何かしら。

たろうさん：移出は川崎港から国内の他の港に貨物を送り出すことを意味しているんだ。反対に国内の他の港から川崎港に入ってくる貨物が移入だよ。

はなこさん：輸出入、移出入の変化からいろいろなことがわかるわね。

（１）下線部①について、この表から読み取れるものとして適切なものを、次のア～オの中から１つ選び、記号で答えましょう。

ア　2014年から2018年まで毎年、川崎港に入ってくる貨物量（輸入量と移入量の合計）の方が、出ていく貨物量（輸出量と移出量の合計）よりも多くなっている。

イ　2014年以降、川崎港で取りあつかわれる貨物量は減り続けている。

ウ　2018年の川崎港の移入量は、前の年より50パーセント以上増加している。

エ　2014年から2018年までの川崎港の移出量は、最も多かった年と最も少なかった年ではおよそ300万トンの差がある。

オ　2018年の川崎港の輸出入貨物量（輸出量と輸入量の合計）と移出入貨物量（移出量と移入量の合計）のおおよその比は７対３である。

はなこさん：川崎港で取りあつかわれた貨物にはどんなものがあるのかしら。
たろうさん：2018年に川崎港で輸出入された主な貨物の割合を示したグラフ**〔資料２〕**があるよ。
はなこさん：石油関連のものが多いのね。
たろうさん：川崎港の輸出入の品目を見ると、前に勉強した②<u>日本の貿易の特色</u>と似ていることがわかるよね。
はなこさん：液化天然ガスをこんなにたくさん輸入しているわ。
たろうさん：**〔資料１〕**と**〔資料２〕**をあわせて見ると、2018 年の液化天然ガスの輸入量は約［（あ）］万トンもあることがわかるね。

〔資料２〕2018 年 川崎港の主な輸出入品の割合

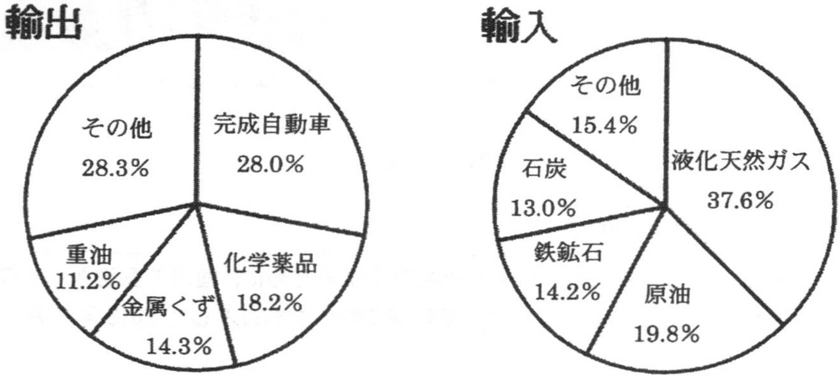

（川崎市公式ウェブサイトより作成）

（２）下線部②について、**〔資料２〕**をもとに、**「輸出」と「輸入」の２語を用いて**日本の貿易の特色を説明しましょう。

（３）［（あ）］にあてはまる数字として適切なものを、次のア～エの中から１つ選び、記号で答えましょう。

ア　２８２　　イ　１６２６　　ウ　５５５　　エ　５８７

川崎港の貿易について調べた、たろうさんとはなこさんは、けいこ先生と一緒《いっしょ》に港に見学に行くことになりました。そこで、東扇島《ひがしおうぎしま》にある川崎東郵便局を訪ね、局員の方に郵便局についての説明をしていただきました。

けいこ先生：さて、ここが川崎東郵便局よ。

〔資料３〕川崎東郵便局

たろうさん：わあ、大きな郵便局だね。１、２、…、何階建てだろう。

はなこさん：たろうさん、６階建てよ。それに、各階の床面積《ゆかめんせき》の合計では、全国で７番目に大きな郵便局なのよ。

たろうさん：日本で７番目なんて、それはずいぶん大きいね。近所の郵便局とは比べものにならないな。でも、近所の郵便局とは何が違《ちが》うのかな。

けいこ先生：では、ここで働く局員の方に、説明をうかがいましょう。

たろうさん・はなこさん：よろしくお願いします。

〔資料４〕川崎東郵便局の説明

川崎東郵便局は、ものの流れのスピード化を実現するために、国内の郵便ネットワーク再編の第１号として、また、日本と世界をつなぐ国際郵便物の玄関口《げんかんぐち》として 2013 年 5 月 4 日に開局しました。

日本を発着する国際船による郵便物を取りあつかっていましたが、2013 年 6 月から、全世界から到着《とうちゃく》する航空通常郵便物（エアメール等）もすべて引き受けて処理する郵便局となりました。

国内の郵便関係では、最新の大型機械を導入し処理が速くなりました。また、開局当初は川崎市全域を受け持っていましたが、2014 年 2 月から神奈川県東部地域の郵便物を担当する郵便局となりました。

（日本郵便株式会社『川崎東郵便局業務概要』2019 年度版より　一部改編）

はなこさん：すごいわ。世界中から郵便物がここに集まってくるのね。そしてここから日本全国に運ばれるのね。

たろうさん：近所の郵便局とは全く違うね。川崎東郵便局の役割の１つは、ここが世界の窓口になっているってことだね。

けいこ先生：そうですね。それに、もう１つ、大きな役割がありますね。

はなこさん：川崎市全域の郵便を受け持っていたということですか。

たろうさん：それより、神奈川県東部の郵便物を担当しているっていうことではないかな。範《はん》囲《い》がもっと広くなったということだよね。

はなこさん：どうして③<u>神奈川県東部の郵便物が集められてくる</u>のですか。そうすると、どんな良さがあるのですか。

（4） 下線部③について、１か所に集める良い点として**〔資料４〕**から考えられる適切なものを、次のア～エの中から１つ選び、記号で答えましょう。

ア　日本の首都である東京から距離《きょり》が近いから。
イ　川崎東郵便局は全国で７番目に数えられるほど面積が広いから。
ウ　神奈川県の中央部にあるから、移動時間が短くてすむから。
エ　効率よく多くの郵便物を仕分けしたり、並《なら》べ替《か》えたりすることができるから。

たろうさん：ところで、さきほどの説明の中では、神奈川県東部を担当しているということでしたが、西部を担当している郵便局はどこにあるのですか。

けいこ先生：それは神奈川西郵便局といって、神奈川県海老名市に2017年に開局しました。川崎東郵便局の場所〔**資料５**〕と神奈川西郵便局の場所〔**資料６**〕を見て、２つの郵便局の場所に共通していることがわかりますか。

はなこさん：どちらも近くに［（い）］があります。その理由は［（う）］だと思います。

けいこ先生：その通りです。

（５）［（い）］にあてはまる言葉を次のア～エの中から、［（う）］にあてはまる言葉をオ～クの中からそれぞれ１つ選び、記号で答えましょう。

ア　高速道路　　　イ　港　　　ウ　川　　　エ　工場

オ　輸送に便利だから　　　カ　東京に近いから
キ　広い土地があるから　　ク　街が栄えているから

〔資料５〕川崎東郵便局の場所

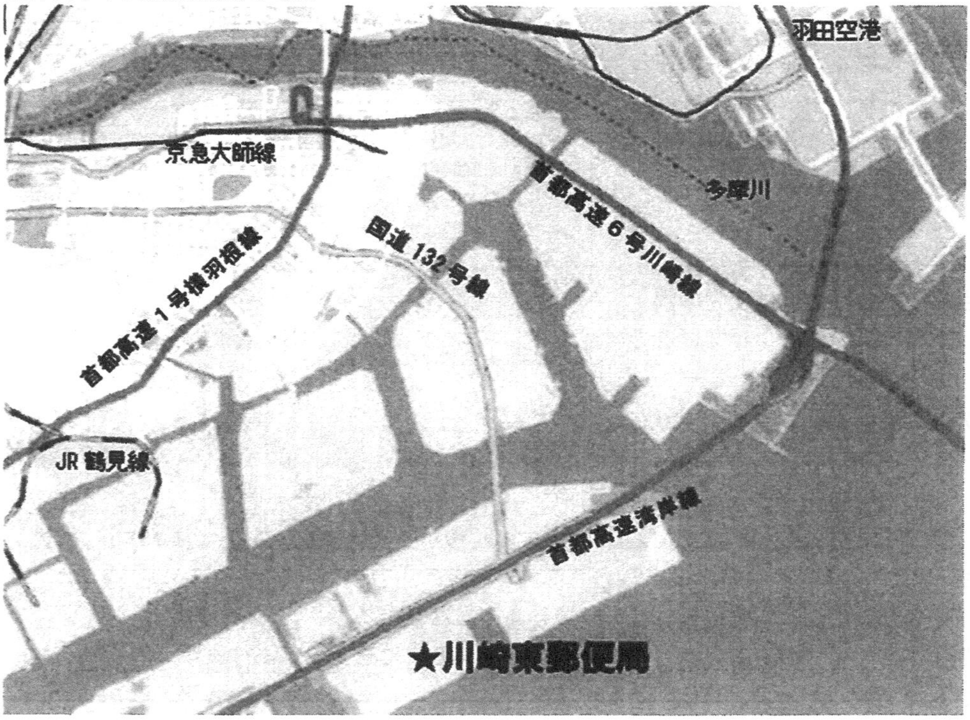

（Google 地図データより作成）

〔資料６〕神奈川西郵便局の場所

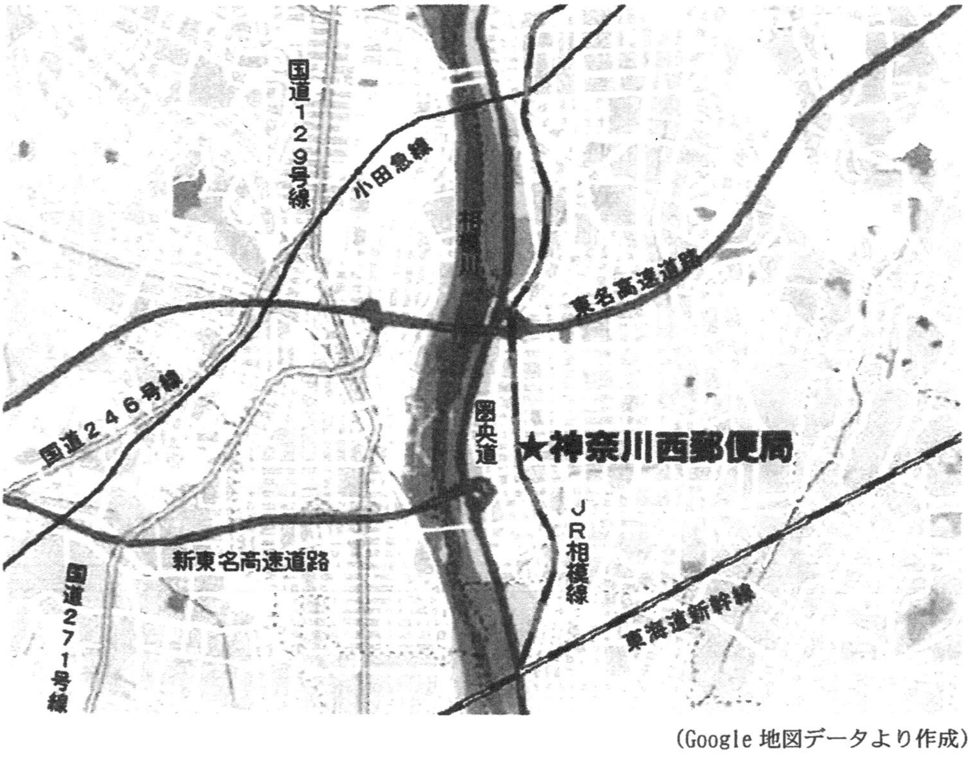

（Google 地図データより作成）

はなこさん：私はこの前、東北に住む祖母に手紙を書いたけれど、たろうさんは手紙を書くことはあるかしら。

たろうさん：あまりないかな。年賀状は書くけれど。

はなこさん：ところで、郵便物の数は、どう変化しているのかしら。

けいこ先生：郵便物を取《と》り扱《あつか》った数の移り変わりをあらわした引受郵便物数〔資料７〕を見ればわかりますね。

〔資料７〕引受郵便物数

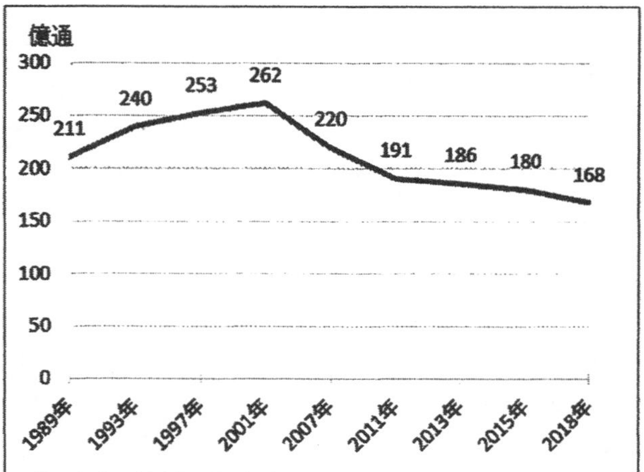

（総務省　情報通信白書（1987～2018年版）より作成）

たろうさん：2001 年までは増加していたけれど、④その後は減少しているのはなぜだろう。

けいこ先生：もう１つの資料、パソコン普及率《ふきゅうりつ》〔資料８〕にヒントがありますよ。

たろうさん：先生、パソコン普及率とは何ですか。

けいこ先生：日本の中でパソコンのある家庭の割合のことです。

〔資料８〕パソコン普及率

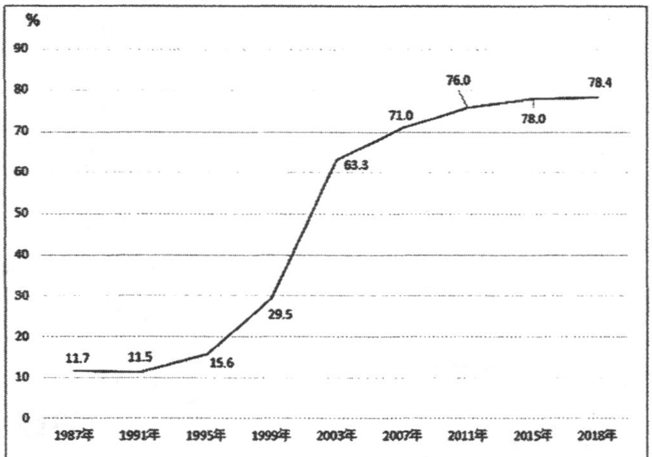

（内閣府消費動向調査（1987～2018年）より作成）

（６）下線部④について、引受郵便物数が、2001 年以降は減少している主な原因として考えられることを〔資料８〕を参考にして具体的に書きましょう。

こちらから開くと**問題２**になります。

平成31年度

川崎市立川崎高等学校附属中学校入学者決定検査

適性検査Ⅰ（45分）

―― 注　意 ――

1　「はじめ」の合図があるまで、この問題用紙を開いてはいけません。

2　問題は全部で2つあります。こちらから開くと問題1（全4ページ）になります。問題2（全5ページ）は**反対面から**始まります。

3　問題をよく読んで、答えはすべて解答用紙の決められたらんに、わかりやすくていねいな文字で書きましょう。解答らんの外に書かれていることは採点しません。

4　解答用紙は全部で3枚あります。

5　計算やメモが必要なときは、解答用紙には書かずに、この問題用紙の余白を利用しましょう。

6　字数の指定のある問題は、指定された条件を守り、問題1はたて書きで、問題2は横書きで書きましょう。最初のマスから書き始め、文字や数字は一マスに一字ずつ書き、句読点〔。、〕やかっこなども一字に数え、一マスに一字ずつ書きます。ただし、問題1の(7)は、その問題の［注意事項《じこう》］の指示にしたがいましょう。

7　「やめ」の合図があったら、途中《とちゅう》でも書くのをやめ、筆記用具を机の上に置きましょう。

問題1　次の[A]の詩、[B]の文章、[C]の詩を表現するための話し合い、[D]の詩を表現するための台本を読んで、あとの(1)～(7)の各問いに答えましょう。なお、問題作成のため、一部文章を変更《へんこう》しています。

[A]

どうしてだろうと　　　　まど・みちお

どうしてだろうと
おもうことがある

なんまん　なんおくねん
こんなに　すきとおる
ひのひかりの　なかに　いきてきて
こんなに　すきとおる
くうきを　すいつづけてきて
こんなに　すきとおる
みずを　のみつづけてきて

わたしたちは
そして　わたしたちの　することは
どうして
すきとおっては　こないのだろうと…

[B]

今を生きる私たちが、心しなくてはならないこと。―それをこの詩は語ってくれているように思います。

人類は、有史以来[＊注1]ずっと、この地球上の「すきとおる／ひのひかり」の中で生き、「すきとおる／くうき」をすい、「すきとおる／みず」を飲んで、命をつなげてきました。永《なが》[＊注2]の歳月《さいげつ》、多くの生物の命をいただきながら、それでも、私たち人間は、①未《いま》だに「すきとおっては　こない」のです。まどさんは、そのことについて、深い疑問を投げかけています。しかしそれは、自分もふくめた数多《あまた》[＊注3]の人々に向けての思いであることが、「（あ）」という表現から読みとれます。

この詩の「どうして／すきとおっては　こないのだろうと…」という問いの答えを、あるいは[＊注4]まどさんはわかっているのかもしれません。しかし、そのことを（い）のです。それは、私たちが自分で探し、考えなければならないことなのではないでしょうか。

〈あすなろ書房『日本語を味わう名詩入門二〇　まど・みちお』萩原昌好編〉

【注】
＊1　有史以来……人間の歴史が文字で記録されるようになってから今まで。
＊2　永の歳月……永い年月。
＊3　数多……多く。たくさん。
＊4　あるいは……ひょっとすると。もしかしたら。

C

はなこさん　②四人で協力して、よいものにしましょう。

たろうさん　そうだね。では、詩をどのように表現するか考えよう。

はなこさん　キーワードは、「すきとおる」と「どうして」だと思うわ。そして、「すきとおる」は四人で言いたい。

じろうさん　ぼくは、「すきとおっては／こない」を大切にしたい。だって、「すきとおる」ってこんなに言っているのに、今になってもぼくたちはすきとおっていないって、詩でも文章でも言っているよ。だから、「すきとおっては／こない」は、消えるような声で表現したいな。

ようこさん　それなら「すきとおる」をとても力強くするといいと思うわ。そのために、四人で言いましょう。そうすると、「すきとおっては／こない」も強調されると思う。

たろうさん　「すきとおる」を力強くすることで、消えるような声で表現する「すきとおっては／こない」が強調されるのは、どうしてかな。どちらも力強く読むほうが、声も大きくなって印象に残りやすいと思うけれど。

じろうさん　二つの表現を（う）時に、表現方法に差のある方がどちらも印象に残りやすい、ということではないかな。

はなこさん　なるほど。とてもいい考えだと思うわ。では、「力強く」と「消えるように」の差をはっきり表現しましょう。

じろうさん　それなら、「どうして」も、最初と最後で表現方法を変えよう。最後は、困っているように、声を大きめにして表現してみようよ。

ようこさん　③そうしましょう。それと「間」はどうしましょうか。

たろうさん　長めに「間」を取らないと聞いている人には伝わらないと、先生がおっしゃっていたよ。

ようこさん　そうなのね。それなら、三秒以上かしら。

じろうさん　秒数を決めないで、実際に読んでみて考えようよ。

たろうさん　そうしよう。どんな表現ができるか、楽しみだね。

---

(1) Bの――線①「未《いま》だに」と同じ意味の言葉を、Cから探し、六字で書きぬきましょう。

(2) Bの（あ）にあてはまる言葉を、Aから探し、書きぬきましょう。

(3) Bの（い）にあてはまる言葉として最もふさわしいものを、次の中から一つ選び、番号で答えましょう。

1　思うままに記している　　2　とりあえず記している
3　ただ単に記してはいない　　4　あえて記してはいない

(4) Cのやりとりにおいて、――線②と③の発言に共通している役割として最もふさわしいものを、次の中から一つ選び、番号で答えましょう。

1　前の人の発言に返答してから、話し合うべきことにふれていく。
2　前の人の発言に返答せずに、話し合うべきことにふれていく。
3　前の人の発言に同意してから、話題と関係ないことにふれていく。
4　前の人の発言に同意せずに、話題と関係ないことにふれていく。

D

行	台本	注意書き
①	どうしてだろうと	ア　疑問に思っているように、やさしく
②	おもうことがある	
③	なんまん□なんおくねん	イ　間を一秒あける
④	こんなにすきとおる	ウ　四人で力強く
⑤	ひのひかりの　なかに□いきてきて	エ　間を二秒あける
⑥	こんなにすきとおる	オ　四人で力強く
⑦	くうきを□すいつづけてきて	カ　間を二秒あける
⑧	こんなにすきとおる	キ　三人でやさしく
⑨	みずを□のみつづけてきて	ク　間を二秒あける
⑩	わたしたちは	
⑪	そして□わたしたちの　することは	ケ　間を三秒あける
⑫	どうして	
⑬	すきとおっては　こないのだろうと…	コ　力強く、うったえるように

(5) Cの（う）に入るふさわしい言葉を、二種類書きましょう。例のように、一つは漢字一字に送りがなを、もう一つは同じ漢字を用いた熟語に「する」をつけて書きましょう。

例　招く　招待する　　決める　決定する

(6) Cの話し合いの後に、四人は練習しながらこの詩を読んで表現するための台本Dを作りました。次の問いに答えましょう。なお、Dの番号①～⑬は行数を表わし、記号ア～コは表現方法や間の取り方の注意書きを表わしています。

i　Dのア～コの中に、Cで話題になっていたにもかかわらず、まちがっている注意書きが二か所あります。解答用紙の例にならって記号と正しいものを書きましょう。

ii　Dの①～⑬の中に、Cで話題になっていたにもかかわらず、書かれていない注意書きがあります。何行目のことか番号で答え、その注意書きを書きましょう。

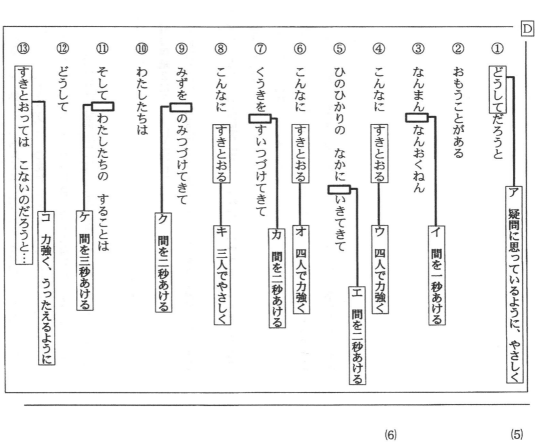

(7) あなたは、話し合い活動で最も大切なことは何だと考えますか。

Cから良いところを一つあげ、これまでの経験にふれながら、中学生になったらどのような話し合いをおこないたいかについてまとめ、後ろの［注意事項《じこう》］に合うように考えや意見を書きましょう。

［注意事項］

○ **解答用紙2**に三百字以上四百字以内で書きましょう。

○ 原稿《げんこう》用紙の正しい用法で書きましょう。また漢字を適切に使いましょう。

○ 題名や自分の名前は書かずに、一行目、一マス下げたところから書きましょう。

○ 三段落以上の構成で書きましょう。

○ 句読点〔。、〕やかっこなども一字に数え、一マスに一字ずつ書きましょう。また、段落を変えたときの残りのマス目も字数として数えます。

問題2は反対側から始まります。

このページには問題は印刷されていません。

このページには問題は印刷されていません。

たろうさん：そうだ。時計の針が５時の状態から、長針と短針が重なるまでにかかる時間を求められないかな。【図３】

ひろし先生：長針と短針の角の速さの差をうまく使ってあげよう。6－0.5＝5.5 は何を表していますか。

はなこさん：１分間で何度ずつ長針が短針に近づくかを表しているわ。12 と５の間の角度はもう分かるので、長針が短針と重なるまでの時間が求められますよね。

【図３】

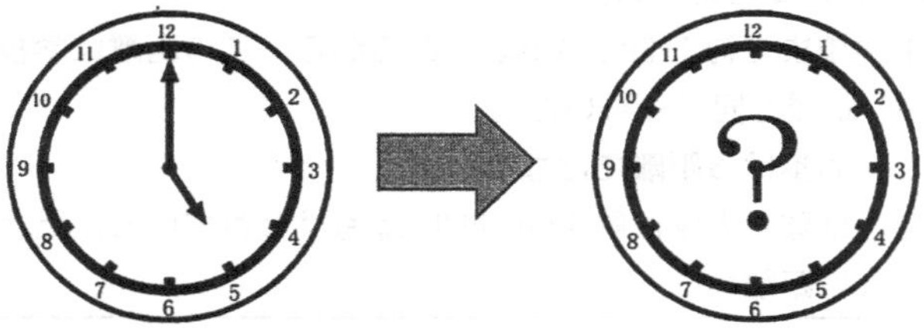

（４）針が５時の状態から動き、長針と短針が重なるまでにかかるおよその時間（分）を計算しましょう。かかる時間の小数第２位を四捨五入し小数第１位までのがい数《すう》で答えましょう。

ひろし先生：今度は大きい時計と小さい時計の２種類を使います。時計の針の先に注目してください。針の先はどちらが速く動きますか。

はなこさん：変な質問ですね。時計なんだから同じ速さですよね。さっきも角の速さを求めましたよ。

ひろし先生：そうかな。針の先に注目して見ると、同じ 10 分間で長針はそれぞれどれだけ動くことになりますか。【図４】

たろうさん：あっ、陸上競技と一緒《いっしょ》だ。外側の方が長い距離《きょり》を動くことになるんだ。ということは、大きい時計の針の先の方が速く動くことになるね。角の速さが同じなのに、針の先が動く速さに違いがあるなんておもしろいな。がんばって関係を解き明かしてみよう。

【図４】

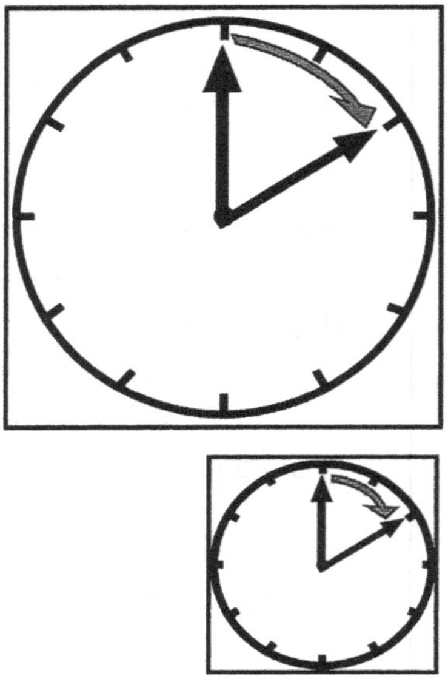

（５）たろうさんはこの会話の後、長針の長さと長針の先が動く速さとの関係を考えるために、いろいろな大きさの時計について調べ、解答用紙にあるような【長針の長さと長針の先が１時間で動く距離《きょり》の対応表】をつくりました。表の空らん部分にあてはまる数値を書き入れましょう。また、**表の数値を使って、長針の長さと長針の先が動く速さ**の関係を書きましょう。

問題３ たろうさんとはなこさんが教室で話をしています。次の会話文を読んで、あとの（１）～（６）の各問いに答えましょう。

はなこさん：今年はアポロ 11 号によって人類が初めて月に行ってから 50 年たつそうよ。
たろうさん：50 年も前に、月に行ける技術があったなんてびっくりだね。月と地球はどれくらいはなれているんだろう。
はなこさん：約 380000km って聞いたことあるわ。
たろうさん：川崎駅から附属中学校まで約 1.6km の距離《きょり》があるから、この距離は学校と駅の［（あ）］往復分の距離と同じくらいだね。
はなこさん：すごい距離ね。とても歩ける距離ではないわ。
たろうさん：そうだね。そして、地球と太陽は約 149600000km もはなれているんだよ。
はなこさん：もはや想像もつかない距離ね。

（１）［（あ）］にあてはまる数を答えましょう。

たろうさん：この写真〔**資料１**〕は 2011 年にアメリカの探査機が月に 21km まで接近して撮影《さつえい》した写真だよ。
はなこさん：こんな写真、初めて見たわ。すごいわね。写真にあるたくさんのすじは何かしら。
たろうさん：車輪のあとだよ。車に乗って月面を調査したんだって。
はなこさん：ずいぶん、くっきり残っているわね。これはいつできたものなのかしら。
たろうさん：これは今のところ人類が最後に月に行った 1972 年のアポロ 17 号のときにできたものだよ。だから、写真を撮《と》ったときの 39 年前のものだね。
はなこさん：そんな昔のものが、そんなにくっきり残るなんて、信じられない。地球では砂にできた車輪のあとなんて、すぐ消えてしまうわ。
たろうさん：それは月には地球と比べて空気がほとんどないからだよ。だから、地球とちがって、［（い）］が起きないので、消えないで残るんだよ。
はなこさん：それなら、車輪のあとは簡単には消えないわね。

〔**資料１**〕

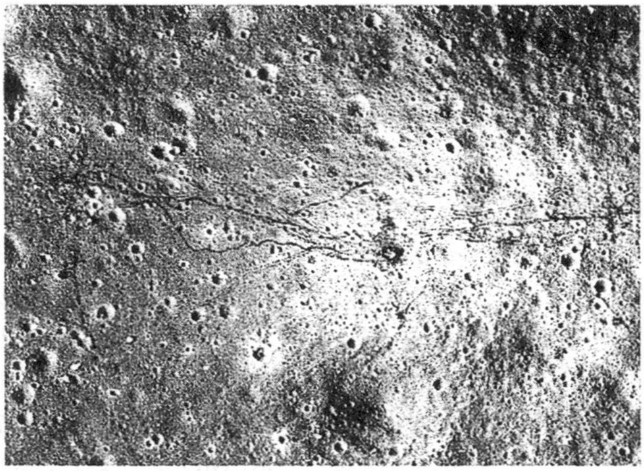

（ＮＡＳＡ　ホームページより引用）

（２）［（い）］にあてはまる言葉を漢字１字で書きましょう。

たろうさん：この写真〔**資料２**〕を見て。これは月面でアポロ11号から撮影した地球の写真だよ。

はなこさん：地球から見る月のように、地球も欠けて見えるのね。

たろうさん：次の写真〔**資料３**〕は月面付近から日本の人工衛星『かぐや』が撮った地球の写真だよ。

はなこさん：こっちは満月のようにまんまるね。

たろうさん：地球も月と同じように太陽からの光を受けて光っているからこのような満ち欠けが起こるんだよ。

はなこさん：将来、私も宇宙飛行士になって月面からまんまるの地球を見てみたいわ。でも、月がどんな位置のときに月面からまんまるの地球を見ることができるのかしら。

たろうさん：それはね、この図〔**資料４**〕をもとに考えれば簡単さ。アの位置に月があるときに地球から見た月が満月に見えることは小学校で習ったよね。同じように考えれば、月からまんまるの地球が見えるときの月の位置は、（う）の位置になるんだよ。

はなこさん：なるほど、じゃあ、月から見える地球がこの写真〔**資料５**〕のように三日月のように欠けて見えるときはどうかしら。

たろうさん：それは、（え）の位置のときじゃないかな。

はなこさん：たろうさんは何でも知っているわね。

〔**資料２**〕

（ＮＡＳＡ　ホームページより引用）

〔**資料３**〕

（ＪＡＸＡホームページより引用）

〔**資料４**〕

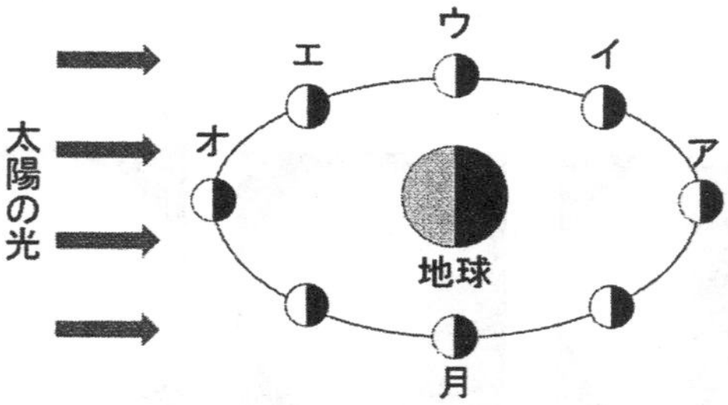

〔**資料５**〕

（ＮＡＳＡ　ホームページより引用）

（３）（う）、（え）にあてはまる月の位置を〔**資料４**〕のア～オの中からそれぞれ１つずつ選び、記号で答えましょう。

たろうさん：次にこの写真〔資料６〕を見て。これは何だと思うかい。

はなこさん：何かの星だと思うけど、分からないわ。

たろうさん：この写真も月の写真だよ。

はなこさん：私が知っている月は、こっちの写真〔資料７〕のようなもようをしているわ。何かのまちがいではないの。

たろうさん：この写真はいつも見ている月の裏側の写真なんだ。実は、月は常に同じ面だけを地球に向けているんだよ。

はなこさん：それでいつも月は同じもように見えるのね。

たろうさん：この写真は探査機が月の裏側まで飛んで、そこで撮影したものなんだよ。

はなこさん：地球上では撮影することはできない写真なのね。

たろうさん：そうだよ。月の裏側の写真は1972年にアポロ16号が宇宙から撮影したものだよ。このとき、地球から月は①この図のように見えたんだよ。初めて月の裏側を撮影したのは1959年にルナ３号という無人探査機だったそうだよ。

はなこさん：今からちょうど60年前のことね。そして、人類が初めて月に降り立つ10年前のことだったのね。

〔資料６〕

（ＪＡＸＡホームページより引用）

〔資料７〕

（ＪＡＸＡホームページより引用）

（４）下線部①について、たろうさんがはなこさんに見せた図を、次のア～オの中から１つ選んで、記号で答えましょう。

ア

イ

ウ

エ

オ

はなこさん：そういえば、私、月に行ってみたいと思っているけど、それほど月についてくわしくないわ。月の大きさってどれくらいなのかしら。
たろうさん：月の半径は 1737km で、地球の半径の約４分の１だよ。
はなこさん：思ったより小さいのね。ということは、月から見える地球の大きさは、地球から見える月の大きさと比べると［（お）］といえるわね。
たろうさん：そうだね。じゃあ、太陽の大きさはどう見えると思う。
はなこさん：え、想像もつかないわ。
たろうさん：②月から見える太陽の大きさと地球から見える太陽の大きさはほぼ同じ大きさなんだよ。
はなこさん：いろいろな話をしていたら、どんどん月に行きたい気持ちが強くなってきたわ。今日から宇宙飛行士になれるように、勉強も運動ももっとがんばるわ。

（５）［（お）］にあてはまることばを次のア～ウの中から１つ選んで、記号で答えましょう。

ア　大きい　　イ　ほぼ同じ大きさ　　ウ　小さい

（６）下線部②について、太陽が月と地球でほぼ同じ大きさで見える理由を**会話文の中の数値を使って**書きましょう。

適性検査Ⅰ　解答用紙１

受検番号	
氏　名	

※200点満点

問題1

(1)

(2)

(3)

(4)

(5)

例 (6)－ⅰ

記号	注意書き
サ	明るい声で、元気よく。

(6)－ⅱ

番号	注意書き

(7)の解答は解答用紙２に書きましょう。

(1)7点
(2)7点
(3)4点
(4)4点
(5)10点
(6)ⅰ．20点
(6)ⅱ．10点
(7)75点

下のらんには記入しない

合計	(1)	(2)	(3)	(4)	(5)	(6)-1	(6)-2

【解答

適性検査Ⅱ　解答用紙１

問題１

※200点満点

（１）

（２）

1	2	3	4	5	6	7	8

⑴10点
⑵10点
⑶5点
⑷10点
⑸15点
⑹10点

（３）

（４）

（５）

（６）

下のらんには

記入しない

（１）

（２）

（３）

（４）

（５）

（６）

受検番号	氏　　名

合　計

適性検査Ⅱ　解答用紙３

問題３

⑴8点
⑵10点
⑶16点
⑷8点
⑸5点
⑹18点

（１）

（あ）

往復

（２）

（い）

（３）

（う）	（え）

（４）

（５）

（お）

（６）

受検番号	氏　　名

下のらんには
記入しない

（１）

（２）

（３）

（４）

（５）

（６）

合　計

適性検査Ⅱ　解答用紙２

問題2

下のらんには
記入しない

（１）

⑴10点
⑵15点
⑶15点
⑷15点
⑸20点

（２）

（３）

度

（４）

分

（５）
【長針の長さと長針の先が１時間で動く距離の対応表】

長針の長さ(cm)	2	4	5		18
１時間で長針の先が動く距離(cm)	12.56		31.4	87.92	113.04

＜長針の長さと長針の先が動く速さの関係＞

受検番号	氏　名

合　計

（１）
（２）
（３）
（４）
（５）

適性検査Ⅰ　解答用紙３

下のらんには
記入しない

問題２

⑴12点
⑵15点
⑶10点
⑷16点
⑸6点
⑹4点

（１）

（２）

（３）

あ

（４）

い	う

（５）　（６）

（１）	（２）	（３）	（４）	（５）	（６）

受検番号	氏　　名

合　計

適性検査Ⅰ　解答用紙2

問題1

(7)

受検番号	氏名

20　100　200　300　400

下のらんには記入しない

問題1 たろうさんとはなこさんが話をしています。次の会話文を読んで、あとの（1）～（6）の各問いに答えましょう。

たろうさん：はなこさん、最近の夏はとても暑いね。

はなこさん：ええ、暑さが厳しい時は、エアコンがあって本当に助かるわ。でも、エアコンや扇風機《せんぷうき》がない時代の人々は、どうやって暑い夏を乗り切っていたのかしら。

たろうさん：そうだね。けいこ先生のところへ聞きに行ってみよう。

――――――けいこ先生のところへ――――――

けいこ先生：おもしろいところに注目しましたね。現代のように生活の中で電気が使われていなかった江戸時代《えどじだい》の様子を見てみましょう。この絵〔資料１〕には当時の人が暑い夏を乗り切ろうとする様子が描《えが》かれています。

〔資料１〕

（国立国会図書館ウェブサイトより引用）

たろうさん：あ、団扇《うちわ》や扇子《せんす》を持っている人がいますね。

はなこさん：それなら、うちにもあります。扇子は小さく折りたためるので、出かけるときに持ち歩くのにも便利です。

けいこ先生：団扇や扇子を夏の小物として庶民《しょみん》が持ち歩くようになったのは、江戸時代からなのです。①その他にも、暑い夏を乗り切ろうとする様子がこの絵からうかがえますよ。

（1） 下線部①について、〔資料１〕からわかる、江戸時代の人が暑い夏を乗り切るためにおこなっていたことを１つ書きましょう。

けいこ先生：現代の我々が、江戸時代から学べることは、他にもあると思いますよ。たとえば、江戸時代は、「究極のリサイクル社会」だったと言われているのです。

たろうさん：どういうことでしょうか。

けいこ先生：現代のようになんでも簡単に手に入れられる時代ではなく、物が少なく貴重だったので、一つのものを長く大切に使うのが普通《ふつう》だったのです。古くなっても使い続けるのは当たり前のことで、こわれても修理をしたり、その物として使えなくなっても、形を変えるなど工夫《くふう》して使いました。当時の人は「もったいない」という意識が強かったのかもしれませんね。

はなこさん：私の母もよく「もったいない」と口にします。江戸時代の「もったいない」という意識はどのようなものだったのでしょうか。

けいこ先生：では、「着物」を例にして二人に考えてもらいましょう。これ〔**資料2**〕を見てください。着物を捨てることなく最後まで何らかの形で使い続けていくと考えると、②<u>どのような順番でカードが並ぶ</u>と思いますか。１～８にカードを置いてみましょう。

〔資料2〕着物の一生

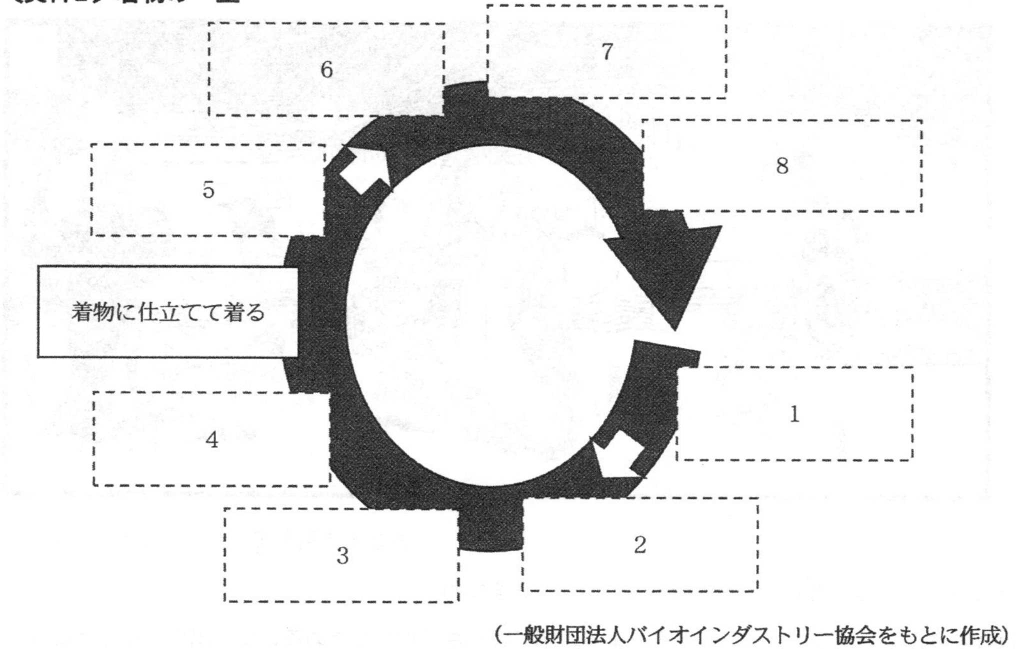

（一般財団法人バイオインダストリー協会をもとに作成）

（ア）機《はた》織《お》り機《き》で織る

（イ）布を燃やして灰にする

（ウ）やぶれても、直すなどして着続ける

（エ）綿花を栽培《さいばい》し、収穫《しゅうかく》する

（オ）植物を栽培《さいばい》するための肥料にする

（カ）木綿糸《もめんいと》をそめる

（キ）古着をぞうきんやおむつにする

（ク）綿花から木綿糸《もめんいと》を作る

（２）下線部②について、（ア）～（ク）のカードを正しい順番に並べ、記号で答えましょう。

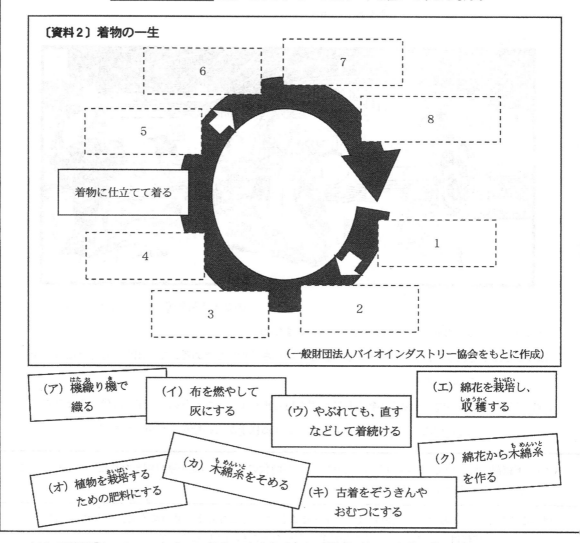

――――――数日後――――――

はなこさん：たろうさん、③このキャラクターのこと知っているかしら。

たろうさん：あ、知ってるよ。「かわるん」だよね。

はなこさん：この前、江戸時代の「もったいない」という考え方について知ったけれど、現代においては、ごみを減らす工夫をしたり資源を大切にしたりすることが、この考え方につながるのかなって思ったの。家庭科で「スリーアール」って習ったでしょ。

たろうさん：うん。「スリーアール」つまり「3」つの「R《アール》」で始まる行動のことだね。1つ目はReduce（リデュース）【使う資源の量やごみを減らすこと】で、2つ目はReuse（リユース）【ものをそのままの形でくり返して使うこと】3つ目はRecycle（リサイクル）【資源として再び利用すること】だったね。たしかに、江戸時代の「もったいない」という考え方とつながるところがあるね。

はなこさん：私たちの市でも「スリーアール」は推進されていて、「かわるん」はその推進キャラクターなのよ。キャラクターのデザインからもそれがよくわかるわ。

たろうさん：「スリーアール」を心がけて資源を大切にしたり、ごみを減らしたりすることで、江戸時代の「もったいない」という考え方を受けついでいけるんじゃないかな。

はなこさん：私もさっそく④「リユース」に取り組んでみようかしら。

（3）下線部③について、会話文から「かわるん」というキャラクターを次のア～エの中から選び、記号で答えましょう。

ア

イ

ウ

エ

（4）下線部④について、「リユース」につながる行動としてあてはまるものを、次のア～カの中から**2つ選び**、記号で答えましょう。

ア　再生紙を使ってトイレットペーパーを作る。
イ　使わなくなったベビーカーを捨てずに、小さな子どものいる家庭にゆずる。
ウ　買った食材をむだなく調理する。
エ　なるべく黒板を使わず、ホワイトボードを使って書く。
オ　つめかえ用シャンプーを買ってきて、家にあるボトルをくり返し使う。
カ　集合場所まで、自家用車を使わずに徒歩で行く。

――――――――数日後――――――――

たろうさん：この写真〔**資料３**〕を見てよ。海岸にこんなにごみがあるなんて。

はなこさん：すごい量のごみね。そういえば海に行った時ごみがたくさん浮《う》いていて気持ちよく泳げなかったわ。

たろうさん：それは残念だね。そういえば、海にごみが捨てられていることでニュースになっていたね。

〔資料３〕海岸にたまったごみ

（一般社団法人 JEAN より引用）

けいこ先生：海のごみといえば、タイで弱った状態でクジラが浮かんでいて、死んだというニュースを知っていますか。死んだクジラの体内からビニール袋《ぶくろ》などの大量のプラスチックが出てきたそうです。

たろうさん：ぼくもそのニュースは知っています。きっと海に浮かんでいたビニール袋とかを食料とまちがえて食べたのではないかな。

はなこさん：昔から海に捨てられたプラスチックごみは問題になっていたわね。

たろうさん：でも、このグラフ〔**資料４**〕を見ると、問題になっているのに、プラスチック容器の生産量は年々増えているよ。

〔資料４〕

●プラスチック容器の生産量の増え方

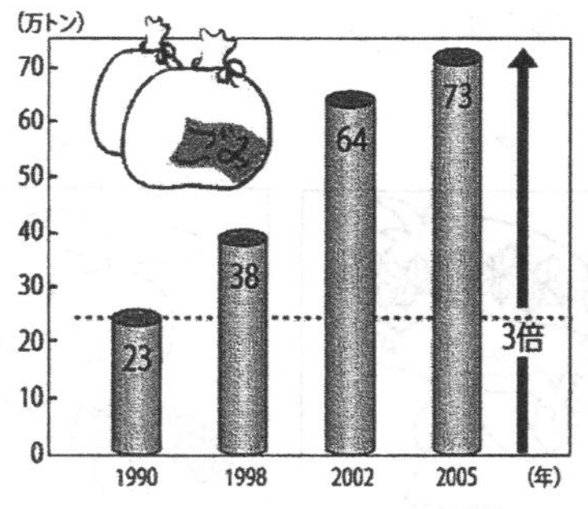

（環境省「行き場をなくしたごみ」より引用）

はなこさん：確かにそうね。どうしてなのかしら。

けいこ先生：それはプラスチックというものが便利だからなのです。プラスチックには

Ａ　値段が安く使いやすい

Ｂ　熱や力を加えると色々な形にしやすい

Ｃ　電気を通さない

Ｄ　さびない、くさらない

などの特ちょうがあります。

たろうさん：プラスチックは便利なものだけど、⑤捨てられてしまうと問題となってしまうものなのですね。

（５）下線部⑤について、捨てられたプラスチックが問題となる理由をプラスチックの特ちょうから考えて書きましょう。

たろうさん：今後、同じような問題が起きないためには、プラスチックごみをどのように捨てれば良いのだろう。

はなこさん：私たちが住んでいる川崎市は、週１回プラスチック（プラスチック製容器包装）ごみ**〔資料５〕**を収集するのよ。収集日までプラスチックごみをまとめておいて、捨てれば良いのよ。

〔資料５〕プラスチック製容器包装のごみ（一部）

プラスチック製容器包装とは
…生鮮《せいせん》食品のトレイ、カップめんの容器、お菓子《かし》の袋《ふくろ》など、
プラスチック素材でできた容器や包装のことです。

目印となるマーク

トレイ類	カップ・パック類	ポリ袋・フィルム類	緩衝材《かんしょうさい》・ネット類
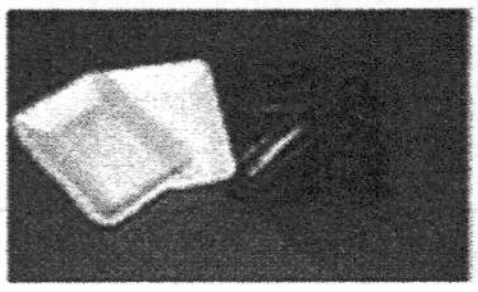			
・肉、魚の食品トレイ ・弁当容器	・カップめんの容器 ・卵などの容器	・レジ袋 ・スナック菓子の袋	・発泡《はっぽう》スチロール ・果物《くだもの》ネットなど

（川崎市ホームページをもとに作成）

けいこ先生：はなこさん、よく知っていますね。その通りです。

たろうさん：まとめて捨てるだけなら、簡単だからすぐにできそうだ。

はなこさん：私もお母さんのお手伝いをするけれど、肉や魚のトレイやお菓子の袋などは洗ってから捨てているわ。でも、プラスチック製のものがたくさん使われているから、ごみ箱もすぐにいっぱいになってしまうの。

たろうさん：プラスチック製のものは、毎日の生活の中で必ず目にするから、ごみもたくさん出るよね。⑥<u>家庭のプラスチックごみが、かさばらないようにする工夫《くふう》</u>も必要だね。

けいこ先生：そうですね。また、トレイなどは、洗えば回収してくれるお店もあるので、それを利用することも良い方法ですよ。

（６）下線部⑥について、プラスチックごみがかさばらないように家庭でできる工夫を考えて書きましょう。

問題２　たろうさん、はなこさん、ひろし先生が時計について話をしています。次の会話文を読んで、あとの（１）～（５）の各問いに答えましょう。なお、時計の針は右回りで止まることなく動くものとし、秒針は使いません。円周率は3.14とします。

たろうさん：時計ってなぜ右回りなのだろう。
はなこさん：日時計の影《かげ》の動きが右回りだからという説があるわ。
ひろし先生：はなこさん、よく知っていますね。太陽の動きと時計の動きは確かに似ていますよね。
たろうさん：先生、日時計ってどのような仕組みなのですか。
ひろし先生：まず、太陽は１日で地球を１周回っているように見えますよね。つまり、太陽は地球上の私たちから見ると、360÷24＝15 なので、およそ１時間で15度ずつ動いているように見えるのです。つまり、［①］分間で１度動くとも言えます。これを利用して、影の位置で時刻を分かるようにしたものが日時計です。場所により太陽の光のさす角度が違《ちが》うので調整が必要なのですよ。

（１）［①］にあてはまる数を答えましょう。

たろうさん：日時計の話もそうだけど、時計と算数にはつながりがいっぱいあるよね。
はなこさん：なぜそんなことを思ったの。
たろうさん：例えば角度だよ。３時を指す時に長針と短針の間の角度は90度【図１】とか、６時を指す時の角度は180度になっているよ。あと、長針と短針の速さとか。長針の速さは360÷60＝6 で求められるし、短針は……。
はなこさん：ちょっと待って。360÷60って何の計算をしたの。
たろうさん：長針は１時間で時計を１周するので、360÷60 で［　②　］が求められるんだよ。
ひろし先生：さっきの太陽の動きと似ていますね。たろうさんの計算で求められるものをここでは『角の速さ』と言いましょう。短針の角の速さを求めてみましょう。
はなこさん：同じように考えればよいから。短針の角の速さは0.5だわ。この角の速さを使えば、色々な時間における長針と短針の間の角度が求められそうね。
ひろし先生：では、２時５分の時の長針と短針の間の角度【図２】はどうだろう。30度でいいかな。
はなこさん：見た目は30度みたいだけど、短い針が５分間で少し動いているから、30度より少しだけ大きな角度になると思うわ。さっきの短針の角の速さが使えるわね。

【図１】

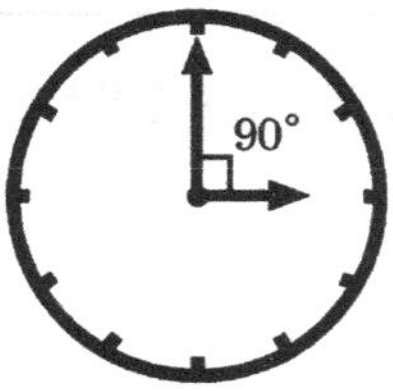

【図２】

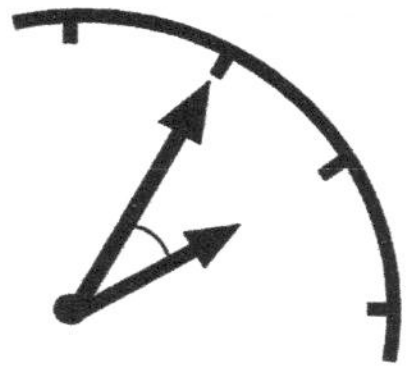

（２）［②］にあてはまる言葉を書きましょう。
（３）２時５分の時の長針と短針の間の角度を答えましょう。

平成３１年度

川崎市立川崎高等学校附属中学校入学者決定検査

適性検査Ⅱ

（45 分）

―― 注　意 ――

1　「はじめ」の合図があるまで、この問題用紙を開いてはいけません。

2　この問題用紙には**問題１**から**問題３**まで、全部で１１ページあります。

3　問題をよく読んで、答えはすべて解答用紙の決められたらんに、わかりやすくていねいな文字で書きましょう。解答らんの外に書かれていることは採点しません。

4　解答用紙は全部で**３枚**あります。

5　計算やメモが必要なときは、解答用紙には書かずに、この問題用紙の余白を利用しましょう。

6　「やめ」の合図があったら、途《と》中《ちゅう》でも書くのをやめ、筆記用具を机の上に置きましょう。

このページには問題は印刷されていません。

はなこさん：川崎市の人口が増えているということは、神奈川県もそうなのかしら。

たろうさん：それは、この「都道府県別人口増減率《ぞうげんりつ》」〔資料２〕を見るとわかるよ。これは前年と比べてどれだけの割合で人口が増えたか減ったかを表わしているものだよ。

はなこさん：都道府県によって増えているところと減っているところがあるのね。人口が増加している都道府県の数は全国に［（あ）］あるのね。

〔資料２〕　**都道府県別人口増減率**

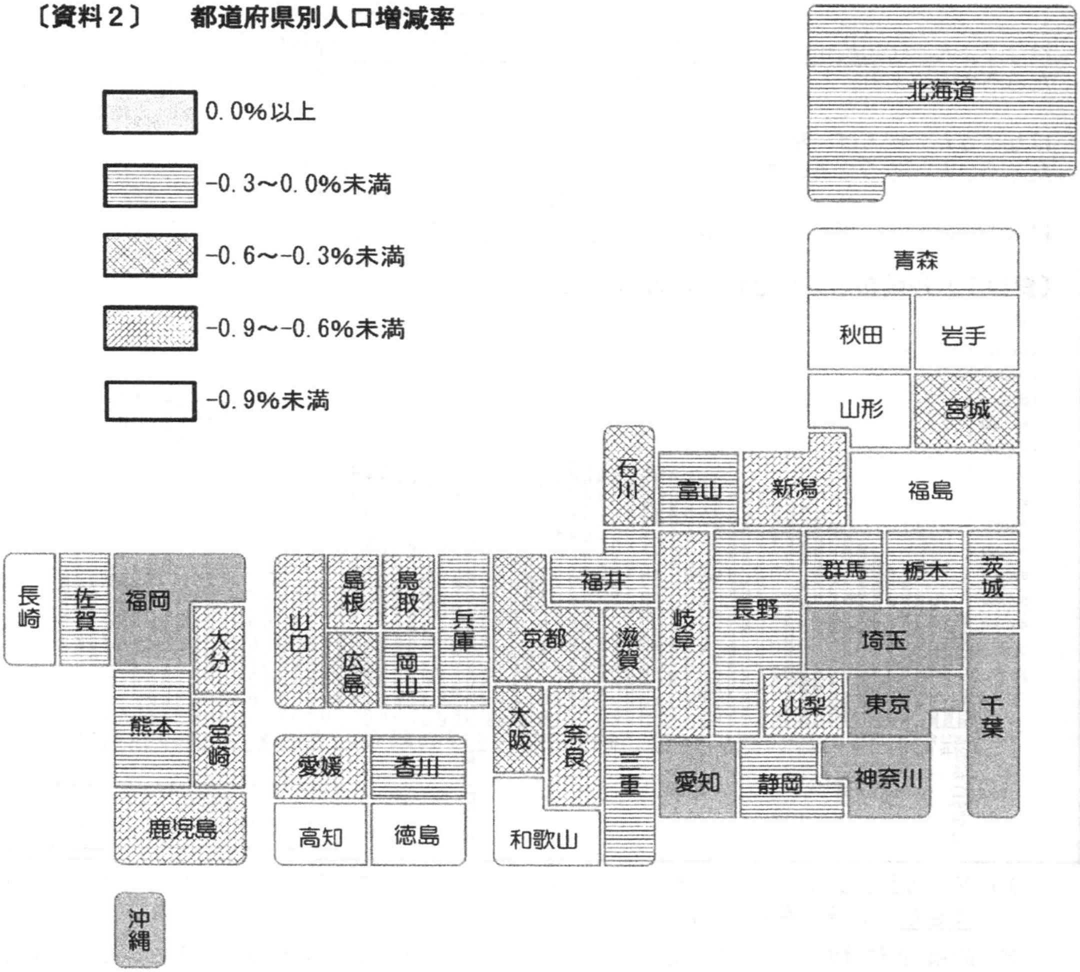

総務省統計局 H30 人口推計要約より作成

（３）［（あ）］にあてはまる数字を書きましょう。

はなこさん：日本全体の人口は、どう変化しているのかしら。
たろうさん：日本人の人口が、前年と比べてどれだけ変化したかを表すグラフ**〔資料３〕**があるよ。
はなこさん：これを見ると、グラフの（い）が示すところから人口が減少し続けているわ。
たろうさん：そうだね。そして、前年と比べてもっとも人口が減少したのはグラフの（う）が示すところだと分かるね。

〔資料３〕日本人の人口の増減数の変化

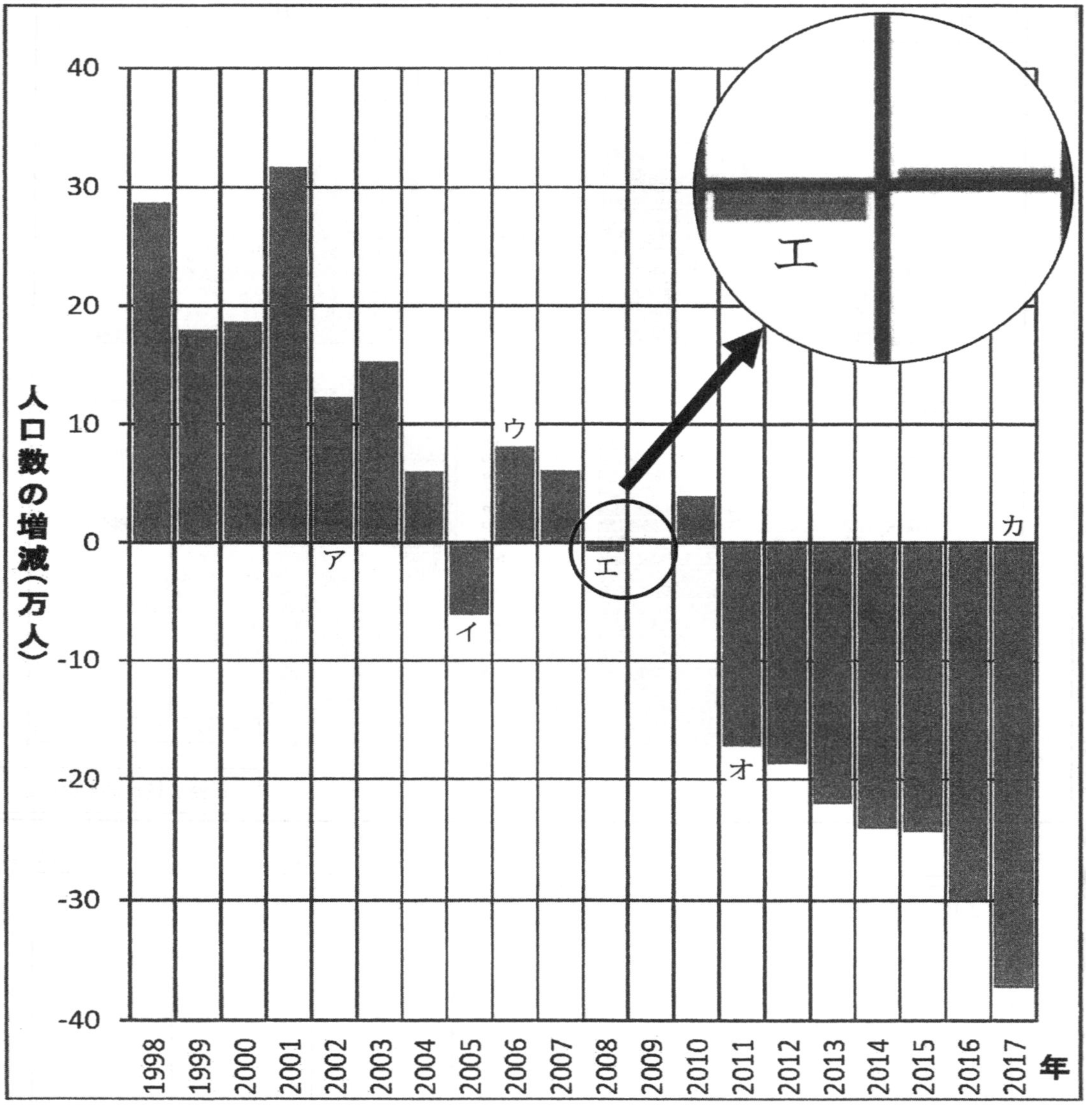

総務省統計局より作成

（４）（い）、（う）にあてはまるグラフが示すところをア～カの中から選び、記号で答えましょう。

たろうさん：人口が減少すると、いろいろな面で問題がおこるんじゃないのかな。生まれてくる子どもの数が減っているって聞いたことがあるけどそんなに減っているのかな。

はなこさん：それはこの日本の年齢《ねんれい》別・男女別人口〔資料４〕を見るとわかるわ。０歳《さい》が底になって、年齢が上がるにつれて積み重なってできているのよ。1950年には、生まれてくる子どもの数が一番多くて、年齢が上がっていくにつれて亡《な》くなるなどで人口が少なくなっているのね。そのため、ピラミッドのような三角形になることから、人口ピラミッドと呼ばれることもあるのよ。

〔資料４〕　日本の年齢別・男女別人口

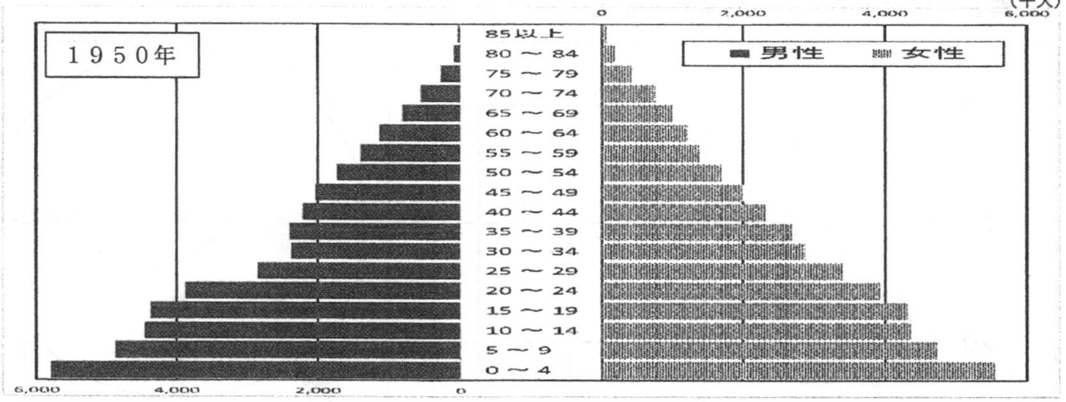

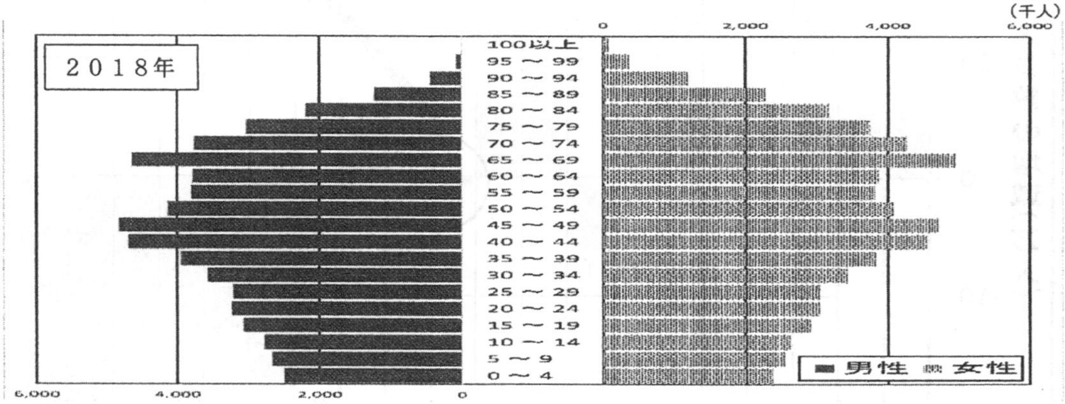

総務省統計局より作成

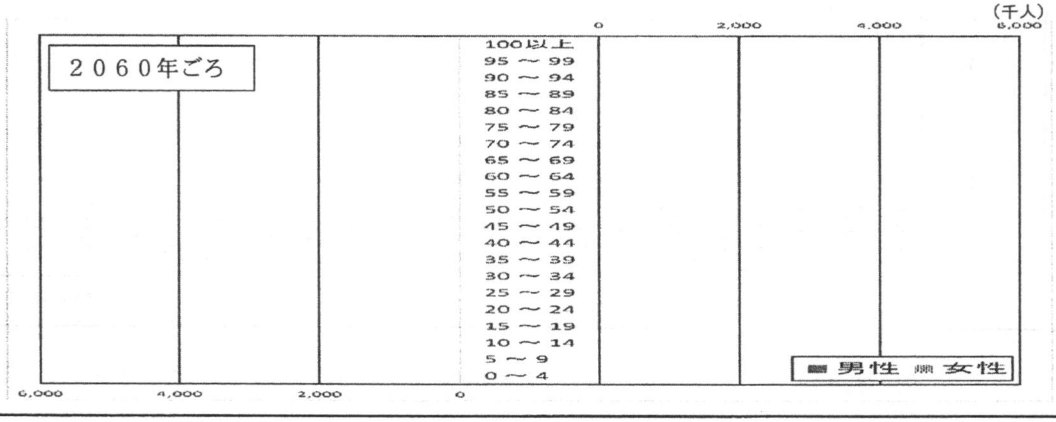

たろうさん：そうなんだ。でも、この 2018 年のグラフはピラミッドの形には見えないね。
はなこさん：日本ではさまざまな理由から生まれてくる子供の数が減って少子化が進んでいるらしいわ。それに、医《い》療《りょう》の発達などで寿《じゅ》命《みょう》ものびて高齢《こうれい》化《か》が進んでいるのね。
たろうさん：川崎でも高齢化が進んでいるそうだよ。川崎市が 2018 年 10 月に公表した年齢別人口によると、市の人口はこの時点で 1516483 人、そのうち 75 歳以上の割合が初めて 10％になったそうだよ。
はなこさん：え、10 人に一人が 75 歳以上なの。これから先はどうなるのかしら。
たろうさん：川崎市の予想では、人口は 2030 年ごろ一番増えておよそ 1586900 人になり、この時に 75 歳以上は 13.3％、その後、人口は減少していくけど、75 歳以上の人の割合は増加し続けて、2060 年には 22.1％にまでなるそうだよ。
はなこさん：人口が一番多くなると予想される③2030 年ごろは、2018 年と比べて 75 歳以上の人口がどれぐらい増えるのか計算してみましょう。
たろうさん：将来のことを予想するのは難しいことだけど、それに対応した勉強や準備が大切になるよね。
はなこさん：そうよね。たとえば、現在の状《じょう》況《きょう》がこの先も続くとしたら、④日本の 40 年後の人口ピラミッドはこんな形になっていると思うわ。
たろうさん：そうだね。ぼくもそう思うよ。

（5）下線部③について、その答えとしてあてはまるものを次のア～エの中から１つ選んで、記号で答えましょう。

ア　約６万人　　イ　約７万人　　ウ　約８万人　　エ　約９万人

（6）下線部④について、はなこさんが考えた 40 年後の人口ピラミッドは、どのような形になるでしょう。次のア～エの中から１つ選んで、記号で答えましょう。

ア　　イ　　ウ　　エ

問題2 たろうさんとはなこさんが話をしています。次の会話文を読んで、あとの（1）～（6）の各問いに答えましょう。

たろうさん：最近、川崎にいる人の数が多くなっている気がするな。
はなこさん：そうかもしれないわ。私の家の近くにも大きなマンションが建ったせいか、前よりも毎朝駅が混み合っているっておねえちゃんが言っていたわ。そういえば、川崎市は人口が 150 万人をこえたって先生たちが言ってたわ。
たろうさん：そうそう。ところで、いつからこんなに人が増えているのだろう。川崎市の人口の資料を市のホームページで調べてみよう。

－－－－－－－－－－－－－－－－－－－－－－

はなこさん：①川崎市の人口と世帯数《せたいすう》の移り変わりを表すグラフ〔資料１〕があったわ。
たろうさん：あれ、左は「人口」って単位が書かれているけれど、右側の「世帯数」って、何のことかな。
はなこさん：例えば、私の家は５人家族で生活しているから、これを１世帯と数えるのよ。
たろうさん：そうするとぼくの家は、３人家族で生活している１世帯っていうことだね。このグラフをみると人口も世帯数もどんどん増えているんだね。
はなこさん：この資料から、②家族の様子が変化してきているということが言えそうね。

〔資料１〕川崎市の人口と世帯数の移り変わり

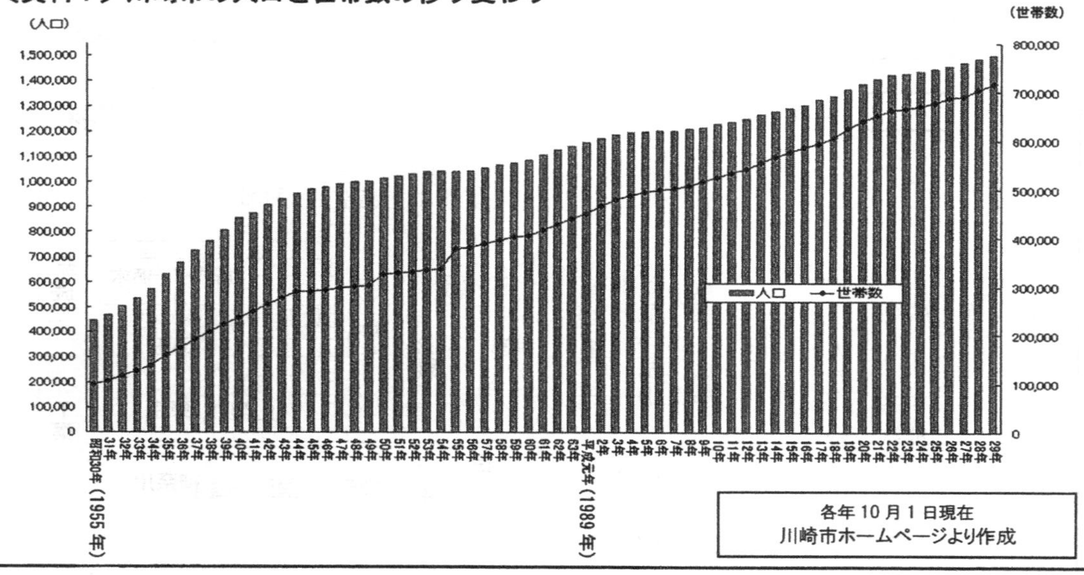

（1）下線部①について、このグラフからよみとれるものとして正しいものを次のア～オから**すべて選び**、記号で答えましょう。

ア　昭和 30 年はおよそ 10 万世帯だったのが、平成 29 年では 70 万世帯をこえているといえる。
イ　昭和 30 年の人口は約 20 万人だったが、平成 19 年にはその７倍の人口にまで増えたといえる。
ウ　グラフは増加の傾向《けいこう》にあり、2017 年の世帯数は 1975 年の２倍以上であるといえる。
エ　人口が 100 万人をこえたころの世帯数を見ると、当時は平均５人家族であったといえる。
オ　昭和 54 年と 55 年には他の年には見られない急激な変化があり、世帯数の増加に比べて人口が大きく増加したといえる。

（2）下線部②について、〔資料１〕をもとに家族の様子がどのように変化したのか、20 字以内で書きましょう。

こちらから開くと**問題２**になります。

平成30年度

川崎市立川崎高等学校附属中学校入学者決定検査

適性検査Ⅰ（45分）

―注意―

1 「はじめ」の合図があるまで、この問題用紙を開いてはいけません。

2 問題は全部で2つあります。こちらから開くと問題1（全4ページ）になります。**問題2（全4ページ）は反対面から始まります。**

3 問題をよく読んで、答えはすべて解答用紙の決められたらんに、わかりやすくていねいな文字で書きましょう。解答らんの外に書かれていることは採点しません。

4 解答用紙は全部で**3枚**あります。

5 計算やメモが必要なときは、解答用紙には書かずに、この問題用紙の余白を利用しましょう。

6 字数の指定のある問題は、指定された条件を守り、問題1はたて書きで、問題2は横書きで書きましょう。最初のマスから書き始め、文字や数字は一マスに一字ずつ書き、文の終わりには句点〔。〕を書きます。句読点〔。、〕やかっこなども一字に数え、一マスに一字ずつ書きます。ただし、問題1の(7)は、その問題の〔注意事項《じこう》〕の指示にしたがいましょう。

7 「やめ」の合図があったら、と中でも書くのをやめ、筆記用具を机の上に置きましょう。

問題1 次の文章を読んで、あとの(1)〜(7)の各問いに答えましょう。なお、[A]から[H]は段落の記号を表しています。また、問題作成のため、一部文章を変更《へんこう》しています。

[A]中学生ともなれば、毎日の授業での勉強もだいぶ本格的になってくる。

[B]でも、勉強っていったい何なのだろう。それは何をすることなのかな。――勉強とは、「学ぶこと」じゃないか？　なるほど、たしかにそうだ。では、学ぶとは何をすることかな。それがわかれば、なぜ勉強しなきゃいけないかもわかるにちがいない。――学ぶとは、何かを「覚えること」じゃないか？　たとえば、足《た》し算の仕方《しかた》を覚えること、江戸《えど》時代の始まりを覚えること、逆上《さかあ》がりのコツを覚えること……。たしかに、それらはみんな、覚えることだ。でも、だからといって、必ずしも覚えることが学ぶことだというわけではないんじゃないだろうか。なぜなら、覚えることは学ぶことの結果ではあっても、つまり、学んだらそのあとについてくるものではあっても、学ぶことそのことは、そうしたあとからくっついてくるものとは別のものかもしれないからだ。

[C]君が、その結果のほうが欲《ほ》しくて、そのために学びたいというのなら、どうぞご自由に。誰《だれ》もとめない。でも、その場合には、結果がたいして欲しくないものなら学ばない、ということになるよね。つまり、勉強しなきゃいけないかどうかは、①結果次第《しだい》ってわけだ。そういう目で学校の勉強を眺《なが》めれば、将来役に立ちそうなものは学べばいいし、自分には用がないと思えば[(あ)]を抜《ぬ》けばいい。もっと言えば、学ぶことの目的がその結果としての学校の入学や卒業の資格なら、テストでそれなりの点を取るよう工夫《くふう》すればいい。もちろん、その工夫はそれなりにたいへんかもしれないけれども、上手《うま》く工夫できれば問題解決、上手くいかなければ失敗。それだけのことさ。なぜ勉強しなきゃいけないか、なんて悩《なや》むまでもない。学ぶことが、技術でも資格でも何かを「身につける」という意味での覚えることなら、話は簡単だ。

[D]でも、そうしたことと学ぶこととは、本来なんの関係もないんじゃないだろうか。なぜなら、結果がどうだろうとそんなことはお構《かま》いなしに、学ぶことは起こってしまうからだ。すでに身についているものや知っていることを、いまさら学ぶ人はいないよね。つまり、学ぶためには、まだ見たことも聞いたこともないもの、あるいは、見たり聞いたりはしたけれどもなんだかさっぱりわからないもの、に出合わなきゃならないはずだ。どうしたらいいかわからず、*注1途方《とほう》にくれる、ってことがなくちゃならない。そうしたものは、どことも知れぬ向こうからやってくる。どこから来るかあらかじめ見当がついているなら、もう、それについて君は何かを知っているからだ。つまり、それはもう学んだことの結果さ。とすれば、学ぶこと自体は、その手前で起きてしまっていることになる。

E このように、学ぶことは何か未知《みち》のもの、得体《えたい》の知れないものに君が接してしまうこと、いや、正確には、それに触《ふ》れられてしまうことなんだ。いま「それ」って言い換《か》えたのは、それが何であるかがわからない以上、それに名前をつけようがないからだ。それから、「触れられてしまう」と受け身の表現に言い換えたのは、さっきも確認《かくにん》したように、「それ」はどこかは知らないけれども「向こうのほうから」、いわば勝手にやってくるからだ。それがやってくることは、君がどうこうできるものではないんだ。君が生まれてこのかた、②こうしたことが何度も起こったのではないだろうか。

F そもそも、この世に生まれるってこと自体が、何かまったく新しく、突然《とつぜん》君の上に降ってきたことだよね。いや、君の上にというより、君自体が降ってきたというべきだ。何かとてつもないことが起こって、それ以来見たことも聞いたこともないことが、いまも君のもとで起こりつづけているんだ。

G これが学ぶことなら、それは「しなきゃいけない」なんてケチな話じゃなくて、すべてがそこから始まるような地点につねに君が身を置いていることに等しい。

H こうした目で、君の日々の勉強を見直してみよう。何かまったく新しいことが、見たことも聞いたこともないものが、一回かぎりのものが、君の*注2かたわらを通りすぎようとしていないかな。

【斎藤慶典『中学生の君におくる哲学』〈講談社〉】

【注】

*1 途方にくれる……どうしてよいかわからないで、困りきる。

*2 かたわら……物や人のわきのほう。そば。

(1) ――線①「結」という漢字は、左の図のように分けることができます。それぞれの空らんをうめて別の漢字を三つ完成させましょう。ただし、「糸」、「士」、「口」はこれ以上使うことができません。

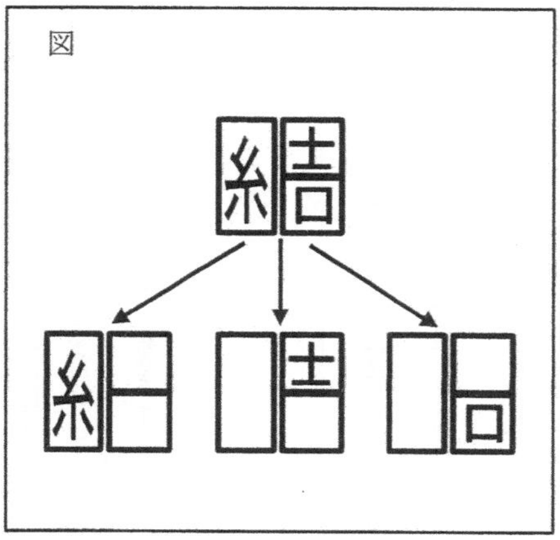

(2) （あ）に、ある言葉を入れると慣用句になります。（あ）に入る言葉を書きましょう。また、左の（1）から（4）にも、（あ）と同じ言葉が入りますが、この言葉を（あ）と同じ意味で使っているものはどれですか。一つ選び、数字で答えましょう。

（ 1 ）にあまる	（ 2 ）を組む
（ 3 ）をあげる	（ 4 ）が焼ける

(3) はなこさんは、□で囲まれた文章の特徴《とくちょう》について考えてみました。（い）（う）にあてはまる言葉を□で囲まれた文章の中からそれぞれ抜き出して書きましょう。

はなこさんの考え

> □で囲まれた各段落では、呼びかける相手を意識して、必ず（い）という言葉が使われていますが、□で囲まれた文章では（い）という言葉が使われていません。このことから、□で囲まれた文章は、筆者が（う）に問いかけて考えを整理しているのでは、と考えました。

(4) たろうさんは、□で囲まれた文章の段落どうしのつながりについて考えてみました。（え）にあてはまる段落記号をA～Hから選び、（お）にあてはまる言葉を□で囲まれた文章の中から抜き出して、それぞれ書きましょう。

たろうさんの考え

> □で囲まれた文章では、「学ぶこと」に関する二つの考え方が書かれています。私は（え）の段落から二つ目の考え方が書かれていると思いました。理由は、「つなぎ言葉」に注目したからです。（お）という「つなぎ言葉」が、前の段落とは反対のことがここから述べられることを示しているからです。

(5) 次のア～エの中から、本文の内容にあてはまるものを一つ選び、記号で答えましょう。

ア　結果が欲しくて学ぶのならば、テストなどでそれなりの点を取るよう工夫するよりも、技術や資格など何かを「身につける」という意味での覚えることに集中すべきだろう。

イ　知っていることや身についていることをもう一度改めて「学ぶこと」が本来は行われるべきで、そうしたことをどこで行うのか、あらかじめ見当をつける必要があるだろう。

ウ　この世に生まれるということは「向こうのほうから」何かが降ってくることであり、何かまったく新しく、とてつもないことと出合うことではないのだと考えるべきだろう。

エ　学ぶことを「しなきゃいけない」と考えるよりも、まったく新しい、見たことも聞いたこともない一回かぎりのものに出合うことだと考えて日々の勉強を見直すべきだろう。

(6) ――線②「こうしたこと」とは何か、[E]の段落の中の言葉を使って二十字以上三十字以内で書きましょう。

(7) この文章は、筆者が「学ぶこと」について述べたものです。□で囲まれた文章の中の筆者の主張に対して、あなたの考えを述べましょう。また、その考えにもとづいて、あなたにとって「学ぶこと」とは何か、これまでの経験をふまえて、後ろの［注意事項《じこう》］に合うように書きましょう。

［注意事項］

○ **解答用紙2**に三百字以上四百字以内で書きましょう。
○ 原稿《げんこう》用紙の正しい用法で書きましょう。また漢字を適切に使いましょう。
○ 題名や自分の名前は書かずに、一行目、一マス下げたところから書きましょう。
○ 三段落以上の構成で書きましょう。
○ 句読点［。、］やかっこなども一字に数え、一マスに一字ずつ書きましょう。また、段落を変えたときの残りのマス目も字数として数えます。

このページには問題は印刷されていません。

ひろし先生：③ではにせものの解読コードが＜３６＞のとき、さっきの暗号文『あさ』に使える暗号キーは、いくつあるか分かりますか。先ほど、はなこさんが気づいた点もふくめて考えてみましょう。

はなこさん：［　（か）　］種類ですね。こんな少しじゃ、すぐ分かってしまいます。

ひろし先生：そうかな。にせものの解読コードが＜１３３９＞ならどうですか。

はなこさん：【１】と【１３３９】の他は・・・、あれっ、ほかにはなにがあるんだろう。

ひろし先生：これは探しにくいですよね。この暗号キーは【１】【［　（き）　］】【１０３】【１３３９】の４つで、暗号文『あさ』に使えるのは１つだけなんです。
［　（き）　］や１０３のように１と自分自身以外に約数を持たない数字のことを素数《そすう》といいます。この素数と素数をかけ合わせたものを、にせものの暗号コードにすると、ほかの人が解読コードを探すのはとても難しくなります。

（５）下線部③について、［　（か）　］にあてはまる数字を考え、書きましょう。

（６）［　（き）　］にあてはまる数字を書きましょう。

はなこさん：種類が少ないのに探しにくくなるなんて不思議ですね。けた数が多くなったら見つける自信がありません。

ひろし先生：そうだね、にせものの解読コードが＜３６８３８７＞で、暗号文が『こかみさお』だとすると、もう分かりませんよね。

はなこさん：分かりません、暗号キーを教えてください。

ひろし先生：④暗号キーは【２９】ですよ。これなら、答えはわかりますか。

はなこさん：分かりました、答えは「［　（く）　］」です。

ひろし先生：今の６けたのにせものの解読コードでも人間の頭だと大変ですが、３００けたくらいにすると、コンピュータでも何兆年もかかるくらい大変です。インターネットの暗号にも素数の計算が使われていますが、もし簡単に答えを出す方法を見つけられたら、大発見ですよ。

はなこさん：数学っておもしろいですね。がんばって数学を勉強したくなりました。

（７）下線部④について、［　（く）　］にあてはまる言葉を書きましょう。

問題3 教室でたろうさんとはなこさんが話しています。下の会話文を読んで、あとの（1）～（9）の各問いに答えましょう。

たろうさん：2027年に何があるか知っているかい。
はなこさん：東京一名古屋間でリニア中央新幹線が開通するのよね。2037年までに東京一大《おお》阪《さか》間の開業を目指していると、この前テレビでやっていたわ。
たろうさん：正解です。ぼくはリニアモーターカーにすごくきょうみがあるんだよ。どんな乗り物なのかいっしょに調べてみよう。

―――― 図書館に行って資料を探す ――――

はなこさん：〔資料1〕を見て。リニアモーターカーの写真があるわ。リニアモーターカーは最高速度およそ時速600kmの速さで走れるそうよ。
たろうさん：新幹線はおよそ時速300kmだから、リニアモーターカーはものすごく速いんだね。
はなこさん：東京一大阪間は直線で約400kmあるので、このルートを往復すると考えれば、リニアモーターカーは新幹線よりも、［（あ）］分間短くてすむわね。［（い）］往復すると1日分の時間を短縮できることになるのね。

〔資料1〕リニアモーターカー

（山梨県立リニア見学センターホームページより）

（1）［（あ）］、［（い）］にあてはまる数字を書きましょう。

たろうさん：リニアモーターカー自体も速く走れるけど、〔資料2〕のルート図を見ると、通り方にも関係がありそうだね。
はなこさん：確かに［（う）］から速く進めるわね。
たろうさん：山あいを進むから、たくさんトンネルを掘《ほ》っているらしいよ。

〔資料2〕リニア中央新幹線ルート図

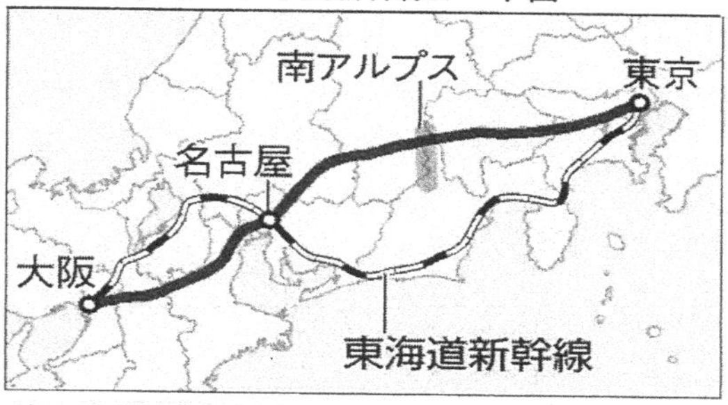

（朝日新聞デジタル2011年4月21日より作成）

（2）東海道新幹線のルートと比べて、リニア中央新幹線のルートは速く進むためにどのように工夫《くふう》されていますか。［（う）］にあてはまる形で書きましょう。

はなこさん：どうしてリニアモーターカーは速く進むことができるのかしら。

たろうさん：それは、リニアモーターカーは磁石の力でレールからういて動くからだよ。

はなこさん：でも、リニアモーターカーは大きいから、動かすためにはたくさんの磁石が必要よね。

たろうさん：必要なのは磁石じゃないよ。コイルだよ。学校の理科の授業でコイルの中に鉄心を入れて電流を流すと磁石になるって習ったよね。その電磁石のはたらきを利用しているんだよ。

はなこさん：電磁石を利用しているのね。では、コイルはどこにうめこまれているのかしら。

〔図１〕

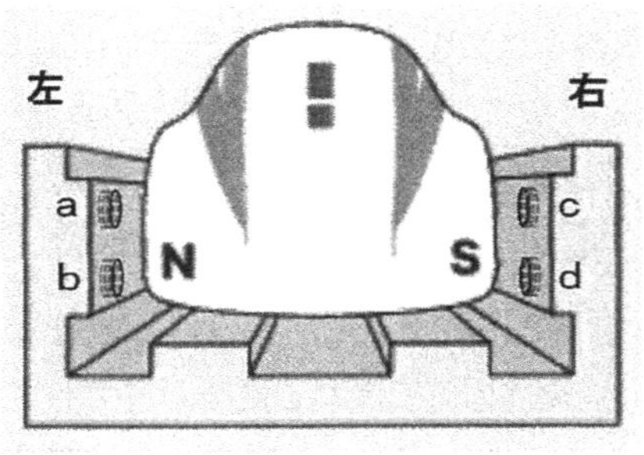

（山梨県立リニア見学センターより作成）

たろうさん：車体とかべのようだよ。〔図１〕のようにリニアモーターカーの車体の右側面の磁石がＳ極を示しているとすると、ａ～ｄのコイルの電磁石は、ａは［（え）］極、ｂは［（お）］極、ｃは［（か）］極、ｄは［（き）］極になってうかせているんだよ。ｂとｄからは［（く）］力、ａとｃからは［（け）］力がはたらいているのさ。

（３）［（え）］～［（け）］にあてはまる言葉を、次のア～エからそれぞれ１つずつ選び、記号で答えましょう。ただし、同じ記号を何回使っても良いことにします。

ア．Ｎ　　イ．Ｓ　　ウ．しりぞけ合う　　エ．引き合う

はなこさん：ところで、リニアモーターカーはかべにぶつかって大事故になってしまわないのかしら。だって、①**リニアモーターカーは新幹線とちがって車体が横にずれやすい**と思うのよね。

たろうさん：それは〔図２〕のように車体が右のかべに寄ると②**コイルに流れる電流が変わって電磁石の極が変わって、車体を右のかべから遠ざけるようにする**みたいだよ。

〔図２〕

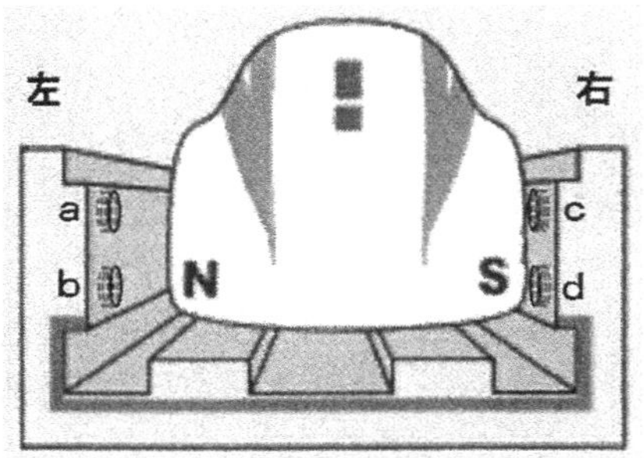

（山梨県立リニア見学センターより作成）

（４）下線部①について、はなこさんがなぜそのように思ったのかを書きましょう。

（５）下線部②について、右側のかべにリニアモーターカーが近づいたとき、効率よく車体をかべから遠ざけるためには〔図１〕の車体をうき上がらせたときと比べて、〔図２〕のａ～ｄのコイルで電流の流れる向きが変わるものをすべて選び、記号で答えましょう。

はなこさん：あれ、そういえば、愛知県のリニモや中国のトランスラピッドというリニアモーターカーがすでに実用化されているって聞いたことがあるわ。2027 年に営業が計画されているリニアモーターカーとはちがうところがあるのかしら。

たろうさん：リニアモーターカーにはいくつか種類があるそうだよ。今、日本が開発しているのは超電導《ちょうでんどう》リニアと言われるもので、すでに実用化されているものは常電導《じょうでんどう》リニアって呼ばれるものらしいよ。

はなこさん：難しい言葉が出てきたわね。何がちがうのかしら。

たろうさん：常電導リニアではコイルに電流を流して電磁石になるというはたらきを利用しているんだけど、超電導リニアではコイルをマイナス 200℃くらいまで下げることで流れる電流がとても強くなり、電磁石の力が強くなるはたらきを利用するそうだよ。常電導リニアでは車体は 1 cm ほどしかうかせることはできないけど、超電導リニアでは車体を 10cm もうかせることができるんだって。

はなこさん：なるほど。日本は、［（こ）］が多い国だから、万が一走っているときに［（こ）］が起きても、高くういている方が安全なのね。

（6）［（こ）］にあてはまる言葉と、高くういている方が安全である理由を書きましょう。

たろうさん：超電導リニアでは高度な技術が必要なんだって。

はなこさん：だからまだ実用化されていないのね。

たろうさん：〔図３〕は常電導リニアのリニモを前から見たときの構造を表しているよ。電磁石の位置から分かるように磁石の引き合う力を利用してういているんだよ。

はなこさん：③引き合う力を利用しているからしりぞけ合ってうかせるよりも横にもずれにくく安定して進むことができるのね。

〔図３〕

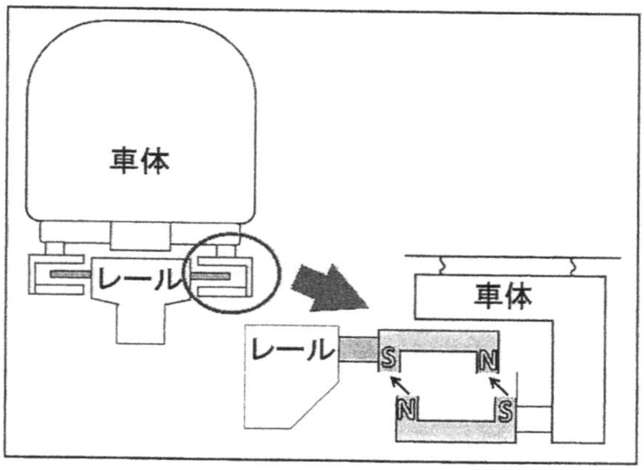

たろうさん：だから、常電導リニアのリニモでは電磁石が、車体をうかせるのと同時に横にずれるのも防ぐ役割をしているんだよ。

（7）下線部③について、どうしてしりぞけ合う力を利用して持ち上げるより引き合う力を利用した方が横にずれにくく安定するのでしょうか。その理由を書きましょう。

〔図４〕上から見たリニアモーターカーの模型

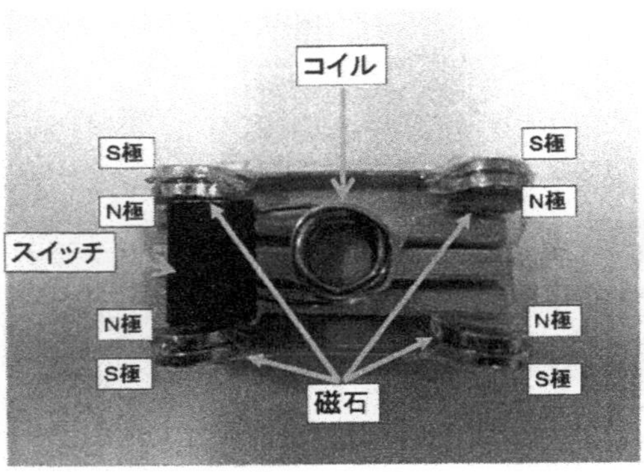

〔図５〕上から見たレールの模型

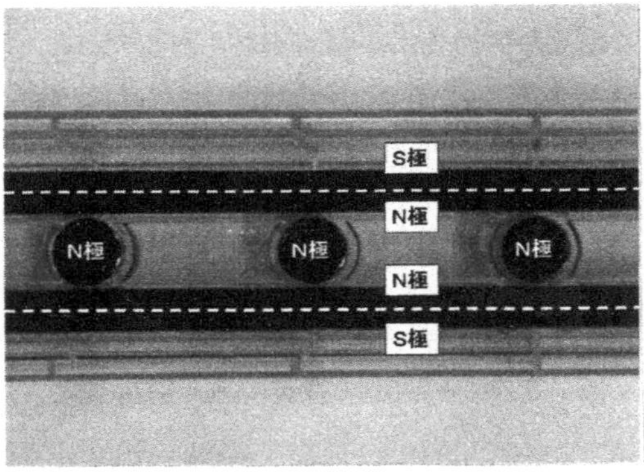

はなこさん：地面からうくしくみは分かったけれど、どのように進むのかしら。超電導リニアと常電導リニアとではちがうのかしら。

たろうさん：前に進むしくみはどちらも同じらしいよ。進むしくみをわかりやすくした模型を使って考えてみよう。

はなこさん：〔図４〕はリニアモーターカーの模型で〔図５〕はそのレールの模型ね。

たろうさん：この模型では磁石のしりぞけ合う力を利用してうかせているんだよ。

はなこさん：〔図５〕のレールには長い棒の形をした磁石と円盤《えんばん》の形をした磁石、２種類の磁石があるわ。何か役割がちがうのかしら。

たろうさん：棒の形をした磁石にはリニアモーターカーをうかせる役割があるんだ。

はなこさん：模型では前に進むしくみはどうなっているのかしら。

〔図６〕横から見た図

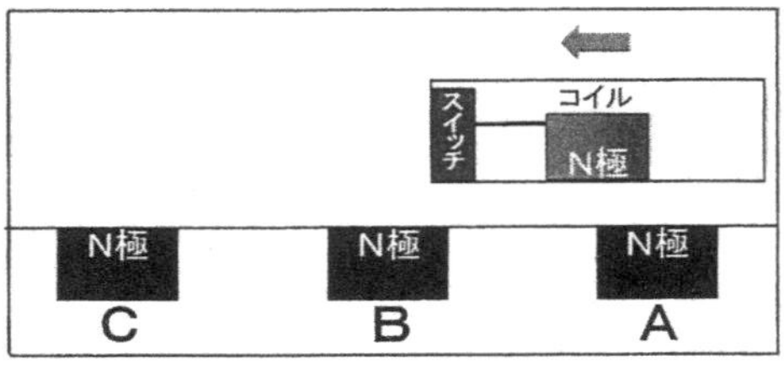

たろうさん：〔図４〕の車体の真ん中にあるコイルが電磁石のはたらきをするんだよ。〔図５〕のレールの円盤の形をした磁石の上側はＮ極だから、コイルの下側がＮ極になるように電流を流すのさ。

はなこさん：〔図６〕のように考えれば、磁石のしりぞけ合う力を利用して前に進むのね。でも、④これだと〔図６〕のＢの磁石より先に進むことができないわ。

たろうさん：〔図６〕の車体の先をよく見てごらん。スイッチがついているでしょ。これが磁石Ｂの真上を通り過ぎると、スイッチが切れるようにして、その問題を解決しているんだよ。磁石にはない、電磁石の性質をうまく使って解決しているんだよ。

（８）下線部④について、はなこさんがそのように考えた理由を書きましょう。

〔図７〕上から見た一方の磁石の向きを変えたレールの模型

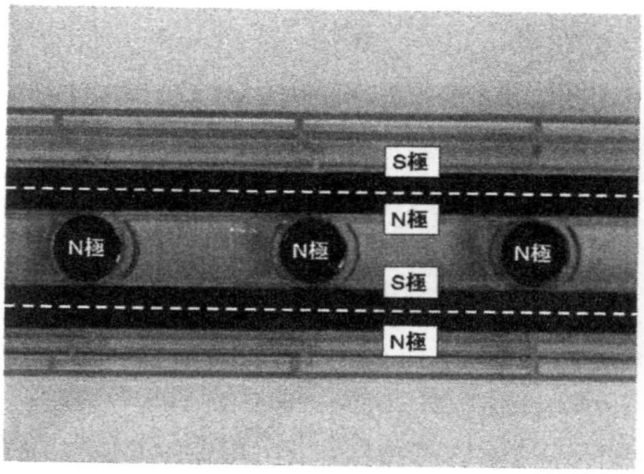

はなこさん：ところでこの模型はだれが作ったの。

たろうさん：実はぼくがつくったんだよ。

はなこさん：すごい。この模型をつくるのって大変だったんじゃない。だって、うかせるためにつけた車体の４つの磁石やレールにある棒の形をした磁石を見ると、すべてＮ極で向かい合わせになっているから、しりぞけ合う力がはたらいてしまうもの。

たろうさん：よくわかったね。

はなこさん：どうしてわざわざ、そのようにつくったの。

たろうさん：それでは、〔図７〕のようにレールにある棒の形をした磁石をＮ極とＳ極が向かい合うようにした場合を考えてみよう。磁石の力を利用して進むとき、リニアモーターカーにどんなことが起こると思うかい。

はなこさん：分かったわ。［（さ）］ということが起こるわ。

たろうさん：その通り。いろいろなことを考えて作らないと、うまくいかなかったんだよ。

はなこさん：学校で習った磁石の性質がこのように利用されているなんて、すごいわね。中学校での理科の学習も楽しみね。

（９）［（さ）］にあてはまる言葉と、なぜそのようなことが起こるのか、その理由を書きましょう。

これで問題は終わりです。

適性検査Ⅰ　解答用紙１

受検番号

氏名

※200点満点

(1) 6点
(2) 4点
(3)10点
(4)10点
(5)15点
(6)15点
(7)75点

問題１

(1)

糸

土

口

(2)

言葉

同じ意味で使っているもの

(3)

い

う

(4)

え

お

(5)

(6)

(7)の解答は解答用紙２に書きましょう。

下のらんには記入しない

合計	(1)	(2)	(3)	(4)	(5)	(6)

適性検査Ⅱ　解答用紙１

※200点満点

問題１

(1)8点
(2) Ⅰ 10点
Ⅱ 5点
Ⅲ 5点
(3) 8点
(4)14点

（１）

尾

（２）
Ⅰ）

（ A ）	（ B ）

Ⅱ）
（ C ）
多摩川流域では

Ⅲ）

（ D ）

（３）

（４）
もともと川にすむ生物に対して

人に対して

下のらんには
記入しない

（１）

（２）Ⅰ）

（２）Ⅱ）

（２）Ⅲ）

（３）

（４）

受検番号	氏　　名

合　計

適性検査Ⅱ　解答用紙３

問題３

(1) 8 点　(2) 4 点　(3) 6 点　(4)10 点　(5) 6 点

下のらんには記入しない

（１）

（あ）	（い）

（２）

から

（３）

（え）	（お）	（か）	（き）	（く）	（け）

（４）

（５）

(6)［こ］3 点　［理由］7 点　(7)10 点　(8)10 点　(9)［さ］4 点　［理由］7 点

（６）

（こ）	理由

（７）

（８）

（９）

（さ）	理由

受検番号	氏　　名

（１）　（２）

（３）

（４）

（５）

（６）

（７）

（８）

（９）

合　計

適性検査Ⅱ　解答用紙２

問題2

（1）

（2）

（3）

（う）

（え）

理由

から

（4）

でも【1】は

から

（5）

（6）

（7）

受検番号	氏　　　名

(1) 5 点

(2)10 点

(3)[うえ]10 点　[理由] 10 点

(4)10 点

(5)10 点

(6)10 点

(7)10 点

下のらんには
記入しない

（1）

（2）

（3）
（う）（え）
理由

（4）

（5）

（6）

（7）

合　計

適性検査Ⅰ　解答用紙　3

(1)10 点
(2) 8 点
(3)27点
(4)10 点
(5)10 点

下のらんには
記入しない

問題２

（１）

この順番にしないと

から困る。

（２）

（３）

ア．ひかるさん	イ．かおるさん	ウ．友子さん	エ．まきさん	オ．健太さん
カ．陽子さん	キ．さとるさん	ク．山田さん	ケ．みち子さん	

（４）

（５）

受検番号	氏　　名

（１）	（２）	（３）	（４）	（５）	合　計

適性検査Ⅰ　解答用紙２

問題１　(7)

受検番号	
氏　名	

20　100　200　300　360　400

下のらんには記入しない

問題1　夏のある日、たろうさんとはなこさんは、けいこ先生と話をしています。下の会話文を読んで、あとの（1）～（4）の各問いに答えましょう。

たろうさん：はなこさん、おはよう。昨日は、良い天気だったけれど、どこかへ出かけたの。

はなこさん：ええ、家族でお弁当を持って多摩川《たまがわ》へ行ってきたの。とっても気持ちが良かったわ。お父さんは、つりがとても好きで、昨日はアユなどが10尾《び》くらいつれたのよ。

たろうさん：へえ、多摩川でアユってつれるんだ。

はなこさん：この前、新聞にのっていたけど、最近多摩川に多くのアユがもどってきているんですって。

けいこ先生：はなこさんの言うとおり、近年、たくさんのアユが多摩川をさかのぼっているのが見られるようになりました。下の〔資料1〕を見てください。

たろうさん：平成28年にアユが多摩川に463万尾もいたなんて、おどろきですね。でも、463万尾なんて大きな数をどうやって数えたのでしょうか。

けいこ先生：良い質問《しつもん》ですね。実は、この数は実際に数えたものではなく、〔資料2〕の計算方法を用いて推定された数です。平成29年にアユが多摩川をさかのぼってきた総数（遡上《そじょう》総数）は、約158万尾と推定されました。158万尾のアユがさかのぼってきたと推定されたということは、①春の調査でしかけておいた網（定置網《ていちあみ》）には、何尾のアユが捕えられたと考えられるでしょうか。

〔資料1〕　多摩川をさかのぼるアユの数（推定）

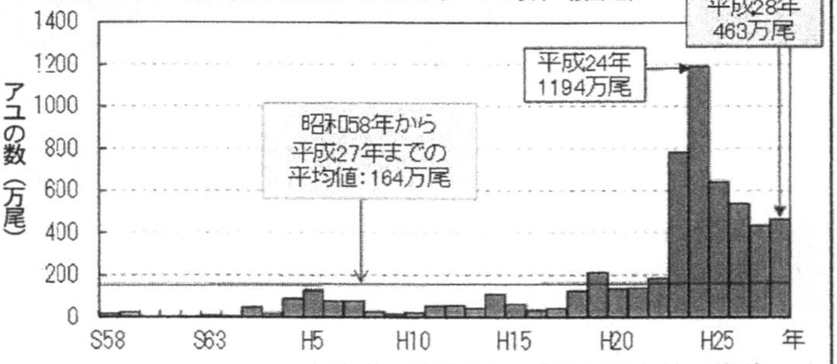

（ 出典　東京都　「推定遡上数の推移」 ）

〔資料2〕　アユがさかのぼってきた総数（遡上《そじょう》総数）の計算方法

・「その年の春の一定期間にしかけておいた網（定置網《ていちあみ》）で捕獲《ほかく》したアユの数」と「入網率《にゅうあみりつ》」から、「その年のアユがさかのぼってきた総数（遡上総数）」を計算します。「入網率」とは、目印をつけたアユ（標識《ひょうしき》アユ）を下流に放流し、川をさかのぼってきた標識アユが、しかけておいた網（定置網）にどのくらい捕《と》えられたか、その割合のことです。

※多摩川におけるアユの「入網率」は5.4%です。

【春の一定期間での定置網での捕獲数】÷【入網率】＝【その年のアユの遡上総数】

（1）下線部①について、多摩川では平成29年の春の調査期間中、定置網で、何匹の「アユ」が捕獲されたのでしょうか。四捨五入をして百の位までのがい数を書きましょう。

たろうさん：ところで、昔の多摩川って、どんな感じだったのでしょうか。
けいこ先生：ここに昔の多摩川の写真（〔資料３〕〔資料４〕）があります。

〔資料３〕1960年（昭和35年）ごろの多摩川のようす

（ 出典「多摩区ふるさと写真集」 ）

〔資料４〕1970年（昭和45年）ごろの多摩川のようす

（ 出典「公害と東京都」東京都公害研究所 編）

はなこさん：昭和 35 年ごろは、安心して泳げるくらい、きれいな川だったのですね。
たろうさん：それが、たった 10 年でこんなになってしまうなんて…。
けいこ先生：昭和 45 年ごろの多摩川は洗剤《せんざい》のあわがうかび、「死の川」なんて呼ばれていたのですよ。
たろうさん：「死の川」って呼ばれていたなんて、想像するとこわいな。
はなこさん：そうね。でも今の多摩川に「死の川」のイメージはないわ。いったい何があったのですか。
けいこ先生：次の２つの資料を見てください。これは、多摩川の周辺に住む人々の数の変化がわかる〔資料５〕と、その流域で下水道がどれだけ増えていったか、また水質はどのように変化していったのかがわかる〔資料６〕です。②2つの資料から多摩川はなぜ汚れたのか、そしてどうして再びきれいになったのか考えてみるのはどうでしょう。

〔資料５〕多摩川流域の人口の変化

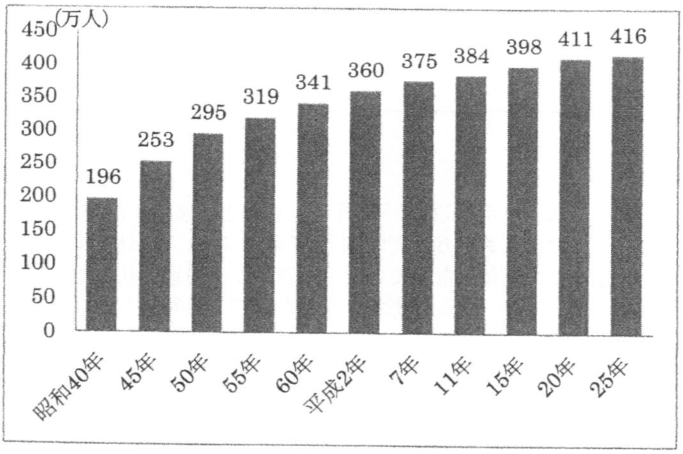

（出典　東京都下水道局ホームページをもとに作成）

〔資料６〕 多摩川流域で下水道が利用できる家庭や工場などの割合（下水道の普及率《ふきゅうりつ》）と
多摩川の水質（BOD）

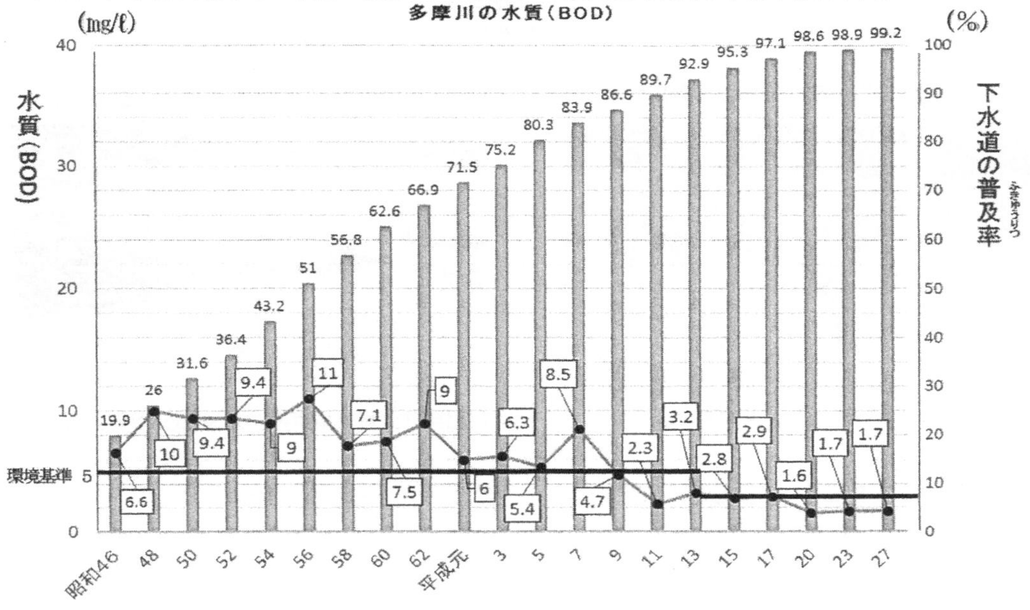

＊BOD …数値が高いほど河川の水が汚《よご》れていることを示します。また、望ましい河川の水質を国は環境基準としてBODの数値で示しています。
平成13年までの環境基準は５mg/ℓ、それ以降は３mg/ℓとなっています。

（２） 下線部②について、はなこさんが「多摩川が汚染してしまった理由」と「汚染された多摩川が、再びきれいになってきた理由」を、〔資料５〕〔資料６〕から読み取り、メモにまとめました。次の各問いに答えましょう。

はなこさんのメモ

・〔資料５〕から昭和（　Ａ　）年と昭和55年をくらべると、多摩川流域の人口は約１．６３倍に増えていることが分かった。〔資料６〕で昭和56年の多摩川の水質は、その当時の環境基準と比べると、（　Ｂ　）倍をこえた値となっていた。水質がかなり悪い状態だと思った。
・〔資料４〕は多摩川に白いあわ（洗剤のあわ）が浮かんでいる写真だ。なぜこうなったのか、その原因として〔資料６〕のグラフから、当時の多摩川流域では（　　　　Ｃ　　　　）ということがあげられる。このため、多摩川に家庭や工場から汚れた水が出てもそのまま川に流され、その結果、〔資料４〕のようになったのだろう。
・多摩川の水をきれいにするために、多くの人たちの努力があったのだろう。ＢＯＤの値はだんだん下がっていき、平成（　Ｄ　）年からは環境基準を上回ることがなくなった。

2018(H30) 市立川崎高附属中
教英出版
【適

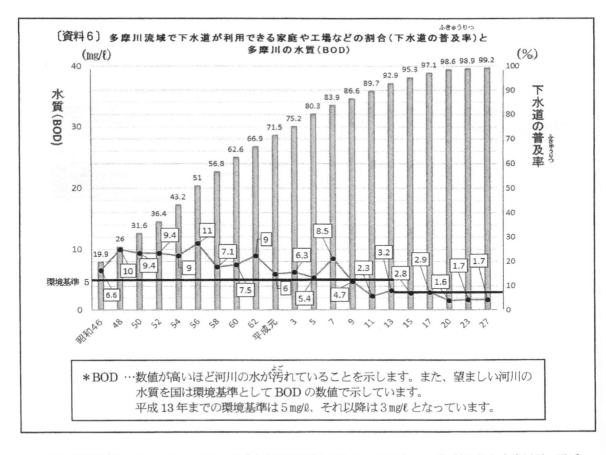

Ⅰ）（　Ａ　）（　Ｂ　）にあてはまる数字を次のイ～へから１つずつ選び、それぞれ記号で答えましょう。

イ．40　　ロ．45　　ハ．50　　ニ．２　　ホ．３　　へ．４

Ⅱ）（　　Ｃ　　）にあてはまる言葉を考え、書きましょう。

Ⅲ）（　Ｄ　）にあてはまる数字を考え、書きましょう。

たろうさん：多摩川が再生して、こんなにきれいになって本当に良かったですね。
けいこ先生：ところが、多摩川では最近、また新たな問題も起こっています。ブラックバスやピラニア、グッピー、アロワナ、などといった魚を知っていますか。
はなこさん：はい、知っています。アロワナやグッピーって確か、熱帯魚ですよね。
けいこ先生：その通りです。それらの魚が多摩川で見られるようになったのです。
たろうさん：ブラックバス、グッピー、アロワナ…、えっ、ピラニアまでいるのですか。今の多摩川には、色んな魚がいるのですね。冬の冷たい多摩川で、どうして熱帯魚まで生きていられるのだろう。
けいこ先生：③次の〔資料７〕と〔資料８〕から、その理由を考えてみてください。

〔資料７〕

多摩川の水温調査　2007年12月11日	計測した水温
①　下水処理水が流入する前の地点	8.1℃
②　下水処理水（多摩川上流処理場）	21.9℃
③　②が流入した後の地点	20.1℃
④　②が流入した場所から約1.5km下流の地点	17.5℃
⑤　②が流入した場所から約4.0km下流の地点	14.8℃

（出典「東京都環境科学研究所年報」をもとに作成）

〔資料８〕

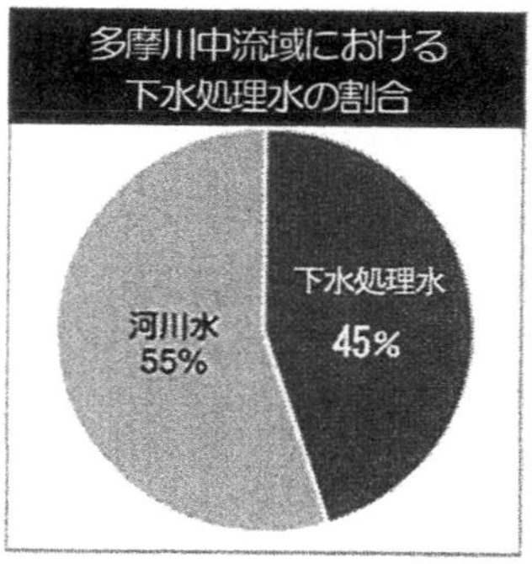

（出典　東京下水道局ホームページ）

（３）下線部③について、「冬の冷たい多摩川で、どうして熱帯魚まで生きていられるのか」その理由を〔資料７〕と〔資料８〕から考え、書きましょう。

たろうさん：色々な生物が多摩川に増えるって、良いことにも思えるのですが、何が問題なのかな。
けいこ先生：今の多摩川のように、もともとその地域にいなかったのに、人間によって国外や他の地域から入ってきた生物のことを「外来種《がいらいしゅ》」と言います。④外来種には、様々な問題や危険性があるのですよ。

（４）下線部④について、「もともと川にすむ生物」や「人」に対してどのような問題や危険性があると考えられますか。それぞれ書きましょう。

このページには問題は印刷されていません。

2018(H30)　市立川崎高附属中
K 教英出版

問題２ 下の会話文を読んで、あとの（１）～（７）の各問いに答えましょう。

はなこさん：中学に入ると「算数」が「数学」という科目になってもっと難しくなるらしいけど、数学なんて、どうして勉強しなきゃいけないのでしょうか。大人になっても役に立つのかしら。

ひろし先生：何を言ってるんですか。テレビだってスマートフォンだって、数学がなければ、動かすことはできませんよ。

はなこさん：それはそうですけど。

ひろし先生：では、今から数学に関するゲームを出してみましょう。数学の楽しさがわかるかもしれませんよ。暗号を用いたゲームです。暗号文を決まった法則（〔**解読コード**〕）を用いて解読するのです。例えば暗号文が『そねさあゆ』で解読コードを〔１１１１１〕とすると、答えは「たのしいよ」になります。

［資料１］五十音表

44 わ	39 ら	36 や	31 ま	26 は	21 な	16 た	11 さ	6 か	1 あ
45 を	40 り		32 み	27 ひ	22 に	17 ち	12 し	7 き	2 い
46 ん	41 る	37 ゆ	33 む	28 ふ	23 ぬ	18 つ	13 す	8 く	3 う
1 あ	42 れ		34 め	29 へ	24 ね	19 て	14 せ	9 け	4 え
2 い	43 ろ	38 よ	35 も	30 ほ	25 の	20 と	15 そ	10 こ	5 お

はなこさん：なるほど。暗号解読のための方法（**［資料２］**）がわかりました。**［資料１］**の五十音それぞれの上に書いてある数字を使います。それぞれの数字に解読コード〔１１１１１〕をたすのです。15 が 16、24 が 25、11 は 12 で、1 は 2 という風に〔解読コードをたす〕という法則になっています。そして、その数字に対応した文字を**［資料１］**からそれぞれ探すのです。面白いですね。

［資料２］暗号解読の方法（はなこさんの考え）

暗号文	15 そ	24 ね	11 さ	1 あ	37 ゆ
解読コード	1	1	1	1	1
答え	16 た	25 の	12 し	2 い	38 よ

ひろし先生：ひとつ問題を出しましょう。①暗号文は『いれけへ』で、解読コードは〔４２５３〕のとき、答えはどうなりますか。

はなこさん：分かりました、「（あ）」です。

（１）下線部①について、（あ）にあてはまる言葉を書きましょう。

はなこさん：でも、解読コードが分かっていたら、だれにでも答えられて暗号にならないわ。

ひろし先生：だから、昔から解読コードが分からないようにする工夫《くふう》がされてきました。

はなこさん：例えば、どんな工夫があるんですか。

ひろし先生：例をひとつあげると、にせものの解読コードでやり取りをする方法があります。これなら他人に分かっても平気です。

はなこさん：にせものじゃあ、暗号は解けないわ。

ひろし先生：にせものの解読コードを、本物の解読コードに変えるカギ（**【暗号キー】**）を、前もって暗号をやり取りする相手と決めておくのです。そして、暗号キーを次の式にあてはめます。

＜にせものの解読コード＞÷【暗号キー】＝〔本物の解読コード〕

ためしにやってみましょうか。暗号キーを【２】と決めましょう。これは、はなこさんと私しか知らない数字です。

はなこさん：分かりました。

ひろし先生：暗号文が『あさ』で、にせものの解読コードを＜２４＞にすると、本物の解読コードは〔１２〕です。だから、答えは「いす」となります。
これを、暗号文を『あく』にして、にせものの解読コードを＜３０＞とすると、本物の解読コードは〔（い）〕ですから、答えはやっぱり「いす」となります。

（２）（い）にあてはまる数字を書きましょう。

はなこさん：なるほど、暗号キーだけ決めておけば、いろいろなパターンで暗号文がつくれるからわかりにくいのね。暗号キーもいろいろな数字を使うことができますね。

ひろし先生：②さっき使ったにせものの解読コードが＜２４＞の場合、暗号キーとして使える数字は８種類ですが、さっきの暗号文『あさ』の場合は、【１】と【２】しか使えません。**[表１]** を見てごらん。

はなこさん：なるほど、でも【１】は（お）から、この場合は【２】しか暗号キーにならないんですね。

ひろし先生：はなこさん、よく気がつきましたね。

[表１]

暗号キー	解読コード
【１】	〔（う）〕
【２】	〔（え）〕
【３】	〔８〕
【４】	〔６〕
【６】	〔４〕
【８】	〔３〕
【（え）】	〔２〕
【（う）】	〔１〕

（３）下線部②について、ひろし先生の言葉をもとに **[表１]** の〔（う）〕〔（え）〕にあてはまる数字を書きましょう。また、暗号文が『あさ』の場合に、【１】と【２】しか使えない理由を書きましょう。

（４）（お）にあてはまる言葉を考え、解答らんに合うように書きましょう。

平成３０年度

川崎市立川崎高等学校附属中学校入学者決定検査

適性検査Ⅱ

（45 分）

― 注　意 ―

1　「はじめ」の合図があるまで、この問題用紙を開いてはいけません。

2　この問題用紙には**問題１**から**問題３**まで、全部で１３ページあります。

3　問題をよく読んで、答えはすべて解答用紙の決められたらんに、わかりやすくていねいな文字で書きましょう。解答らんの外に書かれていることは採点しません。

4　解答用紙は全部で**３枚**あります。

5　計算やメモが必要なときは、解答用紙には書かずに、この問題用紙の余白を利用しましょう。

6　「やめ」の合図があったら、と中でも書くのをやめ、筆記用具を机の上に置きましょう。

問題2は反対側から始まります。

（３）下線部③について、たろうさんは問題の指示に従い、小学校にやってきた**ア～ケ**の人を条件がかなう場所に案内しました。たろうさんは①～⑤のうち、どの場所に案内したでしょうか。それぞれ下の①～⑤の中から記号を選び、答えましょう。

●ひなん場所にやってきた人

ア・ひかるさん　イ・かおるさん　ウ・友子さん
エ・まきさん　オ・健太さん　カ・陽子さん
キ・さとるさん　ク・山田さん　ケ・みち子さん

●案内した場所

①　職員室　（１名）　②　保健室（１名）　③　１年１組（２名）
④　１年４組（２名）　⑤　体育館（３名）

※（　　）は、その場所に案内する人数です。

ひろし先生：最近では川崎市でも、子どもたちのひなん訓練の一つとして、ひなん所の運営を体験する取り組みがされている地域があるみたいですよ。
はなこさん：ところで、ひなん生活が始まってからも大変ですよねえ。
ひろし先生：もちろんです。大勢の人が集まって共に過ごすのですから、難しい点もあるでしょう。
はなこさん：そうですよね。旅行などで海外から日本に来ている人が一緒にひなん生活をすることもあるでしょう。一層の助け合いが必要になりますよね。④海外から来た方が言葉のやりとりで困らずにひなん生活ができるためには、ひなん所ではどのような工夫がされるとよいのでしょうか。

（４）下線部④について、ひなん所ではどのような工夫がされるとよいでしょうか。「言葉を用いない方法」でできることを考え、書きましょう。

たろうさん：日本で暮らしている外国人だって、ひなんしてきますよね。日本語が多少わかっていても、難しい表現で指示されたり書かれていたりすれば、困ってしまうことがあるんじゃないかな。そんな時はいったい何ができるだろう。
はなこさん：災害時に使われる難しい言葉をわかりやすい日本語を用いて言いかえることってどうかしら。たとえば、〈消防車〉は「火を消す車」、〈汚れを落とす〉は「きれいにする」そういう言いかえだったら、私たちでもできるわ。
たろうさん：普段から⑤難しい言葉をわかりやすく言いかえる練習をしてみようかなあ。

（５）下線部⑤について、次の文をわかりやすい日本語の文に書きかえましょう。

『地《じ》しんの発生時には、すぐに火の始末をし、再度、火元を確認せよ。』

【図4】

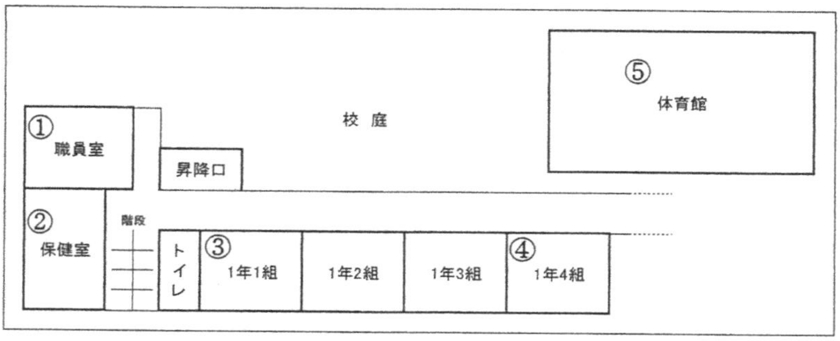

たろうさん：はい。お願いします。

ひろし先生：災害が起きてどんな人がひなんしてくるのか、これから電話で伝えられますから、よく聞いて、誰《だれ》をどこにひなんさせるべきか考えてみましょう。では、始めますよ。

「もしもし、小学校ですか。そちらに向かう人たちの情報をお伝えします。はじめに、ひかるさんとかおるさんです。かおるさんの意識ははっきりしています。２人ともケガをしています。男性と女性、ひとりずつです。それから、ふた組の親子が向かいます。友子さん、まきさん、健太さん、陽子さん。そのうち健太さんだけが男性です。まきさんは、生後２か月です。小学５年生の友子さんと友子さんのお父さんは元気です。友子さんのお母さんは後からひなんしてくるそうです。まきさんのお母さんの話によると、まきさんの夜《よ》泣《な》きがひどいそうなので、２人には他の人たちが夜泣きで困らないような部《へ》屋《や》をあたえてください。そうだ、最初に意識がはっきりとしているとお伝えした男性ですが、ケガの応急処置は済んでいますが、歩行が困難でトイレもままなりません。サポートの方を向かわせます。いっしょの女性のケガは軽いようです。彼女はひなんしてきましたが、連絡員《れんらくいん》という役割をお願いしました。いつでも建物の外の人と電話ができる所に待機《たいき》させてください。大ケガを負った方がいらっしゃいます。さとるさんです。この方は、ひなんした後、すぐに救急車で病院に運ぶ必要がありますので、応急処置ができて、清潔な場所をお願いします。それから、運ばれてきた食料などを仮に置く場所を１階に２教室分、空けておいてください。あと、ケガ人のサポートをするボランティアの方が決まりました。山田さんです。しばらく、つきっきりで同じ部屋にいてもらいましょう。あ、後から来ると伝えたお母さんのみち子さんは、ここにもうすぐ着くそうです。元気です。待っている先ほどの親子と同じ所にひなんさせてください。」

たろうさん：わあ、たくさん来ましたね…全部で９人か。しかも、ややこしい。

ひろし先生：今回はひなん場所に何人ひなんさせるかは、あらかじめ決めておきますね。

たろうさん：③それぞれの人の状態や必要なことを考えて、最適な場所にひなんさせないといけないな。さて、どうしよう。

たろうさん：ところで、色の順番は上から1黒、2赤、3黄、4緑、の順番じゃないとダメですか。逆の順番、つまり、1が緑で、2が黄、3赤、4黒、であっても同じような気がしますけど。

はなこさん：え、①でもその順番だと困らないかしら。手当てが必要な人の状態に合わせて切りはなすことを考えると…。

たろうさん：そうか、なるほどね。トリアージタグって、よく考えられているんだね。

（1）下線部①について、はなこさんは、たろうさんの言う色の順番だと、どのような困ることがあると考えたでしょうか。解答らんに合うように書きましょう。

ひろし先生：では、災害時にどのような心がけが必要になるのか、もう少し考えてみましょう。例えば、災害の時には大勢の人がひなん所である学校や公民館に向かうでしょう。

はなこさん：一度に大勢の人がひなん所に集まると、混乱が生じるかもしれませんね。

たろうさん：さっき優先順位のことを話題にしたけれど、こうした混乱をさけるためには誰《だれ》から受け入れたらいいか、順番を決める必要があるのかもしれないなあ。

はなこさん：自宅がこわれて住めなくなった人や、ケガや病気などが重い状態の人、障がいがある人も優先されるべきだと思うわ。

たろうさん：②ほかにも…。

（2）下線部②について、たろうさんはほかにも、どのような人の受け入れがひなん所で優先されるべきだと考えたのでしょうか。２つ書きましょう。

ひろし先生：最近では、ひなん所の運営について広く紹介《しょうかい》されていることがあるんですよ。

たろうさん：たくさんの方がひなんして来るのだから、来た人がどのような状態か、様子などをよく見ることは必要だと思う。そのうえで、だれをどんな場所にひなんさせたらよいのか、そのことを考えることも大切だよね。

はなこさん：大勢がひなんしてくるから混乱しないように気をつけるのですね。難しそう。

ひろし先生：災害時にどのような心がけが必要かを考えるには、ひなん所運営の大変さを知ることも大切です。ではここで、ちょっと練習問題を出してみましょうか。それでは、たろうさんはひなん所を運営する役割を担当してください。ある小学校の建物の一部（【図４】）をひなん場所に見立てて考えてみましょう。

問題２ 防災の日に、たろうさんとはなこさんがひろし先生と話をしていた時の様子です。下の会話文を読んで、あとの（１）～（４）の各問いに答えましょう。

ひろし先生：たろうさん、「トリアージ」って言葉を聞いたことがありますか。

たろうさん：トリアージ。なんですか、それは。

ひろし先生：トリアージとは、緊急《きんきゅう》災害でケガ人やたくさんの病人が出た時に、災害現場で傷の程度などを判定して、どの人から手当てをするのか優先順位を決めることです。このようなトリアージ用のタグ（【図１】）があるのです。災害時には一度に多くのケガ人や病人をみることはできませんから、はじめに優先順位を決めてから手当てをします。このタグをケガ人や病人につけて、ひと目でケガや病気の状態がわかるようにするのです（【図２】）。タグの下のほうに４つの色がついた部分がありますよね。

【図１】トリアージタグの例

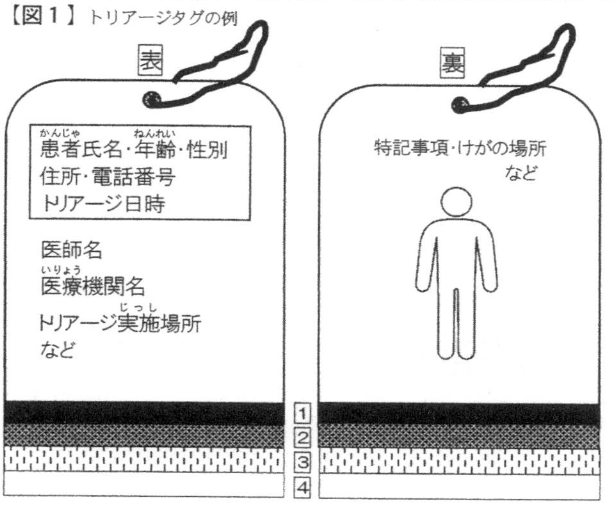

（厚生労働省ホームページ等により作成）

【図２】

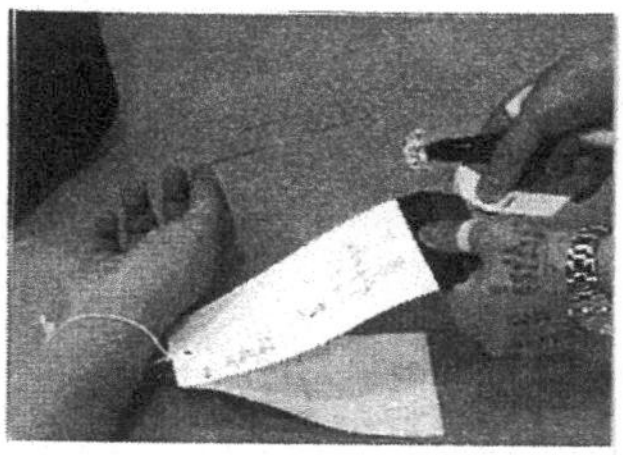

（赤木印刷ホームページより）

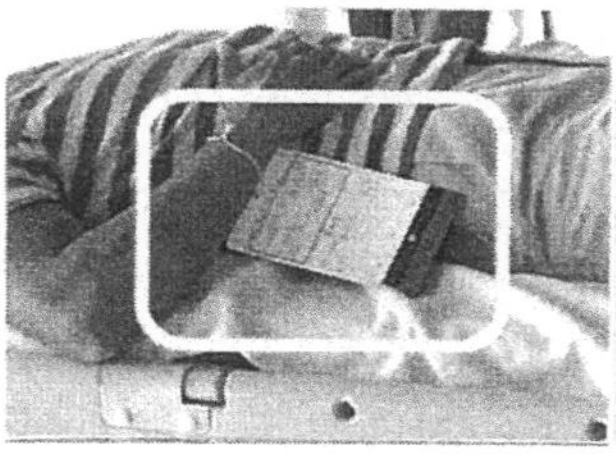

（大阪府岸和田市ホームページより）

はなこさん：はい。上から順に、1黒、2赤、3黄、4緑の色がついています。

ひろし先生：この色のところは切りはなすことができるようになっていて（【図２】）、ケガ人や病人の状態を色で示します（【図３】）。

【図３】

色	1黒	2赤	3黄	4緑
状態	ただちに 処置を行っても救命が 明らかに不可能	ただちに 処置が必要	多少処置が遅《おく》れても 生命に影響《えいきょう》なし	軽度の外傷 通院が可能

（厚生労働省ホームページ等により作成）

はなこさん：もしケガ人が2赤の状態の人だとしたら、3黄、4緑を切りはなせばよいのね。

ひろし先生：その通りです。大勢の人たちの中から優先して手当ての必要がある方はどなたか、わかりやすくする工夫《くふう》がされていますよね。

こちらから開くと**問題２**になります。